NOTICE BIOGRAPHIQUE

SUR

MOYSE HHORÉNATZI

(DE HHORÈNE.)

Tirée et traduite de la Vie des Saints arméniens, t. V, p. 312, 313, 314, 315, 316.

Au Ve siècle, siècle d'Jérhiché (Elisée), paraît, dans tout l'éclat de la plus pure vertu et de la sagesse la plus consommée, l'homme de Dieu, saint Moyse Hhorénatzi (de Hhorène), surnommé le lettré ou le père des lettrés, car, dans la littérature, Moyse est le seul astre qui brille après les saints docteurs Isaac et Mesrob; quoique il y ait dans ses locutions parfois obscurité née d'un mélange d'hellénisme, il n'y a jamais abandon de l'arménisme. Moyse est également admirable par sa conduite temporelle et par sa doctrine spirituelle.

Natif du bourg de Hhorène, au canton de Daron, Moyse est appelé indistinctement Moyse Hhorénatzi (de Hhorène), ou Daronetzi (de Daron). Issu de la même province, de la même maison que saint Mesrob, Moyse devient le plus cher de ses disciples, après la découverte des lettres arméniennes; il est aussi un des principaux envoyés pour apprendre les sciences d'Athènes. Il parcourt le pays des Grecs et des Romains, va jusqu'à Rome, la grande Rome, passe à Byzance, en Palestine, en Syrie, amasse des trésors d'érudition, approfondit la science de toutes les antiquités. Sa plume est éloquente et forte, sa parole puissante. La sainteté de sa vie surpasse en sainteté la sainteté de bien des vies. Voici l'éloge bien mérité que fait de Moyse, en peu de mots, il est vrai, mais en termes précis, Isaac Ardzrouni, prince célèbre des Arméniens du Vasbouragan. Dans une lettre adressée à Moyse de Hhorène, il l'appelle l'ange, le ministre des grandeurs du Christ, l'homme du ciel sur la terre, par sa conduite toute céleste; l'illuminateur qui nous a été donné comme un second Isaac et Mesrob, après la retraite de ces saints docteurs vers Dieu, etc.

Un homme tel que Moyse de Hhorène est bientôt connu de tous, car il est impossible qu'une maison située sur les hauteurs des montagnes d'Arménie reste cachée, de même qu'il est impossible que la lumière soit mise sous le boisseau. Moyse est donc placé sur le chandelier de l'Eglise, pour l'éclairer par la science de sa doctrine. En effet, après la mort de son bienheureux condisciple Jeznig Gorhpatzi (de Colp), l'un des premiers traducteurs de la Bible, Moyse est choisi pour le remplacer sur le siége épiscopal de Pacrévanth et d'Archarouni, au pays des Gamsariens. Pendant de longues années, Moyse fait paître son troupeau avec toute la sollicitude et la sagesse d'un bon pasteur, avec un zèle infatigable dans ses travaux spirituels, zèle dont il ne cesse de donner des preuves, par ses paroles et par ses écrits, jusqu'à l'âge de la plus extrême vieillesse : « Je suis vieux, dit Moyse de Hhorène, long-temps même avant sa fin ; je suis vieux, et toujours occupé de traductions. » D'après le témoignage de Thomas Ardzrouni, Moyse vit cent vingt ans ; longévité égale à celle de son saint docteur Isaac Bartev (le Parthe).

De tous les travaux littéraires du bienheureux Moyse de Hhorène, il ne nous reste que quelques ouvrages : l'*Histoire de la nation arménienne*, depuis l'origine jusqu'aux jours de l'écrivain, histoire composée à la demande du bienheureux Isaac chevalier Pacradouni (Pagratide), de cet Isaac qui, aux jours du grand Vahan, neveu de saint Varthan, verse son sang dans la guerre contre les Perses, adorateurs du feu ; — *Géographie*, ouvrage exact et important ; — *Traité de rhétorique*, écrit à la prière d'un certain Théodore, élève de Moyse ; — Différens morceaux de grammaire et de littérature ; — *Panégyrique de saint Ripsime* ; — *Histoire des voyages des Rypsimiennes de Rome en Arménie*, dans un autre morceau particulier ; — des hymnes vraiment sublimes, sans compter de nombreuses traductions. Il n'est pas sans raison d'attribuer à Moyse de Hhorène la gloire d'avoir mis la dernière main à la traduction des livres divins.

Il faut encore mentionner d'une manière toute particulière la lettre du bienheureux Moyse de Hhorène, en réponse à la lettre d'Isaac Ardzrouni. Moyse expose dans sa lettre l'histoire de l'image miraculeuse de la mère de Dieu, trouvée dans le séjour des âmes, et apportée par l'apôtre saint Barthélemi, avec la description de la famille de la vierge mère et de son assomption. On voit briller dans cet écrit de Moyse, je ne dis pas seulement l'humilité la plus parfaite de l'homme de Dieu, le renoncement au monde, le mépris pour les louanges qui lui sont offertes, pour les honneurs qui le sollicitent ; mais encore une grandeur vraiment apostolique, une prescience vraiment prophétique, comme dans ces paroles : « Je te dis, en vérité, prince des Ardzrouni ; le Seigneur m'a montré que, parmi tes enfants, trois frères sont (seront) livrés à la mort pour le Christ ; deux d'entre eux scellent (scelleront) la foi de leur sang ; un seul ne suit (suivra) pas ce généreux exemple, et n'a (n'aura) point le même bonheur. Dieu, en mémoire de ces saints confesseurs, rendant la couronne du roi Sénékérim à tes enfants, en répand (répandra) au loin l'éclat et la puissance sur la terre. Je te dis, ô Pacradouni, le Seigneur se souvient de la promesse qu'il a faite à Abraham. Les rois sortiront de toi, et vous régnez (régnerez) à Thouvinn. J'ai (j'aurai) encore bien d'autres choses à vous dire, quand le Seigneur me les aura fait voir. »

Tout s'accomplit selon la parole du saint ; car on voit, dans la famille des Ardzrouni, deux frères devenir deux glorieux confesseurs du Christ, saint Isaac et Hamazasb, princes d'Arménie ; le troisième frère, appelé Méroujan, qui renonce à la foi, reçoit promptement la mort de la part de David Mamigoni. Le royaume des Ardzrouni s'élève dans la suite au pays de Vasbouragan, comme le royaume des Pacradouni s'élève à Thouvinn. Il est à remarquer que ces faits ne s'accomplissent que plusieurs siècles après la vie de Moyse de Hhorène ; de sorte qu'il ne peut rester aucune incertitude sur l'inspiration divine de la prophétie du saint. Le bienheureux Moyse de Hhorène, après avoir fourni une longue vie, une vie pleine de travaux et de mérites, selon Dieu, va se reposer dans le sein du Christ.

Passage de l'histoire d'Arménie, par le P. Tchamtchian, relatif à Moyse Hhorénatzi (de Hhorène), 1ᵉʳ vol., p. 12-13, traduit de l'arménien.

Moyse de Hhorène, disciple de saint Mesrob, fleurit dans le Vᵉ siècle. Ses ouvrages sont imprimés en différents lieux. Moyse, à la demande d'Isaac, chevalier Pacradouni, a composé en trois livres, d'après les recherches les plus sévères, d'après de nombreuses autorités, et avec un ordre plein de sagesse, l'histoire d'Arménie depuis Hayg jusqu'à la destruction du royaume des Archagouni (Arsacides), et l'extinction du sacerdoce suprême dans la maison de l'illuminateur, l'an du Seigneur 440. Tout ce qu'avance Moyse de Hhorène sur nos ancêtres, jusqu'à Varharchag (Valarsace), il le tire des anciens livres des rois, écrits avant Alexandre, selon Maripas. Après cette époque, jusqu'au IIIᵉ siècle, il tire ses documens de différentes archives, et de personnages célèbres, surtout d'Africain, qui fleurit, du temps d'Orokin, écrivain vraiment supérieur.

Eusèbe le cite avec éloge (*Hist. ecclés.*, *VI*, 31); mais aujourd'hui ses œuvres ne se trouvent plus. Tout ce que rapporte Moyse de Hhorène, après l'illuminateur, il le prend dans les histoires particulières écrites chez nous en caractères grecs et assyriens, dans chacune des satrapies arméniennes, ce qui est évident, car (liv. I, chap. 3), après avoir accusé nos ancêtres de n'avoir donné aucun soin, ni à la littérature, ni à l'histoire, Moyse s'exprime ainsi : « On dira peut-être, s'ils n'ont pas laissé d'annales, c'est qu'il n'y avait alors ni écriture ni littérature, ou bien c'est qu'il n'y avait ni interruption, ni trève entre les combats; mais cette opinion n'est pas fondée; car il se trouve des intervalles entre les combats, et l'écriture existait chez les Perses et les Grecs, par qui sont constatés les intérêts particuliers des villages, des cantons et même de chaque maison, les différends et les traités généraux, dont les nombreux registres se trouvent encore aujourd'hui chez nous, est constaté surtout ce qui se rapporte à la liberté personnelle. » Il paraît par là que, du temps de Moyse, il existait plusieurs histoires, d'où il tire différens documens, qu'il met dans son histoire avec une grande fidélité, mais aussi avec la précaution de n'y laisser entrer rien de faux, rien de superflu, comme il paraît évident à tout lecteur judicieux, et comme le témoigne Moyse en plusieurs endroits (liv. XI, 64). Il dit : « Autant que possible, nous avons évité toute superfluité, toute parole pompeuse, tout fait, toute réflexion indigne de croyance, nous ne nous sommes attaché, selon notre pouvoir, qu'à ce qui, de notre part ou d'autre part, est justice et vérité. » L'histoire et la géographie composées par Moyse de Hhorène, sont traduites en latin avec beaucoup de peine et de travail par deux Anglais, hommes de talent, les deux frères, William et Georges, fils de William Whiston, et publiées à Londres, l'an du Seigneur 1736. Mais comme il est évident, en bien des passages, les traducteurs ne comprennent pas le véritable sens de Moyse de Hhorène, et n'ont aucune donnée sur cet auteur; c'est pourquoi ils ajoutent beaucoup de notes à leur traduction, pour tâcher d'expliquer le vrai sens des paroles de Moyse de Hhorène.

Autre passage de l'histoire d'Arménie, par Tchamtchian, 1er vol., p. 777, 778, 779, 780, traduit de l'arménien.

Il faut diviser les disciples de saint Isaac et de saint Mesrob en quatre classes. La première classe se compose de ceux qui suivent les leçons des saints docteurs avant la découverte des caractères arméniens, tels que Joseph Barhnatzi, Jean Jegurégatzi. La seconde classe comprend ceux qui viennent aux jours de la découverte ; tels que Gorioun, Artzan, etc. La troisième classe de disciples est celle dans laquelle se trouvent ceux qui arrivent au moment où fleurissent les écoles ; tels sont Moyse de Hhorène, Etienne, etc. La quatrième classe embrasse ceux qui, entrés aux écoles dans les derniers jours des saints traducteurs, à leur mort, reçoivent l'instruction de leurs premiers disciples ou même d'autres maîtres ; du nombre de ces disciples est Lazare Parbetzi (de Parbe). Comme il nous est impossible de signaler ici chacun de ces personnages, qu'on trouvera tous mentionnés dans le cours de l'histoire, nous ne parlerons que de quelques-uns d'entre eux, nous parlerons surtout de Moyse Hhorénatzi (de Hhorène).

Au sujet de Moyse de Hhorène, nous croyons d'abord très important d'examiner à quelle époque il écrit et termine son histoire, entreprise à la demande d'Isaac Pacradouni. Si nous faisons attention au temps de la fin d'Isaac Pacradouni, mort glorieusement dans les combats dans les dernières années de Béroze, roi de Perse, du temps de Jean Manthagouni, on est obligé de supposer l'exécution de l'ouvrage de Moyse antérieure de quelques années à ces événemens, environ l'an du Seigneur 470, pendant le catholicosat de Kiud, c'est-à-dire trente ans après la mort de saint Mesrob. En effet, l'âge de Moyse exige cette supposition ; car il nous apprend lui-même (III, 65) que c'est dans sa vieillesse qu'il compose son histoire ; comme aussi dans la lettre qu'il écrit alors à Isaac Ardzrouni, il dit : « Je suis vieux. » En supposant donc Moyse de Hhorène alors âgé de soixante-dix ou soixante-quinze ans, à la mort des saints docteurs, il aurait eu environ trente ans. Quand il alla étudier à Alexandrie, il n'aurait eu guère que vingt-trois ans. Toutes ces suppositions s'accordent très bien avec l'ordre de l'ouvrage de Moyse de Hhorène et les ouvrages des autres historiens.

Ceci étant ainsi admis, il faut savoir que dans l'ancien mémorial du rituel de Machdotz, il est fait mention de Moyse traducteur, qui est aussi appelé écrivain de saint Isaac le Parthe, mais nous sommes embarrassés de savoir si c'est bien Moyse de Hhorène, ou un autre Moyse plus ancien que lui ; car une date précise est assignée pour ce rituel, et il est dit avoir été exécuté par l'ordre de saint Isaac et de saint Mesrob, par les soins de Moyse écrivain, la troisième année de la traduction de saint Mesrob, la vingt et unième année du patriarchat de saint Isaac, cent onze ans après l'illumination de saint Grégoire. Les trois dates sont très justes, et en les comparant, on arrive jusqu'à l'an du Seigneur 410 ou 411 ; ce qui est assurément la vingt et unième année du patriarchat de saint Isaac et la troisième année de la traduction de saint Mesrob, selon ce qui est établi dans le cours de l'histoire de Moyse de Hhorène, de Gorioun, de Lazare Parbetzi (de Parbe), environ cent dix ou cent onze ans après la sortie de saint Grégoire de la fosse, événement arrivé l'an du Seigneur 301.

Or, d'après ces données, si l'on admet qu'en ce temps fleurit ce Moyse, écrivain et traducteur, comme secrétaire intime de saint Isaac, ces circonstances ne s'accordent pas avec le temps de Moyse de Hhorène, car à peine était-il né, selon la supputation précédemment établie. Autrement, il faut lui donner environ cinquante ans, lors de son départ pour aller étudier les sciences de la Grèce. Il faut donc dire qu'il y a un autre Moyse, disciple distingué et secrétaire intime de saint Isaac. Et peut-être est-ce ce Moyse qui, avant la bienheureuse découverte des caractères, était catholicos, issu de la race des Manazguerdi, au rapport de Parbetzi (Laz. de Parbe), ou bien est-ce Mouché de Daron, l'un des plus anciens disciples et maître des plus jeunes, selon Gorioun et Moyse de Hhorène, car ce nom Mouché est le même nom que Moussé ou Moyse, comme Jériché ou Jérhissé (Elisée), et comme Moyse de Hhorène est aussi du pays de Daron, d'où vient qu'il est appelée Daronetzi (de Daron) dans Assorhig et d'autres écrivains, il est possible que quelques personnes le confondent avec Mouché de Daron.

Au milieu de cette confusion, il faut remarquer ce que dit un certain Grégoire, archidiacre, dans un discours prononcé à Jérusalem vers le VIe siècle; il dit que Moyse de Hhorène était secrétaire d'Isaac, chevalier Pacradouni. Ici, non seulement le nom de Moyse, mais aussi le nom de saint Isaac catholicos se trouve confondu avec le nom du chevalier Isaac, d'où il suit que le fait n'est bien constaté par personne; car il est évident que Moyse de Hhorène ne parle pas au chevalier Isaac, comme parlerait un secrétaire, mais bien comme ferait un père rempli de jours, à un prince encore jeune; sans compter qu'Isaac et Moyse de Hhorène habitaient des lieux différents, et ne s'entretenaient ensemble que par lettres; d'ailleurs, ils ne s'étaient même jamais vus. Moyse de Hhorène, dans sa préface à Isaac, s'exprime ainsi : « Avant de connaître ta personne, j'ai appris à connaître ton esprit. »

Mais s'il n'y a qu'un Moyse, disciple et secrétaire du patriarche Isaac, si ce Moyse est Moyse Hhorénatzi (de Hhorène), il faut dire que ce passage précité du mémorial a un autre sens. Ainsi, bien que saint Isaac et Mesrob, au commencement de la découverte des caractères et la traduction de la Bible, aient composé le rituel de Machdotz, cependant, vingt ans après, à l'époque où commence à fleurir Moyse de Hhorène, et à voyager pour son instruction, peut-être alors, secrétaire du catholicosat, Moyse compose-t-il un nouveau rituel de Machdotz, mais cette opinion contrarierait cette assertion, que l'un des auteurs des cantiques est Moyse de Hhorène, écrivain et traducteur. Cependant Datevatzi (tom. IX, ch. 56, pag. 658) reproduisant le passage précité du mémorial avec quelques changemens, l'applique sans hésitation à Moyse de Hhorène. Il nous est impossible de bien nous assurer de la vérité, vu l'éloignement des temps.

Voici ce que dit Etienne Ourrbélian (ch. XIII) : «Lors du concile de Chalcédoine, Moyse le lettré (c'est-à-dire Moyse de Hhorène) était juge au patriarchat.» Cependant cette assertion, si elle était vraie, ne saurait convenir à Moyse de Hhorène, mais bien à Mouché Daronetzi ou plutôt à Moyse Manazguerdtzi, qui, peu d'années après le concile de Chalcédoine, devient catholicos d'Arménie.

On trouve consigné dans les légendes (fév. 19, pag. 499) qu'à l'époque de la construction de Théodosopole, ou Garin (Erzeroum), « Moyse de Hhorène, neveu du docteur Mesrob, était inspecteur des ouvriers et directeur des constructions; » faits que rapporte aussi Jacques Nalian, qui adjoint à Moyse dans les mêmes fonctions David anjarht (l'invincible). Toutes ces assertions sont prises de la géographie inconnue d'un certain Varthan. Il est évident qu'elles sont tout-à-fait sans fondement et contraires à l'histoire de Moyse de Hhorène, car, selon lui, la construction de Théodosopole a lieu pendant les troubles d'Arménie, avant le règne d'Ardaces. Et comment Moyse de Hhorène peut-il alors être chargé de la direction des travaux, comme un homme d'un âge mûr, puisque, à cette époque, Moyse est encore un enfant de dix ans, et que, dans la suite, environ quinze ans après, il voyage pour s'instruire, comme nous l'assurent les légendes au même endroit, (pag. 501). D'ailleurs, Théodosopole est bâtie sous la direction d'Anatole, général des Grecs. Il est bon de consigner ici cette remarque en passant, c'est que dans l'ouvrage d'Assorhig (II, 1.) et de Varthan, je ne sais par quelle faute de copistes, il est mis que c'est du temps de Bab, de Nerses le grand, de Théodose le grand, qu'est bâtie Théodosopole, par Anatole, général des Grecs. Or, Moyse de Hhorène place la fondation de cette ville du temps de Mesrob et d'Isaac, d'après l'ordre de Théodose le jeune, opinion soutenue par les principaux écrivains grecs.

Enfin, il faut savoir que, outre le bienheureux Moyse de

Hhorène, surnommé le lettré ou le père des lettres, il y a un autre Moyse, évêque de Siouni, dit aussi lettré, sous Jean le philosophe, au commencement du VIIIe siècle. On a de ce Moyse quantité d'ouvrages, et comme il paraît, on confond souvent ensemble les œuvres des deux Moyse. Ainsi, par exemple, l'*Abrégé de chronologie*, qui va jusqu'au VIIe siècle, jusqu'au temps de l'empereur Héraclius, est attribué à Moyse le lettré. Or, il est évident que ce ne peut pas être l'œuvre du premier Moyse, c'est-à-dire de Moyse de Hhorène, mais bien du second Moyse. Il y a aussi des ouvrages de grammaire et de rhétorique dont on ne sait d'une manière certaine auquel des deux Moyse attribuer la composition.

<small>Histoire de la littérature arménienne, par Mgr Placide-Soukias Somalian, archevêque de Siouni, abbé général de la congrégation des PP. Arméniens Méhhitaristes de Saint-Lazare, p. 23, 24, 25, 26, 27, 28, traduit de l'italien.</small>

Moyse de Hhorène, célèbre historien du Ve siècle, l'un des plus illustres disciples des saints docteurs Isaac et Mesrob, justement honoré par sa nation du titre non seulement de lettré, mais encore de père des lettres. Pendant un voyage de huit ans, il visite la Mésopotamie, Alexandrie, Rome, Athènes, Constantinople; continuellement dans la société des savans, il acquiert un grand fonds de connaissances; apprend toutes les langues de l'Orient, qui lui servent à traduire en arménien les ouvrages classiques des meilleurs auteurs. On lui attribue la traduction arménienne de la chronique d'Eusèbe et de la vie d'Alexandre-le-Grand. Moyse de Hhorène se montre toujours si occupé d'utiles traductions, qu'il peut dire de lui-même (*hist.*, liv. III., ch. 65.): « Tout vieux, tout infirme que je suis, je ne cesse de m'occuper de traductions. » Toutefois ce n'est pas là les seules preuves qu'il ait laissées de son rare talent. Moyse a composé grand nombre d'ouvrages où se trouvent réunis l'élégance, le choix, la pureté de l'expression, la dignité du style, qualités qui font qualifier Moyse du nom d'auteur vraiment admirable, digne du premier rang entre tous les classiques arméniens.

Le principal ouvrage de Moyse de Hhorène est l'histoire d'Arménie composée à la prière d'Isaac, prince Pacradouni (Bagratide), et divisée en trois livres. Dans le premier livre Moyse traite des successeurs d'Hayg, auteur de la nation arménienne, jusqu'à l'établissement de la race des Archagouni (Arsacides). A Valarsace le Parthe, premier roi de cette race, commence le deuxième livre, qui continue le récit des faits jusqu'à la mort du roi Tiridate, lequel embrasse le christianisme. Enfin, le troisième livre contient les événemens arrivés depuis Hhosrov jusqu'à la mort des deux prélats Isaac et Mesrob, c'est-à-dire jusqu'à l'an 441 de J.-C. Moyse tire une foule de documens nécessaires à son travail, de différens historiens de l'antiquité dont les noms seulement sont connus de nos jours. Parmi ces historiens, nous avons déjà signalé l'historien Marabas Catina, Lerubnase, fils d'Afsadare, natif d'Edesse, Olympe, pontife païen, l'hérésiarque Bardasane, Ardite et Corobute. Dans plus d'un passage de son histoire, Moyse de Hhorène fait mention d'un autre livre composé par lui, qui contiendrait les principaux faits historiques relatifs à la destruction de la monarchie des Arsacides, jusqu'à l'empereur Zénon. Mais, il faut dire que ce livre est certainement perdu, puisque nous ne pouvons en découvrir la moindre trace. Thomas Ardzrouni, historien vivant au XVe siècle, parle aussi de ce dernier livre de Moyse de Hhorène. Enfin, il est à remarquer que, quoique Moyse ne s'accorde pas toujours avec les historiens grecs et latins, il ne faut pas pour cela lui dénier le degré de croyance que mérite la franchise de son caractère.

Le texte original arménien de ces trois livres, qui forment à eux seuls l'ouvrage complet, est publié pour la première fois, à Amsterdam, l'an 1695. En 1736, les deux frères Whiston donnent à Londres une seconde édition de cet ouvrage avec une traduction latine, qui, quoique très fautive, est cependant très estimée des critiques. Une troisième édition paraît à Venise, en 1762, suivie du *Traité de géographie* composé par le dit Moyse de Hhorène. Enfin, en 1827, une quatrième édition est encore publiée à Venise, ornée de gravures, et collationnée sur plusieurs manuscrits.

On a aussi de Moyse de Hhorène un *Traité de rhétorique* divisé en dix livres, et dédié à un certain Théodore, élève de Moyse, écrit dans le goût des rhéteurs grecs ; ce traité ressemble beaucoup au traité composé sur la même matière par Théon d'Alexandrie, sous le titre de *Progimnasmata* ou exercices oratoires du célèbre sophiste Libanius. L'ouvrage de Moyse de Hhorène contient bon nombre d'exemples de rhétorique et de discours composés par lui pour graver dans l'esprit de ses élèves les règles qu'il leur enseigne. Le texte est assez difficile à comprendre à cause des expressions étrangères, de la concision du style ; Ce qui augmente le prix de cet ouvrage, c'est qu'on y trouve éparses diverses citations des meilleurs classiques grecs, différents morceaux de leurs ouvrages les plus célèbres, entre autres, un fragment de la tragédie d'*Euripide* aujourd'hui perdue et intitulée *Péliade*. Il existe une édition soignée et correcte de ce traité de rhétorique, publiée à Venise avec d'utiles annotations, en 1796.

Le troisième ouvrage de Moyse de Hhorène est un *Traité de géographie* très précieux pour son antiquité et les citations qui s'y trouvent, citations prises des anciens géographes et mathématiciens ; Moyse de Hhorène tire la principale matière de son traité du célèbre mathématicien Pappe d'Alexandrie, qui fleurit au commencement de ce siècle. Les prolégomènes sont pris de la partie mathématique de la géographie de Ptolémée. Il existe une version latine de cet ouvrage faite par les frères Whiston, traducteurs de l'histoire de Moyse de Hhorène, et imprimée aussi en 1736. Le texte original arménien est publié pour la première fois, à Marseille, en 1683 ; puis une troisième édition du texte seul paraît à Venise, en 1751. Enfin, en 1819, une quatrième édition s'imprime à Paris, avec une traduction française exécutée par un arméniste M. Saint-Martin, avec quelques annotations inexactes.

Moyse est aussi l'auteur de quelques autres opuscules ; savoir : une épître à Isaac Ardzrouni, pleine de documens historiques ; deux homélies ou plutôt deux panégyriques, l'un en l'honneur de sainte Ripsime, vierge et martyre. Dans un opuscule particulier, il décrit le pénible voyage de la sainte et de ses compagnes de Rome en Arménie. L'autre homélie a pour sujet la transfiguration de J.-C. On croit encore Moyse de Hhorène auteur de bien d'autres ouvrages qui n'existent plus, de plusieurs commentaires sur la grammaire arménienne, dont nous n'avons aujourd'hui que quelques fragmens insérés dans la grammaire de Jean Jerzinguetzi ou Zorzoretzi, écrivain arménien du XIIIe siècle. On attribue aussi à Moyse de Hhorène une explication de l'office de l'église arménienne, ouvrage malheureusement perdu, à l'exception d'un fragment inséré dans Arsciarunetzi, qui écrit dans le VIIe siècle sur le même sujet. Enfin, on a de Moyse de Hhorène plusieurs hymnes chantées dans les offices de l'église arménienne.

Notes relatives à Moyse de Hhorène, par feu le docteur Zohrab, traduites de l'arménien.

TÉMOIGNAGE DES ANCIENS TOUCHANT L'HISTOIRE DE MOYSE DE HHORÈNE.

Lazare Parbetzi (de Parbe), auteur du Ve siècle (édit. de Venise, pag. 26), dit au sujet de Mesrob, c'est-à-dire de Machdotz, avant la découverte des caractères : « Long-temps le bienheureux Machdotz se tourmente de cette idée, qu'il y a des caractères de la langue arménienne ; qu'à l'aide de ces caractères, il serait possible de gagner les âmes des hommes et des femmes en général, en employant la langue maternelle et non un langage d'emprunt. » Lazare de Parbe, après avoir rapporté la découverte de l'écriture par saint Mesrob, d'accord avec Moyse de Hhorène (pag. 30), ajoute au sujet des prêtres arméniens qui pressent vivement le grand Isaac d'exécuter la traduction de la *Bible* : « La première classe des prêtres dit au saint pontife, nous voici devant toi avec le bienheureux Machdotz que la grâce divine a suscité pour satisfaire nos plus chers désirs, pour coordonner les anciens caractères des lettres que personne n'a pris soin d'employer. »

Jean le philosophe, dans son discours contre les fantastiques, p. 74 :
« Il en est parmi nous que l'Esprit Saint a suscités après le premier illuminateur, je veux parler des saints Isaac et Machdotz, de tous leurs disciples et collaborateurs, tels que Jezoig et les autres, tel que celui qui, formé par eux, marche non loin d'eux, ce grand philosophe, cet écrivain célèbre dans tout l'univers, Moyse, enfin, tous ces hommes sont et d'habiles traducteurs, et des écrivains orthodoxes. »

Jean VI, catholicos (patriarche général), qui fleurit au commencement du X⁰ siècle, et écrit l'histoire d'Arménie d'une manière éloquente et choisie, depuis le commencement jusqu'à son temps, semble tout tirer de Moyse de Hhorène ; et lorsqu'il vient à dépasser l'époque de cet auteur, il puise ailleurs ses documens. Quoique Jean VI ne cite point le nom de Moyse de Hhorène, feignant de tirer ses données, non d'un seul historien, mais d'une foule d'historiens, cependant on voit, en comparant, que pas un seul fragment des choses rapportées ne vient de Jean VI ou de quelque autre historien. Il n'en agit ainsi, sans doute, que dans l'intention de s'approprier tout le mérite du travail, en faisant croire qu'il a tout recueilli de différens côtés, et composé ainsi l'histoire des anciens temps. Il renvoie çà et là le lecteur, en disant : Voyez ce qu'on a écrit avant nous ; et cependant, c'est de Moyse de Hhorène qu'il prend non-seulement ce qui est du fond, mais bien souvent aussi ce qui est de la forme du style, des mots même, jusqu'à l'endroit où finit l'histoire de Moyse de Hhorène.

Etienne Daronetzi (de Daron), surnommé Assorhnig ou Assorhig, historien qui fleurit à la fin du X⁰ siècle, en comptant les historiens d'Arménie qui l'ont précédé et de qui il a pris son histoire, dit :

« A notre vue s'offre d'abord l'illustre Acatankerhos (Agatange), l'historien des miracles et des souffrances de saint Cricor (Grégoire), l'historien de notre conversion à la connaissance de Dieu. Après Agatange vient Moyse Hhorénatzi (de Hhorène), comme Eusèbe appelé le père des lettres (pag. 292), au commencement et à la fin du premier livre, tout ce qui se passe depuis le règne du brave Archag (Arsace) jusqu'ici, nous l'avons tiré du grand historien Moyse de Daron, évêque de Pacrevanth et d'Archarouni; ce qui termine notre narration, c'est la mort de Hhosrov, roi d'Arménie.

Assorhig, dans le cours de son histoire (liv. II, chap. I.), en parlant de la déchéance du grand Isaac, de l'intrusion de Zapticho, de Samuel de Sourmag, dit : A la vue de ces révolutions le grand docteur Moyse, le père des lettres s'écrie : « Je te plains, malheureuse Arménie, on t'a enlevé ton roi, ton pontife, on t'a ravi ton prophète, l'âme de tes conseils. » Ainsi le vigilant prophète Jérémie pleurait la destruction de la nation juive, et la ruine du temple changée en désert.

Thomas Ardzrouni, au milieu du Xe siècle, écrivant l'histoire de la race des Ardzrouni, à la prière de Grégoire, prince de cette race, cite souvent Moyse de Hhorène qu'il appelle lettré et historien (pag. 7). « En suivant les recherches de tout genre d'Eusèbe, la véracité d'Africain et de Moyse de Hhorène, je vais, dit Thomas Ardzrouni, je vais d'abord décrire l'état de la division des nations; et puis, (pag. 6), je me règlerai d'après Abidène de Césarée, d'après Moyse de Hhorène, d'après le véridique Julien d'Halicarnasse. Pag. 19, au sujet du combat d'Hayg contre Bel, il dit : «Le grand littérateur Moyse de Hhorène s'étend d'une manière plus explicite sur cet événement. Pag. 47, en parlant de la mort de Dertad (Tiridate), il dit, comme nous le lisons dans les savans ouvrages de Moyse, ce docteur, ce littérateur célèbre en tous lieux, l'auteur de nos lumières, de nos connaissances les plus solides : voyez l'histoire de Thomas Ardzrouni, chap. 80. Ensuite, tirant successivement ses documens de Moyse de Hhorène, Thomas Ardzrouni poursuit le cours de son histoire.

Ce Thomas Ardzrouni, à la fin du premier livre de l'histoire des Ardzrouni, en parlant d'Isaac, prince des Pacradouni (Bagratides), dit : Cet Isaac est bien le même Isaac par l'ordre duquel le grand docteur Moyse, ce littérateur si célèbre en tous lieux, composa l'histoire de la grande Arménie d'une manière vraiment merveilleuse, depuis Adam, jusqu'à l'empereur Zénon. La vie de Moyse de Hhorène se prolonge jusqu'à cent vingt ans, et sa vieillesse est pleine et féconde, ainsi qu'il est consigné dans la quatrième partie promise du même Moyse, destinée à revenir sur les trois autres parties. Le bienheureux Gorioun, condisciple de Moyse et disciple de saint Machdotz, en s'assurant de la véracité de l'histoire, nous confirme tous ces faits; nous les avons récapitulés, selon nos faibles talens, et nous avons composé ces récits abrégés pour te les présenter, illustre philologue Kakig Vasbouragan, généralissime des Arméniens, le tout ainsi qu'il est bien constaté dans les admirables compositions des docteurs pleins de sagesse et d'éloquence. Moi, Thomas, j'ai osé, sans reculer, mais non sans rougir, j'ai osé venir après eux, je suis venu aux lieux et place de ces anciens docteurs ; je suis venu, sans sagesse, sans science, sans talent, entreprendre une grande tâche; mais l'ordre de ton auguste personne a pu seul me déterminer. C'est pourquoi je me garderai bien d'imiter la loquacité des esprits vaniteux.

Samuel le prêtre, historien qui fleurit vers le milieu du XIIe siècle, au commencement de sa chronologie, dit : Le premier historien de notre nation est Agatange, l'historien de saint Grégoire illuminateur de l'Arménie; vient ensuite Moyse de Hhorène, le véridique Moyse, puis, Élisée, Lazare, et avant Lazare, l'historien Phaustos de Byzance, Léon le prêtre, Chabouh, Jean, et dans les derniers temps, Étienne, surnommé Assorhnig, tous auteurs d'histoires d'Arménie. Je recueillerai rapidement dans leurs ouvrages mes données, en ne suivant toutefois que les traces de la vérité; mais entre tous ces écrivains, il en est deux auxquels nous nous attacherons plus particulièrement et qui nous seront d'un grand secours. Je veux parler d'Eusèbe et de Moyse de Hhorène. « Ailleurs Samuel dit : Eusèbe et les autres historiens prétendent qu'il n'y a que Cyrus qui ait renversé Astyage, anéanti le royaume des Mèdes. Mais Moyse assure que c'est Tygrane qui fit périr Astyage, et Moyse le prouve par beaucoup de circonstances, telles que la vision du songe, la profonde et rusée dissimulation et fourberie d'Astyage qui lui fait épouser la sœur de Tygrane, etc. » Moyse, historien d'Arménie, dit qu'Ardaces le Parthe prit Crassus; il cite beaucoup d'autorités que vous trouverez dans son ouvrage, il en est de même en bien d'autres endroits.

Je ne parlerai pas d'une foule d'autres historiens, qui tous tirent de Moyse de Hhorène le commencement de l'*Histoire d'Arménie*.

Guiragos Gantzaguetzi (Cyriaque de Cantzag), auteur au XIIIe siècle d'une histoire particulière d'Arménie, depuis Tiridate, jusqu'à son temps, commence par compter les historiens arméniens avant lui, et dit : Après Agatange, un des hommes les plus riches en savoir, les plus grands en sagesse, est le saint homme de Dieu, Moyse de Hhorène, qui écrivit l'histoire d'Arménie avec tant d'art et de talent, sous une forme abrégée, mais avec un plan si étendu, depuis le premier homme, rapportant l'histoire de plusieurs nations, leurs faits et gestes, jusqu'aux jours de Tiridate et de saint Grégoire, puis jusqu'au martyre de saint Isaac, patriarche d'Arménie. Moyse termine par des lamentations sur le pays des Arméniens.

Cyriaque, dans le cours de son histoire, parlant des élèves, des traducteurs (de la Bible), Isaac et Mesrob, dit au sujet de Moyse de Hhorène. « L'admirable Moyse de Hhorène composa l'*Histoire d'Arménie*, à la demande d'Isaac Pacradouni. — L'*Histoire de la sainte mère de Dieu et de son image*, à la prière des princes Ardzrouni. — Un *Traité de rhétorique*, à la demande de Théodore. — Le *Panégyrique de sainte Ripsime*. — *Discours sur la transfiguration*, et quantité d'autres morceaux philosophiques. »

Nerses Glaïetzi (de Cla), surnommé Chenorhali (gracieux), auteur à jamais célèbre, qui fleurit au XIIe siècle, dans son *Histoire d'Arménie* écrite en vers, histoire dont le fonds est pris de Moyse de Hhorène, dit en comptant la série des princes d'Arménie : « Il en est beaucoup qui, occupés d'eux seuls, ne méritent pas, ce me semble, qu'on s'occupe d'eux, qu'on parle d'eux. Le souvenir des hommes sans mérite n'a rien que d'insupportable, comme le savent bien ceux qui ont lu l'ouvrage de Moyse, le lettré. »

Varthan, dans son histoire, à la première année d'Ardaces, roi de Perse, et à la cinquième année de Vramchabouh, roi d'Arménie, dit : saint Mesrob compose l'alphabet arménien des vingt-deux caractères trouvés anciennement par Daniel l'Assyrien, mais négligés d'abord, faute de simplifier l'étendue de la langue; on se contentait des caractères grecs, assyriens, persans. Mesrob ne pouvait avec ces caractères traduire les livres saints en arménien. C'est pourquoi il se met en prière, assisté de saint Isaac, et voici Dieu qui, propice à ses vœux, trace de la main droite douze caractères devant lui..... c'était bien les anciens caractères arméniens, comme on en a la preuve du temps du roi Léon, par une pièce de monnaie trouvée en Cilie et portant gravé en caractères arméniens le nom des rois ignicoles, de la race d'Hayg. Ainsi est rempli le vide qui se trouvait dans nos lettres, par nôtre nouvel Esdras, inspiré du ciel, ce restaurateur, ce régulateur du nouvel Israël.

LIVRE PREMIER.

HISTOIRE GÉNÉALOGIQUE
DE
La Grande Arménie.

I.

Moyse de Khorène au commencement de cette histoire en ces termes à Isaac Pacradouni, salut :

Oui, sans cesse l'influence des grâces divines agit sur toi, sans cesse les mouvemens de l'esprit saint agissent sur tes conceptions, je le vois bien par la noble demande que tu m'adresses, et qui m'apprend à connaître ton esprit avant de connaître ta personne. Le sujet de cette demande est bien cher à mes goûts, plus encore à mes habitudes; c'est pourquoi non seulement il faut te louer, il faut encore demander au ciel que tu sois toujours le même.

Car si, pour la raison, nous sommes, comme il est dit, l'image de Dieu, si la vertu caractéristique de l'être raisonnable est l'intelligence; puisque tes désirs n'ont pas d'autre objet, on peut donc dire que par la grandeur de tes conceptions, en conservant la chaleur, le feu, l'éclat de ton intelligence, tu ornes la raison, et le ciel te conserve pour en être l'image; on peut dire que tu charmes le prototype même de la raison; toi dont tous les goûts, tous les désirs sont si nobles et si sages.

Je vois encore une chose à ajouter; c'est que si ceux qui, avant nous ou de nos jours, ont possédé les richesses et la souveraine puissance en Arménie, n'ont point songé à confier aux sages qui se trouvaient sous leurs mains le soin d'enregistrer les souvenirs de l'histoire, s'il n'ont point songé à appeler du dehors le secours d'aucune lumière, puisque nous connaissons aujourd'hui tes généreuses dispositions, il est donc évident que tu es bien supérieur à tous ceux qui t'ont précédé, que tu es digne des plus grandes louanges, que ton nom mérite d'être inscrit dans les annales de l'histoire.

Sur ce, accueillant volontiers ta demande, je travaillerai à la satisfaire, je travaillerai à te laisser, pour que le souvenir en soit immortel, cette histoire à toi et à toutes tes générations à venir; les générations passées ont été fortes et fécondes, non seulement en conseils et en pensées utiles, mais aussi en grandes et glorieuses actions que nous rappellerons dans le cours de cette histoire; lorsque nous ferons, de père en fils, une généalogie générale, nous décrirons en abrégé les satrapies d'Arménie; l'origine et l'état de ces satrapies, d'après l'autorité de quelques histoires grecques.

II.

Les livres des Chaldéens et des Assyriens sont remplis des détails de notre histoire, et cependant nous avons mieux aimé la tirer des livres grecs; pour quel motif?

Les livres de plusieurs nations, comme chacun sait, les livres des Perses et des Chaldéens surtout, sont surchargés des détails de notre histoire, et cependant nous n'avons cité que quelques historiens grecs, nous avons promis de présenter d'après eux notre généalogie. Que personne ne s'étonne de la préférence donnée par nous à l'autorité des Grecs; car les rois grecs confiaient aux Grecs le soin d'enregistrer non seulement tous les détails et circonstances de leurs conquêtes, mais aussi tout ce qui pouvait intéresser la sagesse, remettant après l'arrangement de leurs affaires intérieures, comme fait Ptolomée Philadelphe, qui recueille les livres et les chroniques de toutes les nations et les fait traduire en grec.

Qu'on ne vienne point ici, nous taxant d'ignorance, nous traiter comme des gens sans instruction et sans connaissance, sous prétexte que de Ptolémée, roi des Égyptiens, nous faisons un roi des Grecs, En effet, ce prince, après avoir soumis les Grecs, est appelé roi d'Alexandrie et de la Grèce, titre qu'aucun des Ptolémées, ni des autres dominateurs de l'Égypte, ne porte jamais; ce prince, si phil-hellène dans ses goûts, donne tous ses soins à la langue grecque : il y a encore bien d'autres raisons de ce genre pour l'appeler roi des Grecs; mais afin d'abréger cette dissertation, nous nous contenterons de ce que nous avons dit.

La Grèce produisit encore bien d'autres hommes célèbres et occupés de la sagesse; ces hommes eurent soin de traduire en grec, non seulement les archives des autres nations, tant royales que sacrées, comme fit celui qui engagea à ce travail un certain Bérose, Chaldéen très versé dans toutes les parties de la sagesse, ils firent aussi passer dans la langue grecque tout ce qu'ils trouvèrent çà et là de plus précieux, de plus digne d'admiration dans les arts, tout, depuis le *aïp* jusqu'au *ké*, la *za* et le *to* au *piour*, le *guenni* jusqu'à l'*ietch*, le *cha* jusqu'au *se*. Rassemblant toutes ces richesses, ces hommes, dont nous savons positivement les noms, en firent hommage à la gloire de la Grèce; louables sont ces hommes, vraiment philosophes, pour leurs constans efforts à découvrir les productions des autres, plus louables encore sont ceux qui ont accueilli et honoré ces découvertes de la sagesse; c'est pourquoi nous n'hésitons pas à proclamer la Grèce la mère et la nourrice des sciences.

C'en est assez pour justifier le besoin que nous avions de recourir au récit des Grecs.

III.

De la grossièreté et de l'ignorance de nos premiers rois et princes.

Je ne veux pas oublier de flétrir la barbarie et l'ignorance de nos premiers ancêtres, je veux dès le commencement de cet ouvrage adresser des paroles de blâme à qui mérite le blâme; si des éloges sont dus à ceux des rois qui ont confié au burin de l'histoire le soin de marquer les époques de leur règne, d'enregistrer leurs actes de sagesse et de valeur, employés par eux à la rédaction de ces annales, leurs secrétaires et archivistes méritent bien aussi de notre part quelques mots d'éloge. C'est en lisant leurs compilations que nous apprenons, disons nous, à perfectionner le système de nos lois; que nous apprenons les institutions civiles; en lisant ces discours où respire la sagesse des Chaldéens, des Assyriens, des Egyptiens, des Grecs, souvent même nous portons envie à la sagesse de ces hommes qui se sont occupés de si nobles soins.

Nous sommes donc forcés de reconnaître l'insouciance de nos rois et autres ancêtres pour tout ce qui tient à l'intelligence; partout se manifeste la grossièreté de leur raison. Nous ne sommes, il est vrai, qu'une nation peu nombreuse, resserrée dans d'étroites limites, faible et souvent assujettie; mais notre pays n'en a pas moins été le théâtre de mille actions d'éclat, dignes de l'histoire, et pas un de nos princes n'a pris soin d'en conserver la mémoire. Ils n'ont point pensé à se faire du bien à eux-mêmes, à laisser leur nom dans le souvenir des hommes, et nous irions leur reprocher de n'avoir pas fait ce qui était bien au-dessus d'eux, ce qui était plus ancien qu'eux!

On dira peut-être, s'ils n'ont point laissé d'annales, c'est qu'il n'y avait alors ni écriture, ni littérature, c'est qu'il n'y avait ni interruption, ni trêve entre les combats.

Mais cette opinion n'est pas fondée, l'écriture existait chez les Perses et les Grecs; c'est au moyen de l'écriture que furent constatés les intérêts particuliers des villages, des cantons, et même de chaque maison, les différends et les traités généraux dont les nombreux registres se trouvent encore aujourd'hui chez nous; ainsi fut enregistré tout ce qui se rapporte aux droits de la liberté individuelle, mais il me paraît qu'autrefois comme aujourd'hui les Arméniens n'avaient que de l'antipathie pour la sagesse et les productions de l'intelligence. Qu'avons nous besoin de parler plus long-temps de gens grossiers, sans raison et sans cœur!

Je ne puis assez admirer ta noble pensée; depuis la première de nos générations jusqu'à la génération actuelle, il ne s'est trouvé personne; tu es le seul homme qui ait conçu la pensée d'une aussi belle entreprise. Tu nous demandes et tu nous charges de présenter dans un long et utile travail l'histoire de notre nation, c'est-à-dire de rapporter avec exactitude l'histoire des rois, des races et des maisons satrapales, leur origine, les actions de tel ou tel personnage; d'indiquer quelles sont les races indigènes ou nationales, et quelles sont les races étrangères ayant acquis droit de nationalité parmi nous. En un mot, tu nous demandes et tu nous charges d'inscrire tous les faits, toutes les époques, depuis le temps confus de la construction de la tour de Babel, jusqu'à présent. Beau travail qui doit tourner à ta gloire et à ta satisfaction!

A cela je n'ai qu'une question à faire, aurons-nous près de nous, comme dit Job, aurons-nous sous les yeux les ouvrages de nos ancêtres, à l'aide desquels nous puissions, comme les historiens hébreux, du haut de l'arbre généalogique, descendre jusqu'à toi, sans nous tromper, ou bien, en commençant par toi et les autres, remonter à l'origine de ta nation? Quoi qu'il en soit des peines inséparables de ce travail, je commencerai, puisqu'il se trouve au moins un de mes compatriotes reconnaissant de mes efforts. Je commencerai comme ont commencé tous ceux qui suivent les sentimens de l'église du Christ; regardant comme superflu de répéter les fables des historiens profanes, au sujet du commencement du monde, nous ne rappellerons que quelques temps postérieurs et quelques personnages célèbres auxquels s'appliqueront les divines Écritures. Enfin nous arriverons nécessairement aux récits des païens, mais nous n'en prendrons que ce que nous croirons certain.

IV.

Divergence d'opinion au sujet d'Adam et des autres patriarches, de la part des autres historiens.

Nous devons dire en peu de mots pourquoi, au sujet de la racine du genre humain, opposés au sentiment de l'esprit saint, les historiens profanes ne s'accordent pas. Je dis Bérose qui diffère du Polyhistor et d'Abydene, je dis Abydene lui-même au sujet de Noé et des autres patriarches. Il y a divergence d'opinions, non-seulement pour ce qui est des noms et des temps, mais aussi pour ce qui est du principe et des auteurs du genre humain, car ils ne lui donnent pas le même principe que celui que nous lui donnons.

Abydene, d'accord avec les autres historiens, au sujet de *Noé*, s'exprime ainsi : « Dieu, souverain dispensateur de toutes choses, le fit pasteur et conducteur de son peuple »; il ajoute : « Alorus régna dix *sares*, qui font trente-six mille ans. » Ainsi, à l'égard de *Noé*, les historiens profanes adoptent un autre nom et des temps infinis, quoique pour le débordement des eaux et la corruption de la terre ils s'accordent avec l'esprit saint. Ils admettent aussi un nombre de dix patriarches avec *Xisuthre*. Non-seulement, d'après la révolution du soleil et la division de notre période annuelle en quatre saisons, ils s'éloignent de nos années, ils s'éloignent encore plus des années sacrées, et même ils ne comptent pas comme les Égyptiens les naissances lunaires. Quant à ces périodes qui tirent leur nom des divinités, si, toutefois, on veut les prendre pour des périodes annuelles, ils les soumettent à toute la rigueur du calcul pour s'assurer de la vérité, tantôt augmentant, tantôt diminuant la masse de ces périodes. Nous nous faisons une loi de rapporter ici leurs opinions, de les transcrire textuellement. Mais la longueur de ce travail nous force de remettre ces détails à un autre temps et à une autre place, nous allons donc parler de ce dont nous sommes certains.

Adam, premier homme créé, ayant vécu deux cent trente ans, engendre *Seth*. *Seth*, ayant vécu deux cent cinq ans, engendre

Enos. *Seth* fait élever deux colonnes en vue de deux événemens possibles, comme dit *Joseph*, mais on ne sait en quel lieu. *Enos* est le premier qui ose appeler Dieu.

Pourquoi dit-on qu'il est le premier qui appelle Dieu, ou bien comment le mot appeler se prend-il? Car *Adam* est véritablement la créature de Dieu, *Adam* reçoit des ordres de la bouche de Dieu même; *Adam*, après son péché, s'étant caché, entend la voix de Dieu et non une autre voix lui demander: «Où es-tu?» C'est encore de la bouche de Dieu qu'il apprend l'arrêt de son sort. Puis vient *Abel* qui se rend agréable à Dieu, lui offre des sacrifices, et ces sacrifices sont favorablement acceptés par Dieu. Or, puisque *Adam*, puisque *Abel* étaient connus, accueillis de Dieu, pourquoi dit-on que *Enos* est le premier qui appelle Dieu et l'appelle avec espérance? Mais laissons nos réflexions sur ce sujet pour un autre moment, et disons ce que nous avons à dire.

Le premier homme, après avoir transgressé le commandement de la loi, se voit chassé par Dieu du paradis, à cause de son péché; puis celui des enfans d'*Adam* que Dieu accueillait favorablement est assassiné par son propre frère; après cet événement il n'y a plus ni paroles, ni manifestation de la part de Dieu, et la race des hommes est livrée à l'infortune et au désespoir, abandonnée à toute l'indépendance de ses œuvres. *Enos* vient au milieu de cette multitude, fort d'espérance et de justice, appelle Dieu; or, appeler a deux sens; nommer un être qu'on aurait oublié n'est point ici un sens admissible, car il ne s'était pas écoulé un assez grand nombre d'années pour faire oublier le nom de Dieu, Dieu lui-même. La mort n'avait pas encore dévoré, la tombe n'avait pas encore englouti celui que Dieu même avait créé; ainsi, c'est à son secours que *Enos* appelle Dieu.

Enos, ayant vécu cent quatre-vingt-dix ans, engendre *Caïnan*. *Caïnan*, ayant vécu cent soixante-dix ans, engendre *Malaléel*. *Malaléel*, ayant vécu cent soixante-cinq ans, engendre *Jared*. *Jared*, ayant vécu cent soixante-deux ans, engendre *Hénoch*. *Hénoch*, ayant vécu cent soixante-cinq ans, engendre *Mathusalem*. Après avoir engendré *Mathusalem*, il vit encore trois cents ans, toujours agréable à Dieu, comme le sait celui qui l'eut pour agréable, après quoi il est enlevé du milieu des impies. Nous dirons plus loin la cause de cet événement. *Mathusalem*, ayant vécu cent soixante-sept ans, engendre *Lamech*. *Lamech*, ayant vécu quatre-vingt-huit ans, engendre un fils qu'il nomme *Noé*.

De Noé.

Pourquoi *Noé* est-il le seul qu'il appelle du nom de fils, tandis que pour tous les autres enfans, il est dit simplement, il engendre? Celui-ci, dit son père par une inspiration de l'avenir, nous fera reposer du travail et de la fatigue de nos mains et des peines de la terre que Dieu a maudite; il n'y a pas repos, il y a anéantissement de tout ce qui est sur la terre; il me paraît que faire reposer, c'est faire cesser, c'est faire cesser l'impiété et l'iniquité par l'extermination des hommes pervers du second âge. Car il a fort bien dit, nous fera reposer de nos œuvres, c'est-à-dire de nos iniquités et de la fatigue de nos mains avec lesquelles nous commettons les actes de fornication; mais le repos ainsi prédit n'est pas pour tous; il n'y a vraiment repos que pour les âmes consommées dans la vertu, tandis que les méchans sont comme purifiés par les eaux du déluge qui les anéantissent. C'est ce qui arrive sous *Noé* aux hommes d'iniquité. Par le nom de fils, l'Écriture a donc voulu le glorifier en le déclarant l'héritier direct, le digne héritier des vertus paternelles.

V.

Egalité de progression entre les générations des trois enfans de *Noé* jusqu'à *Abraham*, jusqu'à *Ninus* et jusqu'à *Aram*. — *Ninus* n'est ni *Bel*, ni fils de *Bel*.

Tout le monde convient que rien n'est difficile comme de rassembler les époques depuis le commencement jusqu'à nous, de rassembler surtout les individus de la filiation des races patriarchales, des trois enfans de *Noé*, de poursuivre les recherches d'âge en âge, travail d'autant plus difficile que l'Écriture, se faisant un peuple à part, laisse dans le mépris les autres peuples, comme des objets indignes de mention; nous commencerons donc à parler de ces peuples autant que possible d'après ce qu'en ont dit les histoires des anciens, avec la plus grande sincérité de notre part.

O toi! lecteur éclairé, regarde le tableau généalogique des trois lignées jusqu'à *Abraham*, jusqu'à *Ninus* et jusqu'à *Aram*, et ton étonnement sera grand.

Sem, ayant vécu cent ans, deux ans après le déluge, selon l'Écriture, engendre *Arphaxad*.

Sem.

Sem à cent ans engendre *Arphaxad.*
Arphaxad à cent trente-cinq ans engendre *Caïnan.*
Caïnan à cent vingt ans engendre *Sala.*
Sala à cent trente ans engendre *Héber.*
Héber à cent trente-quatre ans engendre *Phaleg.*
Phaleg à cent trente-trois ans engendre *Rëu.*
Rëu à cent trente ans engendre *Sarug.*
Sarug à cent trente ans engendre *Nachor.*
Nachor à soixante-dix-neuf ans engendre *Tharé.*
Tharé à soixante-dix ans engendre *Abraham.*

Cham.

Cham engendre *Chus.*
Chus engendre *Mesdrim.*
Mesdrim engendre *Nemrod.*
Nemrod engendre *Bab.*
Bab engendre *Anébis.*
Anébis engendre *Arbel.*
Arbel engendre *Chaël.*
Chaël engendre un autre *Arbel.*
Arbel engendre *Ninyas.*

Japhet.

Japhet engendre *Gomer.*
Gomer engendre *Thiras.*
Thiras engendre *Thorgom.*
Thorgom engendre *Hayg.*
Hayg engendre *Arménag.*
Arménag engendre *Armaïs.*
Armaïs engendre *Gélam.*
Gélam engendre *Harma.*
Harma engendre *Aram.*
Aram engendre *Ara* le beau.

Or, *Cainan* est à la quatrième génération depuis *Noé* selon tous les chronologistes, et à la troisième depuis *Sem*. *Thiras* est aussi à la quatrième génération depuis *Noé* et à la troisième depuis *Japhet*, quoiqu'il ne se trouve nulle part dans notre version originale; nous n'y trouvons pas non plus *Mesdraïm* qui serait à la quatrième génération depuis *Noé*, et à la troisième depuis *Cham :* les chronologistes n'en font pas mention, mais c'est la place que lui assigne un savant Assyrien; ce qu'il rapporte nous a paru digne de foi. En effet, *Mesdraïm* est *Medzraïm*, mot qui signifie égyptien ; plusieurs chronologistes, en assurant que *Nemrod*, c'est-à-dire *Bel*, est Ethiopien, nous confirme dans cette opinion, en raison de la proximité de l'Égypte.

Nous dirons encore: quoique les années et les temps des lignées de *Cham* jusqu'à *Ninus* ne se trouvent marquées nulle part, ou que la connaissance ne nous en soit pas parvenue, quoique se trouvent également omis les temps des lignées de *Ninus* lui-même et des lignées de notre *Japhet*, la généalogie que nous avons donnée n'en est pas moins exacte ; chacune des trois lignées se compose de douze individus jusqu'à *Abraham*, jusqu'à *Ninus*, et jusqu'à notre *Aram*. *Ara*, qui mourut en bas âge, est à la douzième génération depuis *Ninus* ; personne ne doit douter de la vérité de ce rapport, car il nous vient d'Abydene, historien généralement véridique; voici comme il s'exprime: *Ninus*, fils d'*Arbel*, fils de *Chaël*, fils d'*Arbel*, fils d'*Anébis*, fils de *Bab*, fils de *Bel*. Il compte de même notre filiation depuis *Hayg* jusqu'à *Ara* le beau que fit périr l'impudique *Sémiramis*. *Ara* le beau, fils d'*Aram*, fils d'*Harma*, fils de *Gélam*, fils d'*Amasis*, fils d'*Aramenag*, *Hayg* qui fut l'ennemi de *Bel* et lui ôta la vie; ces détails nous sont donnés par *Abydene* dans le premier livre de ses généalogies détaillées qui depuis ont disparu.

Céphalion confirme ce témoignage. Au commencement, dit-il dans un chapitre, nous avions d'abord retracé toutes les généalogies, telles que nous les avions trouvées dans les archives royales. Mais il nous fut ordonné de la part des rois de laisser dans l'oubli ce vulgaire de l'antiquité, les hommes sans illustration, sans vertu, de n'inscrire que les guerriers, les sages et les conquérans, afin de ne point dépenser notre temps inutilement.

Nous croyons tout à fait fausse et controuvée l'opinion de ceux qui disent que *Ninus* est fils de *Bel* ou *Bel* lui-même, car ni la généalogie, ni le nombre des années ne fournit aucune induction à l'appui de cette opinion. C'est sans doute l'envie de se faire remarquer, de se donner quelque célébrité, qui aura fait que quelques personnes ont cru convenable de rapprocher ainsi ce qui est éloigné. Toutes ces données, nous les devons à la littérature des Grecs, car quoique les Grecs les aient traduites du chaldéen, quoiqu'un certain Chaldéen, mu par sa libre volonté, ou contraint par l'ordre des rois, ait entrepris ce travail, comme firent Arius et beaucoup d'autres, cependant nous attribuons tout aux Grecs, comme ayant tout tiré des Grecs.

VI.

Points de dissidence, points de concordance entre *Moyse* et le récit des autres archéologues.—Discours non écrits du philosophe *Olympiodore*.

Nous avons autant que possible extrait la vérité d'un grand nombre d'histoires, et nous avons tracé le tableau des descendances des trois enfans de *Noé* jusqu'à *Abraham*, jusqu'à *Ninus* et jusqu'à *Ara*. Personne, je pense, parmi les hommes de sens, ne s'élèvera contre nos paroles, mais s'il se trouvait quelqu'un qui, croyant briser le type de la vérité, prît plaisir à traiter de fable la vérité de nos assertions, libre à lui, libre à chacun de s'amuser comme il lui plaît.

Mais, puisque tu es reconnaissant de nos veilles et de nos efforts, toi qui aimes l'érudition, toi qui nous fais travailler, je rappellerai en peu de mots ce que nous avons dit plus haut, je rappellerai les récits qu'en ont tracés les premiers chroniqueurs, bien que je n'aie point à dire ici s'ils ont tout trouvé dans les bibliothèques des rois, ou s'ils ont, chacun selon son caprice, changé les noms, les récits et les temps, ou bien s'il existe quelque autre raison; pour ce qui est du commencement, la fable se trouve mêlée avec la vérité, comme à l'égard du premier homme créé il y a erreur lorsqu'ils l'appellent non le premier homme, mais le premier roi, il y a erreur, il y a fable lorsqu'ils lui donnent un nom barbare et insignifiant et lui assignent trente-six mille ans; quant au nombre des patriarches et à l'histoire du déluge ils s'accordent avec *Moyse*. Ainsi, en comptant après le déluge trois personnages connus, avant la construction de la tour de Babel, après la navigation de *Xisuthre* en Arménie, ils disent aussi la vérité, mais en changeant les noms, et sur bien d'autres points encore, ils ne disent que faussetés.

Je me réjouis de m'appuyer, en commençant cette histoire, sur l'autorité de ma chère et très véridique sybille Bérosienne ; avant la tour, dit-elle, avant la multiplication des langues, après la navigation de *Xisuthre* en Arménie, *Zerouan*, *Titan* et *Japéthose* étaient princes de la terre. Ces trois personnages me paraissent être *Sem*, *Cham* et *Japhet*.

À peine se sont-ils, dit la sybille, partagé l'empire de toute la terre, on voit le fier *Zérouan* étendre son autorité sur ses deux co-partageans. *Zérouan* qui, dit la sybille, est le même que le mage *Zoroastre*, roi des Bactriens, c'est-à-dire des Mèdes, principe et père des dieux. La sybille répand encore sur le compte de *Zoroastre* bien d'autres fables qu'il serait déplacé de rappeler ici.

Titan et *Japéthose* s'aperçoivent de la tyrannie de *Zérouan*, et lui font la guerre, car *Zérouan* ne songe à rien moins qu'à rendre universelle la domination de ses enfans. *Titan* s'empare d'une partie des états de *Zérouan*, mais *Astrée*, leur sœur, vient s'interposer entre eux, et parvient à faire cesser toute collision. *Titan* et *Japéthose* consentent à voir régner *Zérouan*, mais ils conviennent, sous la foi des traités et du serment, de faire périr tout enfant mâle qui naîtrait de *Zérouan*, pour l'empêcher de régner sur eux dans sa postérité; ils préposent de robustes *Titaniens* pour surveiller les couches de ses femmes. Déjà deux enfans mâles avaient été sacrifiés conformément au pacte juré, lorsqu'*Astrée*, leur sœur, s'imagine, de concert avec les femmes de *Zérouan*, de gagner quelques *Titaniens* et de les déterminer à laisser vivre les autres enfans mâles, et à les reléguer en Occident sur la montagne qui s'appelle à présent Olympe.

Qu'on traite ces récits de fables ou qu'on les tienne pour véridiques, pour moi je suis persuadé qu'il s'y trouve beaucoup de vérité, car *Epiphane*, évêque de Constance en Chypre, dans sa réfutation des hérésies, voulant montrer que Dieu est toujours véritable et juste dans ses jugemens, lors même qu'il extermina sept races des enfans d'Israël, s'exprime ainsi : C'est avec justice que Dieu extermina ces races, car la terre de ces possessions était échue en partage aux enfans de *Sem*, et *Cham* vint fondre sur cette terre et s'en empara. Dieu, pour maintenir les droits acquis par la foi des traités, tire vengeance de la race de *Cham* en restituant à Sem son héritage.

Les *Titaniens* et les *Raphaïmes* sont mentionnés dans les livres divins.

Nous devons rappeler, quoiqu'en très peu de mots, quelques anciens discours non écrits qui eurent lieu autrefois parmi les sages et parvinrent jusqu'à nous sous les noms de Korki, de Pan et d'un troisième personnage appelé David. L'un de ces hommes très versé dans la philosophie s'exprimait ainsi : « Vieillards, lorsque j'étais au milieu des Grecs, pratiquant la sagesse, il arriva un jour que la géographie et la division des nations devint entre ces hommes sages et profonds le sujet d'entretien. Chacun citait des passages de livres, les uns dans un sens, les autres dans un autre sens. Mais le plus habile de ces philosophes, Olympiodore, parla ainsi : Je vous rapporterai, dit-il, certains récits qui sont parvenus jusqu'à nous par la tradition et que répètent encore aujourd'hui beaucoup de paysans. Il y avait un livre contenant l'histoire de Xisuthre et de ses enfans. Mais ce livre ne se voit à présent nulle part. Voici l'ordre des événemens qui y sont décrits :

« Après la navigation de Xisuthre en Arménie, son arrivée sur le continent, un de ses fils, appelé *Sim*, va au nord-est reconnaître le pays. Arrivé à une petite plaine située au pied d'une grande montagne et traversée par des fleuves, aux contrées de l'Assyrie, *Sim* s'arrête sur les bords du fleuve l'espace de deux lunes et donne son nom à la montagne qu'il appelle *Sim*. Puis il retourne au sud-est d'où il est venu. Un de ses fils puînés, nommé Darban, se sépare de son père et va s'établir avec ses trente fils, ses quinze filles et leurs maris sur ce même littoral, appelle le canton, Daron, et le lieu même de sa résidence, Dispersion, car c'est en cet endroit que commence à s'effectuer la séparation de ses enfans loin de lui. *Darban* s'en étant allé, s'arrête peu de jours au bord du pays des Bactriens, mais un de ses fils s'y établit. Les contrées de l'Orient appellent *Sim*, *Zérouan*, et le canton s'appelle encore aujourd'hui *Zérouant*. Il arrive souvent, très souvent, que les anciens descendans d'Aram redisent ces traditions au son des castagnettes, dans leurs ballades et dans leurs danses. » Que ces récits soient vrais ou véridiques, que nous importe. C'est pour t'instruire de tout ce que rapportent la tradition et les livres, que je passe tout en revue dans cet ouvrage, afin que tu connaisses toute la sincérité de mes dispositions à ton égard.

VII.

Montrer en peu de mots que le personnage appelé Bel par les auteurs profanes, est appelé avec vérité *Nemrod* dans l'Écriture.

On raconte de *Bel*, sous qui vivait notre ancêtre *Hayg*, grand nombre d'histoires différentes; pour moi je dis que le personnage appelé *Bel, Chronos*, est bien *Nemrod*. Les Egyptiens, d'accord avec *Moyse*, comptent *Epheste*, le *Soleil, Chronos*, c'est-à-dire *Cham, Chus, Nemrod*, oubliant *Mesdraïm*. Ils disent que le premier homme est *Epheste*, l'inventeur du feu.

Pourquoi dit-on qu'il est l'inventeur du feu, ou que *Prométhée* déroba le feu du ciel pour le donner aux hommes? mais c'est là une allégorie que l'histoire ne permet pas de rapporter.

Tout confirme cette opinion et l'ordre des dynasties égyptiennes, et toute la succession depuis la dynastie des pasteurs jusqu'à *Epheste*, d'accord avec la dynastie des Hébreux, qui s'étend depuis les temps de *Joseph* jusqu'à *Sem*, Cham et Japhet.

Assez sur ce sujet, car si nous voulions te rapporter tout ce qui s'est passé depuis la construction de la tour jusqu'à nous, quand pourrions-nous arriver à l'histoire, objet de tes désirs, car notre œuvre est longue et le temps accordé aux mortels est de courte et incertaine durée. Je commencerai donc par te montrer notre propre histoire, notre origine, notre développement, notre état.

VIII.

Quelle est la source d'où l'on a tiré cette histoire?

Arsace, grand roi des Perses et des Parthes, après avoir secoué, dit-on, le joug des Macédoniens, étendu sa domination sur tout l'Orient et la Syrie, fait périr *Antiochus*, roi de Ninive, soumis tout l'univers, établit *Valarsace*, son frère, roi d'Arménie, croyant ainsi affermir à jamais son propre empire; il donne à Valarsace pour capitale *Nisibe*, pour états une partie de l'*Assyrie*, la *Palestine*, l'*Asie*, toutes les terres méditerranées et la *Didalie*, depuis la mer du *Pont* jusqu'au lieu où le Caucase se termine à la mer occidentale, plus l'*Aderbaidjan*, et enfin autant de territoire que la pensée de *Valarsace* peut en embrasser, que sa valeur peut en acquérir, car la valeur, dit Arsace, ne connait d'autres limites que les limites tracées par ses armes. Plus ses armes étendent son territoire, plus elle en possède.

Valarsace, après avoir réglé avec éclat et magnificence toutes les parties de sa puissance, après avoir organisé son royaume, veut savoir qui et quels avaient été ses prédécesseurs sur le trône d'Arménie, s'il succède à des princes magnanimes, ou à des princes sans vertu. A cet effet, il choisit un Assyrien, *Maribas de*

Gadine, homme profond et très versé dans les lettres grecques et chaldéennes, et le députe avec de riches présents vers son frère *Arsace*, pour le prier d'ouvrir ses archives royales à l'envoyé. Voici la lettre de *Valarsace* à *Arsace*.

IX.

Lettre de Valarsace, roi d'Arménie, au grand Arsace, roi des Perses.

« *Arsace*, roi de la terre et de la mer, toi de qui la personne est comme la vive image de nos dieux, toi de qui la gloire et la fortune sont au-dessus de la gloire et de la fortune de tous les rois ; toi de qui l'étendue des conceptions est aussi vaste que l'est l'étendue du ciel sur la terre, *Valarsace*, ton frère puiné et ton compagnon d'armes, Valarsace, roi d'Arménie par ta grâce, salut au sein de tes victoires.

« L'ordre que tu m'as donné d'allier les soins de la sagesse aux soins de la valeur, jamais je ne l'ai oublié ; toujours fidèle à cet ordre, j'ai étendu sur tout ma sollicitude, autant que me l'ont permis mes moyens et ma capacité ; aujourd'hui pourvu d'un royaume par ta générosité, j'ai conçu le dessein de savoir quels ont été jusqu'à moi les souverains de l'Arménie et d'où proviennent les satrapies de ce pays. Car rien n'est déterminé ni dans les classes, ni dans les rangs, ni dans les fonctions des temples ; on ne sait quelle est la première ou la dernière des notabilités du pays ; rien n'est légal, tout est dans un état de confusion et de barbarie.

« C'est pourquoi je supplie ta majesté d'ordonner que les archives royales soient ouvertes à l'envoyé qui se présentera devant ton auguste majesté, afin qu'il y puisse trouver les renseignemens que désire ton frère, ton fils, renseignemens précieux, découvertes de la vérité, qu'il s'empressera de lui apporter. Notre satisfaction, que nous devrons à ton obligeance, sera, je le sais, pour toi même un sujet de joie. Salut, héros qui brille au rang des immortels. »

Arsace le grand reçoit la lettre des mains de *Maribas de Gadine*, et s'empresse de lui faire ouvrir les archives royales de Ninive, car il se félicite de voir que son frère, à qui il a remis la moitié de son empire, ait conçu une si noble pensée. *Maribas de Gadine*, en examinant tous les livres, en trouve un écrit en grec, sur lequel, dit-il, était cette inscription :

Commencement du livre.

Ce livre, qui contient l'histoire des anciens temps, fut traduit du chaldéen en grec par l'ordre d'Alexandre.

Le commencement du livre traite de *Zérouan*, de *Titan* et de *Japéthose*; on y voit inscrit, chacun à sa place, tous les individus célèbres issus des trois lignées patriarchales de ces personnages, et leur filiation est suivie pendant une longue suite d'années.

Maribas de Gadine, après avoir extrait du livre l'histoire véridique de notre nation, la porte, écrite en caractère grecs et assyriens, à *Nisibe*, au roi *Valarsace*. Ce prince, aussi distingué par son éloquence et son esprit que par sa beauté et son adresse à tirer l'arc, regardant cette histoire comme l'objet le plus précieux de son trésor, la met dans son palais pour y être conservée avec grand soin, et en fait graver une partie sur la pierre. Assurés d'après l'autorité de ce monument de la réalité et de l'ordre des événemens, à ta demande, nous en reproduisons ici l'histoire continuant celle de nos satrapies indigènes, jusqu'au *Sardanapale* des Chaldéens et même jusqu'à une époque plus rapprochée. Voici le commencement du récit.

Une admiration pleine d'effroi s'attache aux premiers dieux, auteurs et causes des grands biens du monde, principes de l'univers et de la multiplication des hommes. Il y a au ciel séparation de la part de quelques uns, et c'est la race des géans, êtres monstrueux, d'une conformation anormale, mais d'une force invincible, d'une stature colossale; ces êtres, dans leur orgueil, conçoivent et enfantent le projet impie de la construction de la tour ; déjà ils sont à l'œuvre, lorsqu'un vent terrible, un vent effroyable, soufflé par la colère des dieux, vient disperser la tour, et inspirant à chaque homme un langage inintelligible aux autres, jeter au milieu de tous le trouble et la confusion. L'un de ces individus est *Hayg*, arrière-petit-fils de *Japéthose*, prince brave et renommé, puissant et habile au tir de l'arc.

Ces narrations auront un terme, car notre but n'est pas d'écrire l'histoire dans tous ses détails, mais bien de nous efforcer de montrer nos premiers ancêtres, nos anciens et véritables aïeux. Ainsi, suivant l'autorité de ce livre, je parlerai d'abord de *Japéthose*, de *Merok*, de *Taglat*, c'est-à-dire de *Japhet*, de *Gomer*, de *Thiras*, de *Thorgom* ; puis le même chroniqueur, poursuivant, fait mention d'*Hayg*, d'*Armenag* et des autres, chacun à sa place, dont nous avons parlé plus haut.

X.

Rébellion d'Hayg.

Hayg, ce prince connu par sa beauté, sa force musculaire; ce prince aux cheveux frisés, à l'air vif, aux bras vigoureux; ce prince, brave et renommé entre les géans, s'oppose à tous ceux qui lèvent une main dominatrice sur les géans et les héros. Hayg, l'intrépide Hayg se lève aussitôt contre la tyrannie de *Bel*. Le genre humain, répandu sur toute la surface de la terre, vivait au milieu d'un peuple de géans, êtres furieux, d'une force démesurée, et chaque homme, poussé par sa frénésie, enfonçait son glaive dans le flanc de son compagnon, et tous s'efforçaient de dominer les uns sur les autres. Dans cette lutte acharnée, la fortune, favorable à *Bel*, l'aidait à imposer sa tyrannie à toute la terre. *Hayg*, qui ne veut pas lui obéir, après avoir engendré son fils Arménag à Babylone, part et s'en va en la terre d'Ararat, située au nord, avec ses fils, ses filles, les fils de ses fils, formant environ trois cents hommes de troupe, sans compter les fils nés de ses esclaves, les étrangers attachés à son parti, et tout son train; s'établit au pied de la montagne, dans une plaine où quelques uns d'entre les hommes avant la dispersion générale s'étaient arrêtés et établis. Hayg les soumet à ses lois, bâtit et fonde des établissemens sur cette terre dont il donne la possession à Gatmos, fils d'Armaniag, ce qui justifie les anciennes traditions.

Quant à lui, il s'en va, est-il dit, avec le reste de sa suite au nord-ouest, s'arrête dans une plaine élevée, donne au plateau de la montagne le nom de *Peras*, c'est-à-dire ici habite la race de la maison de *Torgom*, puis bâtit un village qu'il nomme *Haygville*. L'histoire dit encore ici, au côté sud de cette plaine, au pied d'une montagne à large base, se trouvaient précédemment établis un petit nombre d'hommes. Ces hommes se soumirent d'eux-mêmes au héros, ce qui justifie les anciennes traditions.

XI.

De la guerre et de la mort de Bel.

Poursuivant la suite des événemens, le livre compilé par *Maribas de Gadine* rapporte que *Bel* le Titanien, jaloux d'étendre et d'affermir son autorité sur tous, députe au nord, vers *Hayg*, un de ses fils, accompagné d'hommes sûrs et dévoués, pour l'engager à se soumettre à ses lois, et à vivre en paix. Tu as, disait *Bel* à *Hayg*, tu as habité au milieu des glaces et des frimas; aussi dures que ces glaces et ces frimas, tes mœurs hautaines ont besoin d'être adoucies, réchauffées; reconnais mon autorité, et vis en paix là où il te plaira sur les terres de ma dépendance. Mais *Hayg*, en congédiant le messager de Bel, lui répond avec fierté, et l'envoyé retourne à *Babylone*.

Bel le Titanien, rassemblant aussitôt contre *Hayg* un corps d'infanterie, arrive au nord au pays d'Ararat, près de la maison de *Gatmos*. Gatmos s'enfuit vers *Hayg* et se fait précéder de coureurs. Apprends, lui dit-il, toi le plus grand des héros, que Bel vient fondre sur toi, à la tête de ses braves immortels, de ses guerriers colosses, de ses géans. Dès que j'ai su qu'il approchait de ma maison, j'ai pris la fuite et me voici arrivé en toute diligence; hâte toi de songer à ce que tu dois faire.

Bel, à la tête d'une armée d'audacieux géans, comme on voit un torrent impétueux se précipiter du haut d'une colline, se presse d'arriver sur les terres d'*Hayg*. Bel met toute sa confiance dans la valeur et la force de ses soldats; mais le sage et prudent géant, aux cheveux frisés, à l'œil vif, rassemble aussitôt ses fils et ses petits-fils, tous armés d'arcs, tous guerriers intrépides, mais en petit nombre; suivi de cette troupe et des hommes sous sa dépendance, il arrive au bord d'un lac dont les eaux salées ne contenaient que de petits poissons; là, il harangue sa troupe: Soldats, dit-il, marchons contre l'armée de *Bel*, efforçons nous de pénétrer à l'endroit même où il se tient au milieu du gros de ses guerriers, ou nous mourrons et nos bagages tomberont au pouvoir du vainqueur, ou la fortune signalera nos armes contre lui, et son armée sera mise en pièces et nous resterons maîtres de la victoire.

Aussitôt, franchissant l'espace, il arrivent à une plaine située entre de hautes montagnes, puis se retranchent sur une éminence à droite d'un torrent et se tiennent prêts à combattre, et levant la tête ils aperçoivent les flots d'une multitude confuse éparse çà et là qui inondait et couvrait tout le pays. C'est l'armée de *Bel*. Bel, tranquille, confiant dans le nombre de ses troupes, se tient à gauche du torrent, sur un tertre, comme en un lieu d'observation. *Hayg* reconnaît le détachement au milieu duquel marche *Bel* entouré de soldats d'élite, en avant de son armée dont il est séparé par une assez longue marche ; ce prince porte casque de fer à riche crinière, cuirasse d'airain, cuissards et brassards, épée à deux tranchants au côté gauche du ceinturon, bonne lance à la main droite et à la gauche solide bouclier ; à sa droite et à sa gauche se tiennent des troupes d'élite. *Hayg* voit le Titanien ainsi armé de toutes pièces, il voit ses troupes d'élite à sa droite et à sa gauche, et aussitôt il place Armenag avec ses deux fils à la droite, Gatmos et deux autres de ses fils à la gauche, tous guerriers habiles à manier l'arc, habiles à manier le glaive ; pour lui, on le voit en avant, le reste de ses troupes est rangé derrière lui en triangle, et tout le monde marche d'un pas ferme.

Des deux côtés les géans se sont joints, et leur choc fait retentir la terre d'un bruit effroyable ; ils s'épouvantent les uns les autres par la violence de leurs attaques ; des deux côtés une foule de robustes géans tombés sous un fer homicide mordent la poussière. Cependant le combat reste incertain des deux côtés ; à la vue de cette incertitude inattendue, le roi titanien tremble et se retire sur la colline d'où il vient de descendre, car il songe à se mettre en sûreté avec sa troupe, jusqu'à ce qu'il puisse, à l'arrivée de toutes ses forces, reformer son front de bataille. Hayg, l'arc en main, comprenant la manœuvre de l'ennemi, pousse en avant, arrive près du roi, tire son arc qui lance au loin la flèche meurtrière, et la flèche à trois ailes va droit à la poitrine de Bel, ressort par le dos et tombe à terre. Ainsi abattu, le superbe Titan mord la poussière et expire. Ses troupes, à la vue de cette horrible catastrophe, se dispersent, chacun fuit devant soi. C'est assez parler de cet événement.

Hayg bâtit le lieu du combat qu'il appelle *Haïk* (Haïciens), en souvenir de sa victoire, et même encore aujourd'hui le canton est appelé vallée des Haïciens, et la colline où *Bel* tomba sous les coups des vainqueurs est appelée par *Hayg* les *tombeaux* et s'appelle encore aujourd'hui les *tombeaux*. Hayg fait embaumer le corps de Bel, qui est ensuite porté à *Hark* (Peres) et enterré sur une hauteur à la vue de ses femmes et de ses enfans. Notre pays a pris le nom de notre ancêtre *Hayg* et s'appelle *Haïk*.

XII.

Descendans d'*Hayg*. — Faits et gestes de chaque individu.

On trouve encore après cet événement grand nombre de faits

rapportés dans ce livre, mais nous n'en tirerons que ce qui est nécessaire à notre compilation.

L'expédition terminée, Hayg retourne dans son habitation, laissant à son petit-fils *Gatmos* une grande partie du butin ainsi que l'élite de ses gens. Il lui enjoint de conserver sa première habitation, quant à lui il va se fixer à *Hark* (Peres), et plusieurs années après il engendre Arménag à *Babylône*. Ayant encore vécu plusieurs années Hayg meurt, remettant à son fils *Arménag* le gouvernement de toute la nation.

Celui-ci laisse à *Hark* deux de ses frères, *Hhor* et *Manavatz* avec toute leur suite, ainsi que *Baz* fils de *Manavatz*. *Manavatz* reçoit en partage le canton de *Hark*. Son fils Baz, au nord-ouest, reçoit le littoral de la mer salée et donne son nom au canton et à la mer. C'est de *Baz* et de *Manavatz* qu'étaient issues les familles dynastiques Manavatzienne et *Beznouni* et Ouorthouni qui se sont éteintes, dit-on, après *saint Tiridate* dans une guerre de mutuelle extermination. *Hhor* multiplie dans les contrées septentrionales, y élève des habitations. C'est de lui que provient la grande famille *Hhorhhorouni*, race d'hommes valeureux et célèbres, comme le sont encore aujourd'hui leurs descendans.

Arménag, suivi de tous les siens, s'en va au sud-est, descend dans une plaine profonde environnée de hautes montagnes, traversée d'occident en orient par des fleuves qui dans tout leur cours roulent leurs eaux murmurantes en orient. Au pied des montagnes jaillissent quantité de sources limpides qui, réunies en fleuves à leur embouchure, ressemblent à des jeunes gens et à des jeunes filles se promenant aux pieds des montagnes et au bord de la plaine. Le côté sud de la montagne, qui s'étend vers l'orient avec son blanc sommet, s'élève à pic de terre et ne peut être parcouru par le voyageur, dont la ceinture a bien serré les reins, qu'en trois jours de marche; à voir ce côté de la montagne terminé doucement en pointe, on dirait vraiment une vieille montagne au milieu de jeunes montagnes. C'est dans cette plaine profonde que s'établit *Arménag*; il bâtit en partie le côté nord de cette plaine ainsi que le pied de la montagne du même côté, et par ressemblance à son nom appelle la montagne *Arakadz* et ses possessions le pied d'*Arakadz*.

L'historien rapporte un fait merveilleux. Sur beaucoup de points, dit-il, habitaient un petit nombre d'hommes çà et là dans notre pays, avant l'arrivée de notre ancêtre *Hayg*.

Cet *Arménag*, plusieurs années après, engendre Armaïs ; ayant encore vécu plusieurs années, il meurt. Son fils Armaïs se bâtit une habitation sur une colline, au bord du fleuve, et par ressemblance à son nom l'appelle *Armavir*, et le fleuve *Araxe*, par ressemblance au nom de son petit-fils *Arasd*. Quant à son fils *Chara*, célèbre par sa fécondité et son appétit, il l'envoie avec toute sa suite dans une plaine voisine, extrêmement fertile, arrosée par quantité de sources, située derrière le nord de la montagne, qui est appelée *Arakatz* par ressemblance à son nom. La province, dit-on, est appelée Chirac, dénomination qui semble justifier cette fable répandue dans les campagnes : « Si tu as le gosier de *Chara*, nous n'avons pas les greniers de Chirac. » Cet Armaïs, plusieurs années après, engendre son fils *Amassia* ; ayant encore vécu plusieurs années, il meurt.

Amassia établi à *Armavir*, plusieurs années après engendre *Gélam*, et successivement le vaillant *Pharohh* et *Tzolag*, puis passe le fleuve pour aller au sud de la montagne, au pied de laquelle il bâtit dans les enfoncemens deux maisons à grands frais ; l'une à l'orient, près des sources qui coulent au bas de la montagne, l'autre au couchant de la dernière maison, et à la distance d'une grande journée de chemin à pied. Il les donne en propriété à ses deux fils, le brave *Pharohh* et le joyeux *Tzolag*. La demeure de *Pharohh* est appelée *Pharahhod*, et celle de *Tzolag*, *Tzolaguerd*. Amassia, par ressemblance à son nom, appelle la montagne *Massis*, puis retourne à *Armavir*, y vit encore quelques années et meurt.

Gélam, deux ans après, engendre Harma à Armavir, et, l'y laissant avec les siens, il s'en va vers une autre montagne du sud-est au bord d'un lac, bâtit le littoral, y laisse des habitans ; par ressemblance à son nom il appelle la montagne *Gel* et les bâtimens *Gelakouni*, ce nom est aussi celui de la mer. C'est là qu'il engendre son fils *Sissag*, personnage connu par son noble orgueil, sa force, sa beauté, son éloquence, son adresse au tir de l'arc. *Gélam*, son père, lui donne une grande partie de ses biens, un grand nombre d'esclaves, et pour territoire tout le pays depuis la mer à l'orient, jusqu'à une plaine, à l'endroit où le fleuve *Arxae*, après avoir coupé les cavernes des montagnes, traverse les vallées, les gorges resserrées, descend et se précipite dans la plaine avec un bruit terrible. Sissac s'établit en ce lieu, remplit de bâtimens les terres de son habitation, et par resemblance à son nom appelle *Siounik*, le pays que les Perses nomment bien plus proprement *Sissaguien*. *Valarsace*, le premier roi parthe d'Arménie, ayant trouvé dans cette contrée des hommes célèbres, descendans de *Sissac*, les fait satrapes du pays, et c'est là la race *sissaguienne*. *Valarsace* n'en agit ainsi qu'après avoir vérifié leur généalogie dans l'histoire ; nous dirons en temps convenable comment cela se fit.

Quant à Gélam, il retourne dans la plaine, et là, au pied de la montagne, dans un vallon, il bâtit un village qu'il nomme *Gélami*, et qui dans la suite est appelé *Karni* par son petit-fils *Karnik*. C'est de sa race qu'était issu, sous le règne d'Ardace, petit-fils de Valarsace, un nommé *Varj*, jeune homme très adroit à la chasse des cerfs, des chèvres et des sangliers, habile à lancer le javelot. En conséquence de ce, le roi le nomma chef des chasses royales, lui donna des bâtimens sur le bord du fleuve, appelé *Hraztan*. De lui, dit-on, descend la maison *Varajouni*. Ce Gélam, ainsi que nous l'avons rapporté, plusieurs années après engendre *Harma*, d'autres enfans encore, et meurt, enjoignant à son fils *Harma* de demeurer à *Armavir*.

Cet *Haig*, fils de *Thorgom*, fils de *Thiras*, fils de *Gomer*, fils de *Japhet*, est l'ancêtre et l'auteur des Haiciens (Arméniens). Voici sa race, sa descendance, le pays de son habitation. Dès lors sa postérité commence à se multiplier, à remplir la terre.

Harma, ayant vécu plusieurs années, engendre *Aram*, Aram dont on raconte une foule d'actions d'éclat, de valeur guerrière ; Aram qui étendit de tous côtés le territoire de l'*Haiasdan* ; toutes les nations ont fait de son nom le nom de notre pays que les Grecs appellent *Armen*, les Perses et les Assyriens *Armenik*. Mais quant à rapporter son histoire tout entière, ses traits de courage, avec toutes les circonstances des faits, et toutes les époques, nous le ferons hors de ce livre, si tu veux, ou nous laisserons ces détails pour ne pas les consigner ici.

XIII.

Combat et victoire d'Aram en orient. — Mort de Nioukar Mathes.

Comme le travail que nous avons entrepris d'après tes ordres nous cause plus de plaisir que les autres n'en éprouvent dans les festins, dans la saveur des mets et des boissons, nous consentons volontiers à nous arrêter quelques instans à rappeler les combats d'Aram, descendant d'Hayg. Ce prince, ami des fatigues et des dangers, ami de son pays, comme nous le montre le même historien, eût mieux aimé mourir sur les ruines de sa patrie que de voir ses compatriotes, ses frères, passer sous le joug de l'étranger.

Aram, peu d'années avant l'empire de *Ninus*, en *Assyrie*, et à Ninive, inquiété par les nations voisines, rassemble toute la multitude de ses gens, tous hommes vaillans, habiles à manier l'arc, à lancer le javelot, jeunes et doués d'une grande dextérité et d'une beauté remarquable. Ces hommes pour le courage et l'action en valent cinquante mille. Aram rencontre sur les frontières de l'Arménie la jeunesse de *Médie*, sous la conduite de *Nikar*, surnommé *Mathes*, guerrier superbe, qui ne respire que les combats, comme nous le montre le même historien. Déjà, à l'exemple de *Chus*, foulant le sol de l'Arménie, il l'avait tenue deux ans en servitude. Aram fond sur lui à l'improviste avant le lever du soleil, taille en pièces ses nombreuses cohortes, fait captif *Nikar* surnommé *Mathes*, le conduit à *Armavir*. Là, à l'extrémité de la tour du mur, il fait planter un pieu à pointe de fer pour empaler *Nikar*, à la vue des passans. Les états de *Mathes*, qui s'étendaient à la montagne appelée *Zarasb*, demeurent sous le joug d'*Aram*, jusqu'à l'établissement du règne de *Ninus* en Assyrie et à Ninive.

Ninus, devenu roi de Ninive, gardait en son cœur souvenir de la défaite de son ancêtre *Bel*, car l'histoire l'avait instruit du passé; il ne songeait pendant de longues années qu'à en tirer vengeance, à chercher l'occasion favorable d'exterminer, d'anéantir toute la race du brave *Hayg*. Mais, retenu par la crainte de se voir lui-même détrôné, s'il hasardait une telle entreprise, cachant alors sa perfidie, il dit à *Aram* qu'il ait à conserver ses états sans inquiétude, l'autorise à porter le bandeau de perles et le nomme son second. Mais c'est assez parler sur ce sujet, car notre travail ne nous permet pas de nous arrêter plus long-temps au bord de cette histoire.

XIV.

Différends d'*Aram* avec les Assyriens. — Sa victoire. — *Biabis Charhia*. — Première Arménie et autres contrées appelées Arménie.

Nous parlerons en peu de mots de ses actions d'éclat en orient, après cet événement, rapportés dans ce livre. Nous parlerons de ses différends avec les Assyriens, nous ne ferons qu'exposer les causes, l'influence des événemens, et présenter en abrégé un travail immense.

Aram, après avoir terminé ses guerres en Orient, s'en va avec ses troupes en Assyrie. Il y trouve un spoliateur du pays, à la tête de quarante mille fantassins et cinq mille cavaliers, nommé *Barcham*, de la race des géans. Cet homme ruinait son pays, et à force de pressurer le peuple, de l'accabler d'impôts, faisait un désert de toute la contrée environnante. *Aram* lui livre combat, le jette fugitif au milieu des Curdes, dans une plaine d'Assyrie. Il en fait un grand carnage. *Barcham* meurt sous les traits des soldats d'*Aram*; ses grandes actions le font mettre au rang des dieux, et adorer long-temps des Assyriens. *Aram* retient long-temps assujetties une grande partie des plaines de l'Assyrie.

Nous avons à parler maintenant de ses exploits en occident contre les Titans. Après son expédition à l'orient contre *Barcham*, à la tête de quarante mille fantassins et de deux mille cavaliers, il arrive en Cappadoce, au lieu dit aujourd'hui *Césarée*. Comme il a soumis l'est et le sud, et qu'il en a confié la garde à deux familles, savoir : l'orient aux descendans de *Sissac*, et l'Assyrie à la maison de *Gatmos*, il n'a point d'inquiétude, point de crainte de troubles.

Aussi s'arrête-t-il long-temps en Orient; cependant *Baiabis*, fils de *Charia*, de la race des Titans, vient lui livrer combat. Ce *Baiabis* tient envahi tout le pays situé entre les deux grandes mers, le *Pont* et l'*Océan*. Aram le défait, le poursuit, et le fugitif se jette dans une île de la mer asiatique. Le vainqueur laissant alors un de ses parens, nommé Mechag, avec dix mille hommes de troupes pour maintenir le pays, retourne en Arménie.

Il veut que les vaincus apprennent la langue arménienne; c'est pourquoi jusqu'aujourd'hui les Grecs appellent ce pays *Protos* ou première Arménie, et le village que bâtit et entoure de petites murailles *Mechag*, gouverneur établi par *Aram*, village auquel il donne son nom, est appelé par les anciens du pays *Mejag*, par suite d'une prononciation vicieuse, jusqu'à ce qu'enfin ce village, rebâti dans la suite, s'appelle *Césarée*. Il y avait depuis cette région jusqu'aux limites de ses états beaucoup de terrain inhabité, *Aram* le peuple, et c'est la deuxième, la troisième et même la quatrième Arménie. Voici la première, la véritable raison qui a fait nommer notre région occidentale première, seconde, et même troisième et quatrième Arménie. Ce que disent quelques Grecs ne nous convient nullement. Que nous importe l'opinion des autres!

Telle fut la grandeur et l'éclat du nom d'*Aram*, qu'encore aujourd'hui tous les peuples qui nous entourent le donnent à notre pays. Il fit encore bien d'autres actions d'éclat, mais nous nous bornerons à ce que nous en avons dit.

Pourquoi ces événemens ne sont-ils pas mentionnés dans les archives royales ou sacrées des autres peuples ? cela ne doit inspirer ni surprise ni doute. C'est 1º que, avant le règne de *Ninus*, personne ne songeait à s'occuper de semblables points ; c'est 2º qu'il n'y avait pour les peuples ni nécessité, ni besoin de s'occuper des nations étrangères, des pays lointains, de consigner dans les livres de leurs rois ou de leurs temples les anciennes traditions, les anciennes chroniques concernant ces nations ; c'est surtout parce que les autres peuples ne voyaient aucun sujet de gloire et d'orgueil national dans la valeur et les actions d'éclat des nations étrangères ; mais, quoiqu'il n'en soit fait aucune mention dans leurs livres, cependant, au rapport de *Maribas* de Gadine, quelques écrivains obscurs recueillirent tous ces documens d'après des ballades et des chants populaires, ils en firent une compilation qui se trouve dans les archives royales. Il y a encore une autre raison, dit le même historien, la voici : Lorsque le superbe, l'égoïste *Ninus* connut l'existence de cette compilation, jaloux de se donner lui-même comme le principe et le type de toute conquête, de toute valeur, de toute perfection, il fit brûler quantité de registres, d'annales des premiers temps, annales qui existaient en différens lieux et relataient les actions d'éclat de tels ou tels personnages, car il voulait effacer tout souvenir du passé, tout ce qui était antérieur à l'époque de son règne, il voulait qu'il n'y eût rien d'écrit que pour lui ; mais qu'avions-nous besoin de rappeler cette circonstance ?

Aram, un an après, engendre *Ara*, après quoi il vit encore plusieurs années et meurt.

XV.

Ara. — Sa mort en combattant contre *Sémiramis*.

Ara, peu d'années avant la mort de *Ninus*, était monté sur le trône, car il avait obtenu de *Ninus* la faveur jadis accordée à son père *Aram*. L'impudique, la voluptueuse *Sémiramis*, qui depuis long-temps avait entendu parler de sa beauté, désirait sa venue ; mais elle ne pouvait agir ostensiblement. Or, après la mort ou plutôt, comme j'en suis persuadé, après la fuite de *Ninus* en Crète, *Semiramis*, se livrant alors sans crainte et sans retenue à toute sa passion, envoie des députés près du bel *Ara* avec de riches présens; prières, promesses, tout est mis en œuvre pour déterminer *Ara* à venir la trouver à *Ninive*, à l'épouser et à régner sur tout l'ancien empire de *Ninus*, ou bien à satisfaire les désirs de *Sémiramis* et retourner ensuite, chargé de présens, en toute sécurité dans sa patrie.

Déjà il y avait eu députation sur députation, et toujours refus de la part d'*Ara*. Alors *Sémiramis*, furieuse en voyant l'issue de ses messages et négociations, rassemble ses nombreuses cohortes et se hâte d'arriver en Arménie et de fondre sur *Ara*. Mais on pouvait pressentir que si elle se pressait ainsi, ce n'était pas tant pour faire périr *Ara* ou le mettre en déroute, que pour le subjuguer et l'amener par force à satisfaire ses désirs; car la passion de *Sémiramis* s'était enflammée au simple récit qu'elle avait entendu faire de la beauté d'*Ara*. Elle se précipite dans la plaine d'*Ara*, qui, en ressemblance à son nom, est appelée *Ararat*; déjà le combat est engagé, et *Sémiramis* a ordonné à ses capitaines de prendre les mesures nécessaires, quoi qu'il advînt, pour sauver les jours d'Ara. Mais, au fort du combat, la troupe d'*Ara* est renversée, Ara lui-même meurt sur le champ de bataille de la main des enfans de Sémiramis; la reine envoie après la victoire au lieu du combat des hommes qui dépouillent les morts, chercher, au milieu des cadavres, l'objet de ses désirs, de sa passion. On trouve *Ara* tombé avec ses braves guerriers, et le corps d'*Ara*, sur l'ordre de la reine, est déposé à l'étage supérieur du palais. *Sémiramis*, voyant l'ardeur des troupes d'*Ara* se ranimer au combat contre elle, pour venger la mort d'*Ara*, dit : J'ai ordonné à mes dieux de sucer les plaies d'*Ara*, et *Ara* sera sauvé. Peut-être espérait-elle par la vertu de ses enchantemens magiques ressusciter *Ara*, tant la fureur de sa passion l'aveuglait, mais la putréfaction s'étant emparée du cadavre, elle le fit jeter dans une grande fosse et dérober ainsi à tous les regards. Puis, après avoir déguisé en secret un de ses favoris, elle publie cette nouvelle sur le compte d'*Ara* : Les dieux, en suçant les plaies d'*Ara*, l'ont ressuscité et ont ainsi comblé nos vœux les plus chers. Aussi, depuis ce moment devons-nous les adorer et les glorifier d'une manière toute particulière, puisqu'ils ont tout fait pour nous plaire. *Sémiramis* érige une nouvelle statue en l'honneur des dieux, et lui prodigue des sacrifices pour faire croire à la multitude que la puissance de ses dieux a ressuscité *Ara*. C'est ainsi qu'à l'aide de ce bruit, répandu en Arménie et cru de tous les habitans, elle parvient à faire cesser toute guerre.

Il suffit de rappeler brièvement tout ce qui regarde *Ara*. Il eut *Garthos* pour fils.

XVI.

Comment Sémiramis après la mort d'*Ara* bâtit sa ville, la digue du fleuve, et son propre palais.

Après le succès de ces ruses et de ces entreprises, *Sémiramis*, s'étant arrêtée quelques jours dans la plaine appelée *Ararat*, par ressemblance au nom d'*Ara*, passe au midi de la montagne, c'était alors l'été, pour se promener dans les vallons et dans les plaines fleuries. En voyant la beauté du pays, la pureté de l'air, en voyant les sources limpides jaillir de toutes parts, les fleuves promener avec un doux murmure leurs eaux majestueuses; il nous faut, dit *Sémiramis*, choisir un lieu où l'air est si sain, les eaux si pures, pour y bâtir une ville, une résidence royale, pour passer en Arménie, au milieu de toutes les jouissances, de tous les agrémens de la vie, la quatrième partie de l'année, la saison de l'été, et passer à Ninive les trois autres saisons durant lesquelles la température est plus froide.

Sémiramis, après avoir parcouru beaucoup de sites, arrive à l'est, au bord d'un lac salé; elle voit sur les bords du lac une vaste colline, exposée dans sa largeur au couchant, oblique vers le nord, et au midi formant un antre qui s'élève perpendiculairement vers le ciel. A quelque distance de ce lieu est une large vallée en forme de large plaine à l'orient de la montagne, puis, en descendant au bord de la mer, c'est un vaste et superbe vallon; à travers ces lieux coulaient des eaux savoureuses du haut de la montagne, passant par les creux et les vallons, rassemblées à la large base des montagnes. Ces eaux roulaient en fleuves majestueux, de nombreux bâtimens élevés à gauche et à droite du courant remplissaient le vallon, à l'est de la colline était une petite montagne.

La voluptueuse et impudique *Sémiramis*, après avoir bien examiné le site, fait rassembler sur ce point de l'Assyrie et des autres parties de son empire douze mille ouvriers sans profession et six mille ouvriers maîtres pour travailler le bois, la pierre, le cuivre, le fer; tous ces ouvriers excellent, chacun dans sa partie, et tout s'exécute suivant les ordres de la reine. Bientôt on voit arriver des nuées d'ouvriers et des maîtres ouvriers, de tout état, de toute profession. *Sémiramis* fait d'abord construire la chaussée du fleuve en quartiers de roches, en pierres énormes liées entre elles avec du ciment; la largeur et la hauteur de la chaussée est considérable. Aujourd'hui les fentes, comme nous le savons par ouï dire, servent de retraite aux maraudeurs du pays et aux vagabonds qui s'y retranchent comme dans des antres de montagne. C'est en vain que l'on tenterait, quelques efforts que l'on fasse, d'arracher de cette chaussée une seule pierre propre à la fronde, et en examinant la liaison des pierres entre elles, on est tenté de croire que cette liaison est formée avec de la cire coulée. Cette chaussée, longue de plusieurs stades, se prolonge jusqu'à la ville.

Sémiramis fait partager ce peuple d'ouvriers en plusieurs classes et compagnies, et à la tête de chaque classe elle met des ouvriers maîtres. C'est ainsi qu'à force de travail et de peine, en peu d'années elle exécute un véritable chef-d'œuvre. L'enceinte de la ville est garnie de murailles imprenables, avec des portes d'airain; elle élève dans l'intérieur de sa ville grand nombre de palais magnifiques, ornés de toute espèce de pierres et de couleurs, à double et à triple étage; tous ces palais sont bien éclairés; chaque quartier de la ville se distingue par les belles couleurs des peintures et de vastes points de vue. Des bains en assez grande quantité sont construits sur les places, d'après un plan tout-à-fait admirable. Une partie des eaux du fleuve, habilement distribuées dans la ville, suffit à tous les besoins et sert à arroser les jardins et les parterres; l'autre partie du fleuve, près les bords du lac, à droite et à gauche, sert encore aux besoins de la ville et de la banlieue. L'est, le nord, le sud de la ville sont ornés de beaux édifices, garnis d'arbres touffus qui portent toute espèce de fruits et de feuillage, garnis aussi de fertiles vignes. Partout de magnifiques et célèbres murailles ceignent la ville qui reçoit dans son sein une immense population.

Pour ce qui est de l'extrémité de la ville et des merveilles de l'art qui s'y trouvent, bien des gens n'en ont aucune connaissance. Il est donc impossible de le raconter. Le sommet est garni de murailles où sont pratiquées des entrées et des sorties difficiles; enfin s'élève la résidence royale avec ses terribles secrets. La description de son plan, de ses constructions et dispositions ne nous a été faite par personne avec exactitude; dès lors nous ne pouvons la reproduire. Mais nous dirons seulement ce que nous avons entendu dire, que de tous les ouvrages de Sémiramis c'est le premier, le plus grandiose.

Au côté occidental de la caverne, sur lequel on ne peut même tracer une ligne avec un instrument de fer, tant est dur le silex, existent des chapelles, des chambres, des salles pour le trésor, de longues cavités. Personne ne sait comment a pu s'opérer l'exécution de tels ouvrages. En voyant les parois de la pierre, on dirait une cire bien unie, sur laquelle la plume a gravé sans peine quantité de pages. Cela seul suffirait pour étonner, mais ce n'est pas tout. Il y a encore sur plusieurs points de l'Arménie des colonnes élevées par Sémiramis, colonnes sur lesquelles la même écriture est employée à retracer quelque souvenir, ainsi que des bornes termes, également gravées.

C'est assez parler des ouvrages de Sémiramis en Arménie.

XVII.

Sémiramis fait périr ses enfans, pourquoi ? — Pour quelle raison fuit-elle devant le mage *Zoroastre* et se retire-t-elle en Arménie ? — Elle meurt de la main de son fils *Ninyas*.

Sémiramis, qui se plaît à aller passer l'été au nord, dans la résidence qu'elle s'est bâtie en Arménie, laisse pour gouverneur de l'Assyrie et de Ninive *Zoroastre*, mage et prince des Mèdes. Longtemps les choses se passent ainsi, et l'on peut dire que la reine remet toute sa puissance aux mains de *Zoroastre*.

Fatiguée des reproches de ses enfans, au sujet de sa conduite licencieuse et désordonnée, *Sémiramis* les fait tous périr, à l'exception du plus jeune, de *Ninyas*. Dans son amour pour ses favoris elle leur donne toute sa puissance, tous ses trésors, et ne prend aucun soin de ses enfans. Son époux *Ninus* n'était pas mort, comme on l'avait dit, et enterré à *Ninive*, au palais, par ses soins; la vérité est que voyant la corruption et la perfidie de *Sémiramis*, *Ninus* avait abandonné le trône et s'était réfugié en Crète. Les enfans de *Sémiramis*, parvenus en âge, lui rappellent toute sa conduite, espérant la faire rougir de ses habitudes vicieuses et la déterminer à leur résigner son autorité et ses trésors; mais dans l'emportement de sa colère elle les fait tous périr, à l'exception de *Ninyas*, comme nous l'avons dit ci-dessus.

Les torts de *Zoroastre* envers la reine, le différend qui en résulte, attirent sur lui les armes de *Sémiramis*, car *Zoroastre* ne songe qu'à s'emparer de l'autorité suprême. Cependant, au fort du combat, *Sémiramis* fuit devant lui et se retire en Arménie. *Ninyas* trouve le moment favorable pour sa vengeance, tue sa mère et règne sur l'*Assyrie* et *Ninive*. Nous avons dit à quelle occasion et de quelle manière arriva la mort de Sémiramis.

XVIII.

De la guerre de *Sémiramis* dans l'Inde. — Des événemens arrivés en Arménie après sa mort.

Je veux m'appuyer de l'autorité de *Céphalion* pour ne pas m'exposer à de nombreux sarcasmes ; cet auteur, suivant en cela l'autorité des autres écrivains, parle d'abord de la naissance de *Sémiramis*, et ensuite rapporte sa guerre dans l'Inde. Mais les documens que tira *Maribas de Gadine* de l'examen des livres chaldéens me paraissent plus certains que toutes ces données. Son récit est bien suivi, les causes de la guerre y sont bien présentées, on peut même dire que les fables de notre pays justifient les rapports du savant Assyrien ; voyez ce qu'on dit de la mort de *Sémiramis*, de sa fuite à pied, de sa soif dévorante, de son extrême désir de trouver de l'eau, de son empressement à se désaltérer ; voyez ce qu'on dit de l'arrivée des soldats, du talisman, du collier de *Sémiramis* jeté dans la mer. Si vous aimez les fables, écoutez celle-ci : Sémiramis est changée en pierre avant *Niobée*. Assez parler de cette femme, occupons-nous des faits postérieurs.

XIX.

Événemens arrivés après la mort de *Sémiramis*.

Je vais dans cet ouvrage te rendre de tout un compte fidèle, tu y verras les auteurs et les ancêtres de notre nation, toutes les traditions qui les concernent, leurs faits et gestes, pas une ligne capricieuse ou inconvenante, tout est tiré des auteurs. C'est ainsi que nous avons reproduit tous les sentimens des hommes sages et profonds, c'est vraiment à cette source que nous avons voulu puiser notre archéologie, et nous pouvons dire que nous avons partout gardé véracité, impartialité dans cette histoire ; par tous les moyens en notre pouvoir et avec toute la sincérité de notre âme. Dieu sait ce qu'il en est de cette compilation ; qu'elle paraisse aux hommes mériter l'éloge ou le blâme, nous sommes indifférens à leur jugement. La simplicité soutenue de notre diction, la conformité de la chronologie indiquent assez la véracité de notre travail. Le plan ainsi fixé, sûr d'avoir du moins presque obtenu la vérité, je vais t'exposer la suite des faits d'après la suite de l'histoire.

Voici après la mort de *Sémiramis*, tuée par son fils *Zamassis*, c'est-à-dire *Ninyas*, événement postérieur au meurtre d'Ara, voici ce qui arrive : *Ninyas*, après avoir fait périr sa mère, la voluptueuse *Sémiramis*, monte sur le trône. Sous le règne de *Ninyas* vivait *Abraham*.

TABLEAU COMPARATIF

De notre généalogie avec celle des Hébreux, des Assyriens, jusqu'à Sardanapale, *appelé* Tonos Concoleros.

GÉNÉALOGIE DES HÉBREUX.

Isaac, Jacob, Lévi, Cahat, Amram, Moyse, Josué.

Ce n'est pas que *Josué* soit le père de la race, il n'est là que dans l'ordre progressif des individus, tous descendent d'Abraham. Les Chananéens, pour se soustraire au bras exterminateur de Josué, passèrent à *Akra* en naviguant sur *Tarse*, fait constant, puisqu'il se trouve gravé sur des monumens africains. Voici l'inscription qu'on voit encore aujourd'hui : Poursuivis par le farouche *Josué*, nous, princes des Chananéens, nous sommes venus habiter ici. L'un de ces princes chananéens était *Chananitas*, notre illustre Chananitas en Arménie. Nous avons trouvé après mûre vérification et sans contradiction aucune que de lui descend la race *Kentouni*. Le caractère des individus de cette race prouve bien qu'elle est d'origine chananéenne.

Godoniel, Avod, Gédéon, Abimelech, Thola, Jaïr, Jephtée, Esephon, Aglon, Labdon, Samson Héli, Samuel, Saül, David, et ainsi de suite.

GÉNÉALOGIE DES CHALDÉENS.

Arius, Aralius, Sosares, Xerces, Armamithres, Belochus, Altadas, Mamithus, Machaleus, Sphœrus, Mamylus, Sparé-

thus, Ascatades, Amynthas, Belochus, Balatores, Lamprides, Sosares, Lampares, Panyas, Sosarmus, Mithréus, Teutamus, Teutéus, Thinéus, Dereylus, Eupalmeus, Laosthénes, Prietiades, Ophrateus, Ophratanes, Acrazanes, Sardanapale.

GÉNÉALOGIE DES ARMÉNIENS.

Ara.

Le fils d'*Ara* est appelé *Ara* par *Sémiramis* et reçoit d'elle l'investiture de la couronne d'Arménie.

Anouchavan, Bared, Arpag, Zavan, Pharnas, Sour, Havanag, Vachdag, Haygag.

On dit que *Haygag* vivait sous *Belochus*, et qu'il mourut dans une émeute qu'il avait inconsidérément soulevée.

Ambag, Arnag, Chavarch, Norayr, Vesdasgar, Corag, Hrand, Entzak, Kelag, Horo, Zarmayr.

Zarmayr, envoyé au secours de *Priam*, avec l'armée d'Ethiopie, par *Teutamus*, meurt sous les coups des braves Hellènes.

Berdj, Arpoun, Bazoug, Hoï, Houssag, Gaybag, Sgaiorthi.

XX.

Ara, fils d'*Ara*; son fils *Anouchavan*, surnommé *Sos*.

Sémiramis, en souvenir de l'affection passionnée qu'elle avait eue pour le bel *Ara*, donne son nom au fils né de lui et de *Nouarth*, sa femme. Cet enfant avait douze ans à la mort de son père; la reine l'investit de la couronne d'Arménie, car elle avait en lui la plus grande confiance. On dit qu'il mourut dans la guerre contre *Sémiramis*.

Voici l'ordre des faits postérieurs. Ara, fils d'Ara, meurt dans un combat contre *Sémiramis*, laissant un fils entouré des biens de la fortune et doué d'une grande capacité pour l'action comme pour la parole. Ce fils était *Anouchavan*, surnommé *Sos* (platane) parce qu'il était voué au service des dieux dans les forêts de platane d'*Aramaniag*, au pays d'*Armavir*. Le tremblement des feuilles des platanes, selon le souffle plus ou moins fort du vent, était objet de science divinatoire en Arménie et le fut long-temps.

Anouchavan, long-temps sous le poids du mépris d'*Amassia*, languissait à la cour. Aidé de ses amis, il parvint à lever tribut sur une partie du pays, enfin sur tout le pays ; mais il faut que nous exposions dans cette histoire tout ce qui est digne d'être exposé, il faut que nous exposions les paroles, les faits et gestes des personnages précités.

XXI.

Baryor, fils de *Sgaiorthi* est le premier roi couronné en Arménie. — Il est puissamment aidé par Varbace le Mède, le même qui ravit le trône à *Sardanapale*.

Nous laisserons de côté tout ce que l'histoire offre de peu important, et nous ne parlerons que des principaux faits. Le dernier de ceux qui vécurent sous l'empire des Assyriens, depuis le règne de Sémiramis, est notre *Baroyr* sous *Sardanapale*. Il est puissamment aidé par Varbace le Mède, qui ravit le trône de *Sardanapale*.

Qu'il m'est doux d'être enfin arrivé à l'histoire de notre ancêtre, vraiment indigène, dont la lignée occupa le trône d'Arménie; aussi nous avons une grande tâche à remplir, nous avons devant nous bien des sujets à traiter. Nous avons cru devoir lire par nous-mêmes les preuves authentiques de ces faits dans quatre rapsodies, tout ce qui se rapporte à cet homme sage et puissant en œuvres, le plus sage d'entre les sages.

Varbace, né en Médie, dans la petite extrémité de cette forte contrée, doué d'une grande finesse, célèbre par sa valeur, voyant la vie efféminée, molle et voluptueuse du lâche *Concoleros*, gagne par sa libéralité, par sa sage conduite, l'amitié des hommes puissans. C'est ainsi qu'alors il marche évidemment à grands pas à la conquête de l'Assyrie; il s'attache aussi notre brave *Baroyr*, en lui promettant la couronne d'*Arménie*, mais la couronne dans toute sa gloire. Il est soutenu par une foule de guerriers qui manient avec une égale adresse et le javelot, et l'arc et le glaive. Bientôt, maître des états enlevés à *Sardanapale*, il commande à toute l'*Assyrie*, à *Ninive*, et, laissant des gouverneurs dans ces pays conquis, il transporte aux Mèdes l'empire des Assyriens.

Si ces faits sont décrits d'une autre manière par d'autres historiens, n'en soyez pas surpris. Dès le premier chapitre de cet ouvrage nous avons reproché à nos ancêtres leur ignorance, leur grossièreté, nous leur adresserons encore ici les mêmes reproches. Tous les faits et gestes du père de *Nabuchodonosor* ont été consignés par ses officiers dans leurs registres, nos princes n'ont pas même songé à cette sage mesure, et le soin d'enregistrer leurs actions est resté aux générations futures. Mais si l'on nous dit, où as tu donc trouvé les noms, les faits et gestes d'un si grand nombre d'ancêtres ? je réponds, nous avons trouvé ces noms, ces faits et gestes dans les antiques archives des Chaldéens, des Assyriens et des Perses ; parce que ces noms, ces faits et gestes étaient inscrits dans les papiers des rois, comme appartenant aux officiers, administrateurs du pays, établis par ces rois, et aux gouverneurs généraux des provinces.

XXII.

Ordre successif de nos rois. — Leur nombre de père en fils.

Je vais compter le nombre de nos grands hommes, principalement jusqu'à l'avénement des Parthes ; car ils me sont chers ces descendans de notre roi Hayg, ce sont mes compatriotes, mes parens, mes frères. Qu'il m'eût été doux, si le Seigneur fût alors venu pour me racheter, d'entrer dans le monde, au temps de ces rois de ma nation, de jouir du bonheur de les voir et d'échapper ainsi au danger du temps présent. Mais ce bonheur a fui loin de nous, ce doux sort ne nous était pas pas réservé. Au temps du règne des Mèdes vivaient ces hommes de race nationale, ces hommes au front ceint du diadème, ces hommes dont nous inscrivons ici dessous les noms.

Alors existait vraiment le royaume de notre nation, comme le témoigne *Jérémie*, lorsqu'il appelle aux armes contre *Babylone*. Donnez ordre, dit-il, au royaume d'*Ararat* et à la troupe d'*Ascagne*. Il est donc évident que notre royaume existait alors ; mais pour suivre l'ordre de l'histoire, plus près de nous se trouve le roi des Mèdes.

Le premier des Mèdes, c'est-à-dire *Varbace*, *Maudaces*, *Artysias*, *Dejoces*, *Phraortes*, *Ciaxares*, *Astyages*.

Le premier prince de notre race couronné par Varbace, est Baroyr, fils de *Sgaiorthi*, *Hratchia*, *Pharnouas*, *Badjoidj*, *Cornac*, *Phavos*, *Haygag* II, *Erouant* qui vécut peu d'années, *Tigrane*.

Ces deux derniers personnages, *Erouant* et *Tigrane*, se nommaient ainsi à cause des espérances qu'ils donnaient. Le temps n'est pas fort éloigné ou nous rappellerons leurs noms. Hratchia (qui est de feu) est ainsi appelé à cause de la vivacité de ses traits et de l'ardeur de ses yeux ; de son temps vivait, dit-on, *Nabuchodonosor*, roi de Babylone, qui emmena les Juifs en captivité. On dit que

Hratchia lui demanda un des principaux captifs hébreux nommé *Champat. Hratchia* le conduit dans ses états, et le comble d'honneurs. De ce *Champat*, ajoute l'historien, descend bien certainement la race *Pacradouni.* Quels durent être les efforts de nos rois pour amener les *Champat* au culte de leurs dieux! combien s'en trouva-t-il parmi les *Pacradouni* qui scellèrent leur foi de leur sang! c'est ce que nous rapporterons plus loin. Quelques auteurs sans foi, sans véracité, par pur caprice, prétendent que la race *Pacradouni* fut investie par *Hayg* du droit de mettre la couronne sur la tête des rois; à cette assertion je dis, ne croyez pas de pareilles sottises, car il n'y a aucune espèce d'analogie, de ressemblance, aucun rapport avec ce qui a été dit. Il y a partout erreur et confusion dans ce qu'ils débitent d'*Hayg* et de ses semblables. Sachez que ce *Sempad*, dont les *Pacradouni* donnent souvent le nom à leurs fils, est bien *Champat*, mot qui d'après leur langue primitive signifie Hébreu.

XXIII.

Des fils de *Sennéchérim.* — Les *Ardzrouni*, les *Kennouni*, le consul d'*Arhrnik*, descendans des enfans de *Sennéchérim.* — La maison *Ankerh* (laide) descend de *Baskam.*

Avant d'entreprendre l'histoire du grand Tigrane, le neuvième de nos ancêtres couronnés, prince vaillant, renommé et victorieux entre tous les conquérans, nous rapporterons les événemens les plus importans, les plus dignes d'occuper notre attention. Nous avons oublié de parler de *Sennéchérim.* Quatre-vingts ans, plus ou moins, avant le règne de *Nabuchodonosor*, vivait *Sennéchérim*, roi d'Assyrie, *Sennécherim* qui assiégea *Jérusalem* sous *Ezéchias*, roi des Juifs. Les fils de *Sennéchérim*, *Atramèle* et *Sannassar*, après avoir tué leur père, vinrent se réfugier près de nous.

L'un d'eux, *Sannassar*, obtint de notre brave ancêtre *Sgaiorthi* la permission de s'établir au sud-ouest de notre pays près des frontières de l'Assyrie. Les descendans de *Sannasar* ont peuplé la montagne appelée *Sim.* Les principaux d'entre eux par la suite ayant signalé leur dévoûment pour nos rois reçurent en récompense de leurs services le consulat de ces contrées; *Arkamozan* se fixa au sud-est du même canton; c'est de lui, dit l'historien, que descendent les *Ardzrouni* et les *Kennouni.* Voilà pourquoi nous avons parlé de *Sennéchérim.*

La maison *Ankerh*, selon le même historien, provient de *Baskam*, petit-fils de Haygag.

XXIV.

De Tigrane. — Sa vie tout entière.

Occupons-nous maintenant de ce qui regarde *Tigrane*, de ses faits et gestes. C'est de tous nos rois le plus puissant, le plus profond, le plus vaillant de tous, et même de tous les guerriers; il aide *Cyrus* à renverser l'empire des Mèdes, retient long-temps les Grecs sous son obéissance, étend notre territoire jusqu'à ses anciennes limites. Objet d'envie pour tous ses contemporains, il devient lui et son siècle un objet de regret pour la postérité.

Quel est l'homme de cœur, l'homme ami de la sagesse et de la valeur, qui ne tressaille au souvenir de Tigrane, qui ne s'excite à devenir un autre Tigrane? Chef et modèle de ses guerriers par son courage, il élève bien haut notre nation. Il la trouve courbée sous le joug, et il la met en état d'imposer son joug, ses tributs à plusieurs nations. De toutes parts, on trouve des monceaux d'or, d'argent, de pierres précieuses, d'habillemens de toute couleur, de toute façon, pour hommes et pour femmes ; la laideur comme la beauté paraissent merveilleuses, et la beauté, selon l'esprit du temps, est déifiée. On voit les fantassins portés sur des chevaux, les frondeurs devenus archers, les hommes auparavant armés de pieux porter le glaive et la lance ; les gens autrefois sans boucliers sont tout couverts d'armures de fer ; la vue seule des soldats rassemblés, le seul éclat de leurs armures et de leurs armes, suffit pour mettre l'ennemi en fuite. *Tigrane* apporte la paix, crée tout l'édifice social, vivifie, féconde tout le pays en répandant partout les trésors de sa libéralité comme des flots d'huile et de miel.

Tels sont les bienfaits et bien d'autres encore que notre patrie reçoit de *Tigrane*, fils d'*Érouan*, prince aux cheveux blonds et argentés par le bout, au teint coloré, à l'œil doux comme le miel, aux membres robustes, aux larges épaules, toujours sobre dans le boire et dans le manger, réglé dans les plaisirs, plein de sagesse, éloquent, habile à tout ce que l'homme peut faire. Quoi de plus agréable pour moi, dans ce livre, que de m'étendre sur son histoire, c'est-à-dire sur son éloge. Toujours juste en ses jugemens,

Tigrane, dans des balances toujours égales, pèse la conduite de chacun. Il ne porte point envie aux grands ; il ne méprise pas les petits, mais il ne cherche qu'à étendre sur tous le manteau de ses soins paternels.

Tigrane, déjà lié par les traités avec *Astyage*, lui donne en mariage sa sœur *Tigranouhi*, que le prince mède recherche avec empressement. Car, se dit *Astyage*, grâce à cette alliance, je prendrai de l'attachement pour *Tigrane*, ou je pourrai facilement lui tendre des embûches pour le faire périr. *Astyage* est dans ces mauvaises dispositions, lorsqu'une sorte de prédiction funeste vient se manifester à lui dans l'événement présent.

XXV.

Crainte et soupçons d'*Astyage* au sujet de l'étroite amitié qui existe entre Cyrus et Tigrane.

La raison qui a fait naître dans l'esprit d'*Astyage* ces pensées de meurtre, c'est l'amitié de *Cyrus* pour *Tigrane*. Bien souvent la haine d'*Astyage*, prête à s'évanouir, se réveille à ce souvenir. Sans cesse il adresse des questions sur ce sujet à ses conseillers : Comment pourrons-nous rompre, dit-il, le lien d'amitié qui unit le *Persan* et le descendant d'*Hayg*, dont les gens sont si nombreux ? Au milieu du trouble de ses pensées, il arrive qu'il voit en songe l'explication et le dénoûment des difficultés de sa position. Voici comme il raconte les visions de ce songe.

XXVI.

Comment le perfide *Astyage* voit-il sa position présente au milieu d'un songe vraiment merveilleux ?

Un grand danger, dit l'historien, résulte alors pour *Astyage*, roi des Mèdes, de l'union de *Cyrus* et de *Tigrane*. Aussi, l'agitation, l'effervescence de ses pensées fait que, dans le sommeil de la nuit, il a un songe où il voit ce qu'éveillé il n'eût jamais vu ni entendu. Il se réveille en sursaut, et sans attendre, selon sa coutume, l'heure fixée pour le conseil, car il y avait encore plusieurs heures jusqu'à la fin de la nuit, il appelle ses conseillers ; le visage triste, tourné vers la terre, il tire du fond de sa poitrine de profonds soupirs, de sourds gémissemens. D'où vient cette douleur? demandent ses conseillers. *Astyage* reste long-temps sans leur répondre; enfin, il commence son triste récit, et découvre tout à ses conseillers, tout ce que son cœur renferme de secrètes pensées, de noirs soupçons, et de plus tous les détails de son horrible vision.

Amis, dit-il, je me trouvais aujourd'hui sur une terre inconnue, près d'une haute montagne dont le sommet paraissait couronné de glaces. On disait que c'était comme au pays des descendans d'*Hayg*. Mes yeux se portent le long de la montagne. Que vois-je! une femme vêtue de pourpre, avec une écharpe bleu de ciel, m'apparaît assise au plus haut de la montagne. De beaux yeux, une taille haute et majestueuse, un teint vermeil, la distinguent; elle est dans la douleur de l'enfantement. Comme je continuais à regarder cet étonnant spectacle, cette femme accouche tout-à-coup de trois jumeaux. Ce sont autant de héros tout formés. Le premier, porté sur un lion, prend son essor vers l'occident; le second, sur un léopard, s'élance vers le nord, et le troisième, sur un énorme dragon, vient fondre sur notre empire.

Au milieu de ces visions confuses, il me semblait être sur le toit de mon palais; il me semblait voir toute la surface du toit ornée d'une multitude de superbes bassins et de jets d'eau; il me semblait voir debout nos dieux, dans toute leur majesté, nous couronner, et moi avec vous, mes amis, j'offrais à nos dieux des sacrifices et de l'encens. Tout-à-coup je lève les yeux, et je vois celui qui était monté sur le dragon, je le vois prendre son essor avec des ailes d'aigle; il croyait fondre sur une proie assurée; il croyait exterminer nos dieux, mais, moi Astyage, je me jette entre eux et lui; je soutiens son redoutable choc, et je combats vaillamment avec le héros merveilleux. D'abord, nous nous perçons l'un l'autre à coups de lance; nous répandons des ruisseaux de sang, et le long du palais, tout éclairé des rayons du soleil, coulait une mer de sang. Puis, changeant d'armes, nous continuons encore le combat des heures entières.

Mais à quoi bon prolonger ce récit, puisque l'issue de cet événement est ma ruine. Une sueur violente produite par l'impression du danger me saisit, et le sommeil s'enfuit loin de moi. Et depuis ce jour, je ne suis presque plus au nombre des vivans. Car que signifie le tableau mouvant de ces visions, de ces songes, si ce n'est que l'invasion et la ruine doivent nous arriver de la part du fils d'*Hayg*, de *Tigrane*? Mais assurément, sans parler du secours de nos dieux, que nous invoquons, nous travaillerons à notre salut, par nos œuvres et par nos paroles, et qu'il ne pense pas partager le trône avec nous.

Astyage, après avoir écouté de la bouche de ses conseillers plusieurs sages et utiles avis, les remercie.

XXVII.

Des opinions émises par les conseillers d'*Astyage*, puis ses propres réflexions et projets suivis d'exécution.

Après avoir entendu de vous des avis aussi sages qu'ingénieux, amis, dit-il, je dirai, moi, ce qui, après le secours des dieux, me paraît le plus utile dans la conjoncture présente : il n'est pas de précaution, pas de stratagème, contre un ennemi, voire même la connaissance de ses plans et de ses projets, aussi utile que la présence d'une personne qui, sous le masque du dévoûment, travaille à dresser des embûches. Ce n'est ni avec l'or ni avec des paroles trompeuses qu'il nous est possible de réussir aujourd'hui. Ce n'est pas ainsi que nous voulons procéder ; l'exécution de notre pensée demande d'autres moyens : ces moyens, ce sont des pièges. Qui doit servir à les tendre ? La sœur de *Tigrane*, la belle et prudente *Tigranouhi* : car de tels rapports de parenté, son alliance avec un étranger, lui donnent toute facilité pour pratiquer dans l'ombre des menées insidieuses, au moyen de fréquentes allées et venues, ou bien pour donner ordre à ses agens, à force de présens et de promesses, d'assassiner ou d'empoisonner *Tigrane*, ou bien encore pour détacher de lui, par la séduction de l'or, ses confidens intimes, les gouverneurs de ses provinces. C'est ainsi que nous prendrons Tigrane comme un faible enfant.

XXVIII.

Lettre d'*Astyage*. — Dispositions favorables de *Tigrane*. — Envoi de *Tigranouhi* en Médie.

« Mon bien-aimé frère sait que les dieux ne peuvent nous donner rien de plus utile en cette vie qu'un grand nombre d'amis, j'entends d'amis sages et puissans. Par ce moyen, on n'est jamais exposé aux attaques du dehors, et, s'il en survient, on les repousse facilement. Jamais au dedans la porte n'est ouverte à la perfidie, et toute perturbation est exclue. En voyant les avantages qui résultent de l'amitié, j'ai songé à consolider celle qui nous unit. Ainsi fortifiés des deux côtés, nous rendrons nos trônes florissans et inébranlables. Ces avantages, tu les réaliseras en me donnant la princesse de la grande Arménie, ta sœur *Tigranouhi*, en mariage. Plaise à Dieu que tu aies ce projet pour agréable, et que *Tigranouhi* devienne la reine des reines ! Adieu, notre bien-aimé frère. »

Sans prolonger ce récit, je dirai que l'envoyé termine sans délai les négociations au sujet de la belle princesse ; que *Tigrane* consent à donner sa sœur *Tigranouhi* en mariage à *Astyage* ; ne sachant rien des embûches dressées contre lui, *Tigrane* accompagne sa sœur, suivant l'usage des rois. *Astyage*, non-seulement guidé par l'insidieuse perfidie, mais aussi charmé de la beauté de *Tigranouhi*, en fait la première de ses femmes. Ainsi se trame au fond de son cœur le tissu de ses noirs projets.

XXIX.

Comment est découverte la trahison et s'engage la guerre où périt *Astyage* ?

Après ces événemens, *Astyage*, tout occupé de mettre *Tigranouhi* en possession de sa qualité de reine, ne fait rien dans son royaume sans sa volonté, règle tout d'après ses avis, et veut que tout lui obéisse. Tout étant ainsi disposé, il commence à lui insinuer doucement le venin de ses paroles trompeuses. Tu ne sais pas, lui dit-il, que ton frère, excité par sa femme *Zarouhi*, est jaloux de te voir régner sur les *Arik*. Qu'arrivera-t-il ? Il arrivera d'abord que je périrai, et qu'ensuite *Zarouhi* règnera sur les *Arik*, et occupera la place des grandes reines (des déesses). Ainsi donc, tu as à choisir l'une de ces alternatives : ou, par amour pour ton frère, d'accepter aux yeux des *Arik* l'infamie de leur destruction, ou bien, consultant ton propre intérêt, de proposer quelque utile projet, et de pourvoir ainsi à la sûreté du présent.

Mais ces paroles fallacieuses cachent la perfide pensée de faire périr *Tigranouhi*, si elle n'acquiesce pas aux volontés du prince médo-perse. Aussitôt la belle et fière *Tigranouhi*, pressentant la ruse, fait à Astyage une réponse pleine de tendresse. Cependant elle s'empresse, au moyen de ses confidens, d'informer son frère de la perfidie d'Astyage.

Le fourbe, dès ce moment, prépare l'exécution de son plan. Il emploie la voie des messages pour déterminer une entrevue aux frontières des deux royaumes. Car, tel est son projet et l'action qu'il médite, il ne peut réussir ni par lettres ni par la voie des ambassades : il faut que lui et *Tigrane* soient tous deux en présence ; mais Tigrane, instruit des affaires par l'envoyé de sa sœur, n'ignore rien des projets d'Astyage ; il découvre dans sa correspondance toute sa duplicité, toute sa perfidie ; et, cette perfidie une fois découverte, il n'est plus ni paroles ni fourberies capables d'en pallier l'infamie, et dès ce moment la guerre va évidemment s'allumer.

Le roi d'Arménie rassemble sur les frontières de la Cappadoce l'élite de la population de la *Géorgie*, de l'*Afghanie*, de la grande et de la petite *Arménie*. Il marche avec toutes ses forces sur le pays des Mèdes. Dès lors le danger est venu pour *Astyage* d'avoir à se mesurer avec l'immense armée du descendant d'*Hayg*. Le conflit traîne cinq mois en longueur, car la vivacité, l'ardeur de l'action se ralentit quand *Tigrane* songe à sa sœur bien-aimée ; il cherche les moyens de sauver *Tigranouhi* : cependant l'heure du combat approche.

Je ne puis trop vanter la taille majestueuse de mon cher *Tigrane*, son adresse à manier la lance, la belle proportion de ses membres, la beauté parfaite de sa personne ; nul ne l'égale en force, en courage. Mais pourquoi en dire davantage. A peine le combat est-il engagé, on le voit fondre, comme un torrent débordé, la lance en main, le corps couvert de fer, percer *Astyage* d'un vigoureux coup de lance, et retirant la main en arrière, ramener avec le fer homicide une partie des poumons d'*Astyage*. Le combat offre un spectacle terrible et merveilleux. On voit guerriers contre guerriers lutter long-temps sans quitter le combat, aussi l'action se prolonge-t-elle plusieurs heures ; mais la mort d'Astyage y met fin, et le succès de cet événement accroît la gloire de Tigrane.

XXX.

Pour quelle raison Tigrane conduit-il sa sœur *Tigranouhi* à *Tigranevilla ?* — Anouch, première femme d'*Astyage*. — Son séjour en captivité.

On rapporte aussi qu'après l'issue glorieuse de cet événement, Tigrane conduisit, avec une pompe vraiment royale et une escorte nombreuse, sa sœur *Tigranouhi* en *Arménie* au bourg bâti par lui, et nommé de son nom, c'est-à-dire *Tigranevilla*, avec ordre à toute la contrée d'obéir à la princesse. Le privilége appelé *Ostan* (droit de refuge) dont jouit le pays, vient, dit-on, de sa race, comme race royale.

Quant à *Anouch*, première femme d'*Astyage*, ainsi que grand nombre de filles issues de ce prince, de jeunes garçons et beaucoup d'autres prisonniers au nombre de plus de dix mille hommes, Tigrane leur assigne pour lieu d'habitation toute la partie orientale de la grande montagne, jusqu'aux contrées de *Korhtan*, c'est-à-dire *Damrad*, *Osguiorh*, *Tajkoink* et autres établissemens sur le bord du fleuve, dont l'un est *Vrandchounik*, jusqu'en face de la forteresse de *Nahhdjavan*, y compris ces trois bourgs, *Hhram*, *Dchoura* et *Hhochagounik*. *Tigrane* assigne encore à ces prisonniers de l'autre côté du fleuve tout l'espace depuis *Astiaganan* jusqu'à la forteresse de *Nahhdjavan*. Nous avons déjà parlé d'*Anouch*; Tigrane la relègue, elle et ses enfans, au sommet de la grande montagne; ce sommet ne présente que ruines; et ces ruines, dit-on, proviennent d'un tremblement de terre dont parlent les voyageurs qui, par l'ordre de *Ptolémée*, allèrent mesurer et jalonner non-seulement les terres habitées, mais aussi une partie des mers et des déserts, depuis la zône torride jusqu'à la zône glaciale. *Tigrane* donne à *Anouch* des serviteurs pris parmi les Mèdes établis au pied de la montagne.

C'est ce que prouvent avec vérité les chants chroniques que se sont plus à conserver, comme je l'ai entendu dire, les habitans de la partie vignoble du canton de *Korhtan*; il est fait mention dans ces chants d'*Ardace* et de son fils, sous une forme allégorique, et même des descendans d'*Astyage* qu'ils appellent descendans du *Dragon*, car *Astyage* dans notre langue signifie dragon. On dit aussi qu'Arkavan donna un repas en l'honneur d'*Ardace*, et lui dressa des embûches dans le temple des Dragons. *Ardavazth*, le valeureux fils d'*Ardace*, ne pouvant trouver, dit-on, un palais convenable, lors de la fondation d'*Ardachad*, construit en Médie, *Médavilla*, dans une plaine appelée *Charour*. La princesse *Sartinig* désira, dit-on, avec ardeur la coiffure, et autres ornemens que portait Arkavan.

N'admires-tu pas encore plus ici notre véracité? n'admires-tu pas comment nous avons pu découvrir les secrets des dragons qui ont leur repaire au haut du *Massis*?

XXXI.

Quelles sont les races issues de Tigrane. — Quelles sont celles qui ne descendent pas de lui?

Si je me plais à peindre exactement un héros national, *Tigrane* Ier, à rappeler tous ses faits et gestes, si je me complais, moi historien, au milieu de mes récits qui n'ont d'autre objet que *Tigrane*, fils d'*Erouan*, toi, simple lecteur, tu ne te plais pas moins à lire ces détails. Tel est le héros, tel je le peindrai; aussi, j'aime à l'appeler, à cause de sa vaillance, *Hayg*, *Aram*, *Tigrane*, car selon moi, les braves sont les descendans des braves, voici ce qui peut justifier cette dénomination : D'après les opinions reçues en fait des héros, notre assertion est vraie, personne n'est *Jupiter*, mais il est des gens qui veulent passer pour Jupiter : quatre personnages sont même appelés Jupiter, l'un d'eux est *Gount*, dit Jupiter. C'est ainsi que beaucoup de princes s'appellent *Tigrane*, un seul est descendant d'*Hayg* : c'est celui qui tua *Astyage*, emmena sa maison en captivité, ainsi qu'*Anouch*, la mère des Dragons, et prêtant l'appui de son bras à *Cyrus*, l'aida à s'emparer de l'empire des Mèdes et des Perses..

Il eut pour fils *Bab*, *Diran*, *Vahac* dont la fable dit : «Il engendra le ciel et la terre, il engendra la mer Rouge, c'est-à-dire il engendra dans la mer un roseau de couleur rouge, du tuyau de ce roseau sortait de la fumée, sortait de la flamme, à travers la flamme s'élançait un jeune homme, et ce jeune homme avait une chevelure de feu, une barbe de flamme, ses yeux étaient des soleils; on chantait ses louanges au son des castagnettes; nous les entendîmes de nos propres oreilles, on célébrait dans des chants ses combats victorieux contre les *Dragons*, ses exploits égalant ceux d'Hercule; on disait qu'il était au rang des dieux. En Géorgie on lui éleva une statue à laquelle on offrit des sacrifices, il est l'auteur de la race *Vahnounik*, et son fils puiné *Aravan* est l'auteur des Aravanéens. Vahag donne naissance à *Aravan*; *Aravan* à *Nerseh*; *Nerseh* à *Zareh*. De *Zareh* provient la race dite des *Zarehnavanik*. *Zareh* engendre d'abord *Armok*; *Armok* engendre *Bacam*; *Bacam* engendre *Van*; *Van* engendre *Vahé*; *Vahé* qui, pour crime de rébellion, périt par ordre d'Alexandre de Macédoine.

Depuis cette époque jusqu'à l'avènement de *Valarsace* au trône d'Arménie, je n'ai rien de certain, rien d'arrêté à t'exposer, car au milieu du trouble et de l'anarchie, l'ambition dispute à l'ambition le droit de commander au pays. A la faveur de ces dissensions intestines *Arsace* le grand pénètre facilement en Arménie, et met sur le trône son frère Valarsace.

XXXII.

Guerre de Troie sous *Teutamus*. — Notre roi *Zarmayr* à la tête d'une faible troupe d'Éthiopiens prend part à la guerre. — Il y trouve la mort.

Tu nous imposes deux conditions qui rendent notre travail bien difficile : concision et rapidité dans l'exposition des faits, et tout à la fois éloquence, lucidité dans l'expression, style platonique, aversion pour le mensonge, disposition constante à le combattre ; tu veux de suite une histoire depuis le premier homme jusqu'à toi. Il est impossible de réunir toutes ces conditions, car celui qui a tout créé pouvait en un moment, d'un clin d'œil, tout former, et cependant, il ne fit point ainsi : il partagea en plusieurs jours et en plusieurs classes ses créations, il y en eut le premier jour, le deuxième, troisième et autres jours. La même doctrine ici nous semble indiquée par l'exemple de l'Esprit-Saint. Or, tes désirs, nous le voyons bien, ne sauraient s'accommoder de ces lenteurs. Il faut te dire tout avec exactitude, intégralement, sur l'heure ; mais il nous faut te dérouler longuement les faits pour te plaire, si nous mettons précipitation et rapidité dans l'exposé des faits, nous aurons le malheur de te déplaire. Ainsi, pour satisfaire ton désir et ton impatience, il est arrivé que nous n'avons rien dit en temps et lieu du *Macédonien*, rien de la guerre de *Troie* ; nous allons en tracer ici l'histoire : Nous n'avons point à dire s'il est sage ou s'il n'est pas à propos de présenter ici un exposé convenable, s'il est mieux de ne pas le faire à présent, mais de remettre à un autre temps cet exposé des faits les plus importans et les plus dignes d'être consignés.

Quels sujets peuvent être ici les premiers sujets de nos discours, si ce n'est les sujets mêmes traités dans *Homere*, si ce n'est le sujet de la guerre de *Troie* sous *Teutamus*, roi des Assyriens, si ce n'est le sujet de notre *Zarmayr* au service des Assyriens, accourant à la tête d'une petite armée *d'Éthiopiens* au secours de *Priame*, blessé par les plus braves guerriers des Hellènes, et mourant de la main d'*Achille*, et non d'aucune autre main.

ICI FINIT LE PREMIER LIVRE DE LA GÉNÉALOGIE DE LA GRANDE ARMÉNIE.

Récits fabuleux des Perses au sujet de *Pyrasbe Astyage*.

Quel est donc ce désir de connaître les fables grossières et insensées de Pyrasbe Astyage? pourquoi nous imposer la tâche de reproduire les contes ridicules, incohérens, insensés, absurdes, des Perses touchant le premier acte de sa perfide bonté, l'assistance que lui prêtent les démons, le pouvoir qu'il possède de ne pas faire manquer l'erreur et le mensonge, l'embrassement des épaules, d'où naquirent les dragons ; puis, l'excès toujours croissant de sa méchanceté, qui lui fait sacrifier les hommes aux appétits de son ventre? Un certain *Hrouten*, l'ayant chargé de chaînes d'airain, le mène sur la montagne qui s'appelle *Dembavendus*: mais il arrive que, dans le chemin, *Hrouten* s'endort, et *Pyrasbe* l'entraîne vers la colline. *Hrouten* se réveille et conduit *Pyrasbe* dans une caverne de la montagne, l'enchaîne et prend contre lui toute espèce de mesures, de manière que *Pyrasbe*, ainsi réduit à l'impuissance, reste accablé sous le poids de ses fers, sans pouvoir s'échapper pour aller corrompre la terre.

Quel besoin as-tu de ces fables mensongères, de ces ramassis de contes absurdes et insensés? Seraient-ce ces fables grecques si nobles, si pleines de sens et de raison, qui cachent en elles une vérité réelle sous la forme de l'allégorie? Tu nous dis de montrer les causes de l'absurdité de ces contes, d'orner ce qui est sans ornemens : nous ferons cette concession à ta jeunesse. C'est bien là le désir d'un esprit encore éloigné de la maturité : aussi nous allons satisfaire ton caprice.

Description de tout ce que l'on rapporte sur *Pyrasbe*.

A la manière de Platon, je vais ici parler franchement. Puis-je trouver quelqu'un qui me soit plus cher que toi? non, personne. Ce que nous ne pourrions pas pour un autre, disposé à le faire pour toi, nous allons te satisfaire. Nous abhorrons ces récits et ces faits ; en entendre parler nous dégoûte, et cependant je vais en tracer le tableau de ma propre main, je vais donner un sens à ce qui n'a pas de sens, je vais expliquer des choses aussi anciennes qu'incompréhensibles. Puisses-tu y trouver quelque plaisir, quelque avantage! Mais n'oublie pas notre aversion pour ces rapsodies ; nous ne les avons jugées dignes de trouver place ni dans le premier livre, ni dans la dernière partie : nous les avons entièrement séparées du corps de cette histoire. Je commencerai ainsi :

Le personnage appelé par les Perses *Pyrasbe Astyage* vivait sous *Nemrod*, leur auteur. Lors de la division des langues sur toute la terre, tout se fit avec confusion, sans chefs, sans princes. Mais bientôt des princes, des chefs de race, désignés comme par un clin d'œil de la volonté divine, eurent chacun des états bien réglés et puissans. Je sais bien que le nom de *Pyrasbe* n'est autre que le centaure *Byrite*, désigné dans un livre chaldéen. Ce *Pyrasbe*, moins par l'ascendant de son courage que par l'effet de son influence, de son habileté, était le chef de sa nation, sous l'obéissance de *Nemrod*. Il affectait de mener aux yeux de tous la vie de tous, disant que rien ne doit être particulier à un individu, que tout doit lui être commun avec le reste des hommes. Toutes ses paroles et ses actions étaient connues ; nulle de ses pensées ne restait cachée ; il révélait lui-même les secrets de son cœur ; il voulait que ses amis pussent aller et venir chez lui, la nuit comme le jour. Cette conduite est ce qu'on appelle sa perfide bonté.

Comme il était très-versé dans l'astrologie, il était très disposé à apprendre l'art des maléfices, mais il ne le pouvait pas : car, comme nous l'avons dit plus haut, il avait coutume de ne rien faire, même de ses ruses, secrètement. Voyant qu'il ne pouvait apprendre publiquement ces derniers enseignemens de la méchanceté, il feint, pour pouvoir se livrer à cette étude diabolique, d'avoir de grandes douleurs d'entrailles ; il prétexte des souffrances qui ne peuvent se guérir que par la vertu de quelque parole, de quelque nom horrible, qu'il n'est permis à personne d'entendre sans crime. Celui qui pratiquait ces maléfices les lui apprenait dans l'intérieur de sa maison, et même en public, avançant la tête sur les épaules de *Pyrasbe*, il lui parlait à l'oreille, lui enseignait l'art sacrilége. L'enfant de Satan, comme l'appellent les fables, était toujours prêt à servir Pyrasbe dans toutes ses volontés, comme ce prince lui demandait un présent, *Pyrasbe* lui baisa l'épaule.

Quant à la prétendue naissance des dragons et à la métamorphose de *Pyrasbe* en dragon, voici le fait : *Pyrasbe* se met à sacrifier aux démons un nombre infini d'hommes, tant enfin que la multitude, indignée contre lui, le chasse. Pyrasbe se retire alors dans les hautes contrées précitées ; vivement poursuivi, il se voit encore abandonné des siens. Ce que voyant ses ennemis, ils se reposent quelques jours dans les environs. Mais, Pyrasbe, ayant rassemblé ses gens dispersés, fond à l'improviste sur ses ennemis, et leur fait beaucoup de mal. Cependant le nombre l'emporte, Pyrasbe est obligé de fuir; arrivé près de la montagne, il est tué et jeté dans une grande fosse de soufre.

TABLE DES CHAPITRES.

PRÉLIMINAIRES.

Notice biographique sur Moïse de Chorêne, tirée et traduite de la vie des SS., édit. arménienne, t. V, p. 312, 313, 314, 315, 316.................... I

Passage de l'histoire d'Arménie, par le P. Tchamchan, relatif à Moïse de Chorêne, 1er vol., p. 12, 13, traduit de l'arménien........................ III

Histoire de Tchamchan, 1er vol., p. 777, 778, 779, 780. IV

Histoire de la littérature arménienne, par Mgr. Placide Sukias Somalian, archevêque de Sunie, abbé général de la congrégation des PP. arméniens, méchitaristes de Saint-Lazare, à Venise, p. 23, 24, 25, 26, 27, 28, traduite de l'italien........................ VIII

Notes écrites en arménien, par feu le docteur Zohrab, et traduites en français. *Nota.* Ce titre doit précéder le dernier alinéa de la page........................ X

LIVRE PREMIER.

Histoire généalogique de la grande Arménie.......... p. 15

I Moïse de Chorêne au commencement de cette histoire en ces termes : A Isaac Pacradouni ; salut.............. 15

II Les livres des Chaldéens et des Assyriens sont remplis des détails de notre histoire ; et cependant nous avons mieux aimé la tirer des livres grecs : pour quel motif ?...... 16

III De la grossièreté et de l'ignorance de nos premiers rois et princes.. 17

IV Divergence d'opinions au sujet d'Adam et des autres patriarches, de la part des autres historiens.......... 19

V Égalité de progression entre les générations des trois enfants de Noé jusqu'à Abraham, jusqu'à Ninus et jusqu'à Aram. Ninus n'est ni Bel ni fils de Bel............. 21

VI	Points de dissidence, points de concordance entre Moïse et le récit des autres archéologues. Discours non écrits du philosophe Olympiodore........................	24
VII	Montrer en peu de mots que le personnage appelé Bel par les auteurs profanes est appelé avec vérité Nemrod dans l'Écriture...............................	26
VIII	Quelle est la source d'où l'on a tiré cette histoire.......	27
IX	Lettre de Valarsace, roi d'Arménie, au grand Arsace, roi des Perses...................................	28
X	Rébellion d'Hayg...............................	30
XI	De la guerre et de la mort de Bel..................	
XII	Descendans d'Hayg. — Faits et gestes de chaque individu.	32
XIII	Combat et victoire d'Aram en Orient. — Mort de Nikar Mathes.....................................	35
XIV	Différends d'Aram avec les Assyriens. — Sa victoire. — Baiabis-Charhia, première Arménie et autres contrées appelées Arménie.............................	36
XV	Ara. — Sa mort en combattant contre Sémiramis.......	38
XVI	Comment Sémiramis, après la mort d'Ara, bâtit sa ville, la digue du fleuve et son propre palais.............	40
XVII	Sémiramis fait périr ses enfants; pourquoi? Pour quelle raison fuit-elle devant le mage Zoroastre, et se retire-t-elle en Arménie? — Elle meurt de la main de son fils Ninyas.....................................	42
XVIII	De la guerre de Sémiramis dans l'Inde. — Des événemens arrivés en Arménie après sa mort................	43
XIX	Événemens arrivés après la mort de Sémiramis........	43
XX	Ara, fils d'Ara; son fils Anouchavan surnommé Sos....	45
XXI	Baroyr, fils de Sgaiorthi, est le premier roi couronné en Arménie; il est puissamment aidé par Varbace, le même qui ravit le trône de Sardanapale..................	46
XXII	Ordre successif de nos rois. — Leur nombre de pères en fils..	47
XXIII	Des fils de Sennéchérim. — Les Ardzrouni, les Kennouni, le consul d'Arhtznik, descendans des enfans de Sennéchérim.....................................	48
XXIV	De Tigrane. — Sa vie tout entière	49
XXV	Crainte et soupçons d'Astyage au sujet de l'étroite amitié qui existe entre Cyrus et Tigrane..................	50
XXVI	Comment le perfide Astyage voit-il sa position présente au	

	milieu d'un songe vraiment merveilleux?..........	50
XXVII	Des opinions émises par les conseillers d'Astyage, puis ses propres réflexions et projets suivis d'exécution......	52
XXVIII	Lettre d'Astyage. — Dispositions favorables de Tigrane. — Envoi de Tigranouhi en Médie...............	52
XXIX	Comment est découverte la trahison, et s'engage la guerre où périt Astyage?........................	53
XXX	Pour quelle raison Tigrane conduit-il sa sœur Tigranouhi à Tygranevilla? — Anouch, première femme d'Astyage. — Son séjour en captivité...............	54
XXXI	Quelles sont les races issues de Tigrane? Quelles sont celles qui ne descendent pas de lui?..............	56
XXXII	Guerre de Troie sous Teutamus. — Notre roi Zarmayr, à la tête d'une faible troupe d'Éthiopiens, prend part à la guerre: il y trouve la mort.................	57

Ici finit la table du premier livre de la Généalogie de la Grande Arménie.

Récits fabuleux des Perses au sujet de Pyrasbe Astyage..	58
Description de tout ce que l'on rapporte sur Pyrasbe....	58

ERRATA DES PRÉLIMINAIRES ET DU LIVRE Ier.

Page II, ligne 14, au lieu de : et dont il ne cessa de donner des preuves; lisez : zèle dont il ne cessa de donner des preuves.

Page IV, ligne 35, au lieu de : (voir mon man. histoire de Thamtchan ; lisez simplement : histoire de Tchamtchan, 1er vol.) *Nota*. Ce titre doit se rapporter à l'article suivant et non au précédent.

Page VI, ligne 19, au lieu de : Aporhig ; lisez : Assorhig.

Page VIII, ligne 14, au lieu de : Surie ; lisez : Sunie.

Id. ligne 35, au lieu de : Bagratides ; lisez : Bagratide.

Page IX, ligne 19, au lieu de : il fait remarquer ; lisez : il faut remarquer.

Page X, ligne 40, avant l'article, commençant par ses mots : Jean VIe catholicos, il faut mettre : Notes écrites en arménien par feu le docteur Zohrab, et traduites en français.

Page XI, ligne 27, au lieu de : Arsan ; lisez : Arsace.

Page XII, ligne 18, au lieu de : mes ; lisez : nos.

Id. ligne 35, au lieu de : Léon, le prêtre ; lisez : Léon le prêtre.

Id. ligne 36, au lieu de : Assorhing ; lisez : Assorhig.

Page XIV, ligne 9, au lieu de : dit saint Mesrob ; lisez : dit, saint Mesrob composa.

Id. Nota. Le dernier alinéa de la page XIV doit être supprimé ici, et reporté page X, avant l'article commençant par ces mots : Jean, VIe catholicos.

Page 17, ligne 8, au lieu de : Guenni ; lisez : Guenn.

Page 26, lignes 30, 31, au lieu de : que ces récits soient vrais ou véridiques ; lisez : que ces récits soient faux ou véridiques.

Page 34, ligne 34, au lieu de : Arxae ; lisez : Araxe.

Page 36, ligne 30, au lieu de : Biabis ; lisez : Baïabis.

Page 37, ligne 20, au lieu de : Charia ; lisez : Charhia.

Page 44, ligne 31, au lieu de : Samson Héli ; lisez : Samson, Hélie.

Page 45, ligne 3, au lieu de : Dereylus ; lisez : Dercylus.

Page 45, ligne 3, au lieu de : Priétiades ; lisez : Péritiades.

Page 46, ligne 5, au lieu de : Baryor ; lisez : Baroyr.

Page 47, ligne 17, au lieu de : Artysias ; lisez : Artycas.

Page 48, ligne 19, au lieu de : Arhnik ; lisez : Arthtznik.

HISTOIRE

DES TEMPS INTERMÉDIAIRES

DE NOS ANCÊTRES.

LIVRE SECOND.

I.

Je vais maintenant te décrire, dans un second livre, l'histoire particulière de notre pays, depuis le règne d'Alexandre jusqu'au règne du saint, du vaillant, du grand Tiridate; je vais te décrire, suivant l'ordre des temps, chacune des actions de valeur et d'éclat, chacun des actes, règlemens, institutions de chacun des princes qui se sont succédé depuis Arsace, roi des Perses, et Valarsace, son frère, établi par lui roi de notre pays. Je vais te décrire tous les faits et gestes des rois ses successeurs de père en fils, issus de sa race, et nommés Arsagouni, Arsacides, du nom d'Arsace. Le nombre de ses descendans se multiplie à l'infini ; mais l'ordre établi, l'ordre de succession n'appelle qu'un seul prince au trône. D'ailleurs, j'écris rapidement ce qui est nécessaire, et je laisse le reste, car tout ce qui regarde les autres nations a été suffisamment décrit par une foule d'historiens.

Alexandre de Macédoine, fils de Philippe et d'Olympias, vingt-quatrième descendant d'Achille, après avoir étendu sa domination sur tout l'univers, meurt, léguant et partageant son empire à ses généraux, de manière que cet empire ainsi partagé s'appelle encore l'empire des Macédoniens. Peu de temps après, Séleucus, qui règne à Babylone, ravit les états de tous ses copartageans. Il soumet les Parthes par la force des armes, triomphe qui lui vaut le nom de Nicanor. Séleucus, ayant régné trente-et-un ans, laisse la couronne à son fils Antiochus, surnommé Soter, qui règne dix-neuf ans. Antiochus dit Théus lui succède ; mais, la dixième année de son règne, les Parthes secouent le joug des Macédoniens, et par suite, la couronne advient au brave Arsace, de la race d'Abraham, de la lignée céturienne, en accomplissement de la parole du seigneur Abraham : « De toi sortiront les rois des nations. »

II.

Règne d'Arsace et de ses enfans. — Guerre des Macédoniens. — Amitié avec les Romains.

Comme nous l'avons dit, soixante ans après la mort d'Alexandre, on voit régner sur les Parthes le brave Arsace, dans la ville appelée Balh Aravad, dans le Chusistan. Ses armes victorieuses lui livrent tout l'Orient ; il chasse de Babylone la puissance des Macédoniens ; il sait que les Romains sont maîtres de l'Occident et de la mer ; qu'ils ont enlevé aux Espagnols les mines d'où l'on tire l'or et l'argent ; il fait tributaires les Chaldéens et l'Asie ; il envoie des ambassadeurs, et demande un traité d'alliance qui refuse tout secours aux Macédoniens. Pour cela il ne paie pas tribut ; il donne chaque année cent talens à titre de présent.

Arsace règne trente-et-un ans ; son fils Ardaces vingt-six ; puis vient le fils d'Ardaces, Arsace, surnommé le Grand. Ce dernier fait la guerre à Démétrius et à Antigone, fils de Démétrius. Antigone, venu pour attaquer Arsace à Babylone, à la tête d'une armée macédonienne, fait prisonnier, est conduit aussitôt chez les Parthes, chargé de fers, d'où lui vient le surnom de Siripides. Mais son frère Antiochus, de Sida, averti de la marche d'Arsace, s'empare de l'Assyrie. Arsace revient contre lui avec cent vingt mille soldats. Antiochus, pressé par les rigueurs de l'hiver, surpris dans des défilés, obligé d'accepter le combat, périt avec toutes ses troupes. Alors Arsace commande en maître dans la troisième partie du monde, comme nous l'apprend le quatrième livre des histoires positives d'Hérodote, qui traitent de la division de l'univers en trois parties, savoir : l'une appelée Europe, l'autre Lybie, la troisième Asie, sur laquelle règne Arsace.

III.

Arsace établit Valarsace roi d'Arménie.

Sur ces entrefaites, Arsace établit son frère Valarsace roi de notre pays, lui donnant pour états le nord et l'occident. Valarsace, comme nous l'avons dit dans notre premier livre, prince aussi vaillant que sage, étend bientôt son empire, organise, aussi bien que possible, un système d'institutions civiles, crée des satrapies, choisit pour chefs dynastiques de ces satrapies des hommes recommandables, issus de la race de notre ancêtre Hayg et des autres patriarches.

Les Macédoniens domptés, la guerre terminée, le Parthe généreux commence le cours de ses bienfaits. D'abord, il songe à récompenser les services d'un guerrier aussi valeureux que sage, du Juif Champa Pacarad ; il lui confère, à lui et à sa race, le privilége de poser la couronne sur la tête des Arsacides. Il accorde à sa race le droit de s'appeler Pacradouni, satrapie considérable encore aujourd'hui en Arménie. Ce Pacarad s'était dévoué volontairement au service de Valarsace, avant la guerre d'Arsace contre les Macédoniens, et était dignitaire de la Porte. Il est fait gouverneur d'une province frontière à l'occident, avec onze mille hommes sous ses ordres.

Mais revenons sur nos pas, et parlons des guerres et des victoires de Valarsace contre les habitans du Pont, contre les Phrygiens.

IV.

Valarsace, à la tête de l'élite des Arméniens, marche contre les alliés des Macédoniens.

Après la guerre d'Arsace contre les Macédoniens, après la conquête de Babylone, de l'Assyrie orientale et occidentale, Valarsace lève dans l'Aderbaidjan et l'Arménie centrale de nombreux guerriers, tous renommés et intrépides. Sous ses drapeaux sont rangés Pacarad et ses braves, la jeunesse du littoral, les descendans de Gélam, des Chananéens, de Chara, de Chouchar, de Sissag, de Gatmos, avec leurs alliés, enfin près de la moitié du pays. Valarsace arrive en un lieu au-dessus des sources d'un grand marais, sur les bords de l'Araxe, près de la colline d'Armavir. Là il s'arrête bien des jours, comme il faut le dire, car ses troupes ne savaient pas la manœuvre.

Après avoir levé des troupes dans tout le pays, il marche sur la Khakhdie, car Luzig, le Pont, la Phrygie, Majag et autres provinces, qui ne savent rien de la guerre d'Arsace, sont restés soumis à la domination des Macédoniens, d'après la foi des traités. En conséquence de cette fidélité, un certain Morphylig, soulevant ces contrées, marche contre Valarsace. Les deux partis se rencontrent près d'une colline au sommet calcaire, appelée aujourd'hui Gorhonia, et, s'approchant l'un de l'autre jusqu'à la distance d'un stade, ils mettent plusieurs jours à se fortifier des deux côtés.

V.

Combat de Morphylig. — Il meurt d'un coup de lance qui perce sa cuirasse.

Après plusieurs jours passés à se fortifier des deux côtés, le combat présenté par nous va s'engager. Morphylig, bon gré malgré, range son armée et déjà se précipite avec impétuosité, car c'était un guerrier magnanime, de haute stature, aux membres vigoureux et bien proportionnés, tout couvert de fer et d'airain. Morphylig et ses braves soldats, quoique en petit nombre, font mordre la poussière aux plus valeureux guerriers de Valarsace. Le chef ennemi s'efforce de pénétrer près du roi d'Arménie, au milieu d'un fort bataillon de soldats bien armés; il pénètre, il parvient à brandir sa longue et redoutable lance, qui fend l'air comme l'aile effilée des oiseaux. Mais les généreux et braves enfans d'Hayg et de Sennéchérim l'Assyrien ne tardent pas à accourir. D'un coup de lance ils abattent le fier Morphylig, et mettent ses troupes en fuite. Des flots de sang arrosent la terre, semblables à des torrens de pluie. A cet événement succède la paix et la tranquillité dans le pays, désormais soumis à Valarsace; toute attaque cesse de la part des Macédoniens.

VI.

Valarsace organise l'occident et le nord de notre pays.

L'expédition terminée, Valarsace organise les contrées de Majag, du Pont, d'Egée; puis il s'en va au pied du Parhhar, dans le Dayk, en des lieux humides, pleins de brouillards, couverts de sapins et de mousse; il donne au pays une forme toute nouvelle; il aplanit les terrains montagneux; il change la brûlante chaleur en une température modérée, et parvient à faire de cette contrée l'ornement de son royaume; dans l'été il trouvera de frais ombrages quand il ira au nord. Il transforme en parcs deux plaines boisées, à la suite des montagnes, pour le plaisir de la chasse. Le climat chaud de Gorha sert aux plants de vignes et aux vergers; mon amitié pour un si grand prince m'engage à décrire les moindres particularités. Je n'ai fait qu'indiquer les lieux sans trop m'attacher à la vérité et aux formes du style, tant sont forts et indissolubles les liens de mon amour pour le merveilleux!

Puis Valarsace convoque le peuple grossier et sauvage de ces contrées, et celui qui se trouve au nord, et celui qui est au pied de la grande montagne du Caucase, et celui qui habite dans les vallées et les bas-fonds, depuis la montagne qui contourne le sud, jusqu'à l'entrée d'une grande plaine; Valarsace ordonne à cette multitude de renoncer à ses brigandages, à ses ruses, et de se soumettre aux lois et aux tributs qui lui sont imposés, afin que lorsqu'il viendra la revoir, il puisse lui donner des chefs, des princes et une sage organisation; il renvoie ce peuple sous la conduite d'inspecteurs de son choix et congédie ainsi les hommes de l'occident, puis il descend dans les prairies, près des possessions de Chara, que les anciens appelaient Pasénie supérieure et déboisée. Dans la suite, à cause de la colonie fondée à Vrhentour de Bulgarie, par Vount, qui s'établit lui-même dans ces contrées, le pays fut appelé Vanant, et les établissemens ont conservé le nom de ses frères et des descendans de Vount.

Valarsace, pour se soustraire au vent glacial du nord, se retire dans une grande plaine; là, au bord d'un grand marais, il campe à l'endroit où le grand fleuve, partant du lac nord, descend se mêler au grand marais; Valarsace organise les milices du pays, laisse des inspecteurs, et s'en va à Ninive, suivi de tous les notables.

VII.

Organisation du royaume. — Création multipliée de satrapies. — D'où sont-elles tirées? — Comment s'opère et quel est le système d'institutions de Valarsace?

Voici un grand chapitre, tout rempli de vérités historiques, dignes d'une sérieuse attention, de nombreux développemens; car il y a beaucoup à dire sur les institutions, les règlemens, les maisons, les races, les villes, les bâtimens, les établissemens, tout le système constitutif du royaume, tout ce qui se rapporte au royaume, les capitaines, les gouverneurs de provinces et autres officiers de ce genre.

Le premier soin de Valarsace est de régler ce qui regarde sa personne royale, et d'organiser sa maison; il commence par sa tête et par sa couronne; voulant récompenser le Juif Pacarad pour son ancien dévoûment, sa fidélité et sa valeur, il lui confère, comme nous l'avons dit, à lui et à sa race, le titre de prince et seigneur, et le privilége de mettre la couronne sur la tête du roi et de s'appeler Tacathir (qui pose la couronne) et chevalier, de porter un bandeau à trois rangs de petites perles, sans or ni pierreries, pour aller à la porte et dans le palais du roi.

Valarsace choisit parmi les descendans des Chananéens les officiers chargés de lui mettre ses gants; il donne à leur race le nom de Kentouni (gantier); il tire ses gardes-du-corps, ses gens d'armes, de la race de Hhor, descendant de Hayg. Ce sont des guerriers d'élite, habiles à manier la lance et l'épée; ils ont pour chef Marhhatz et conservent leur nom de race primitive. Thad, de la race de Carnig, sorti de Gélam, est préposé à la vénerie royale; son fils, appelé Varj, donne son nom à sa postérité; mais ce n'est que postérieurement et du temps d'Ardaces que Caparh a l'inspection des greniers, et Abel est nommé chambellan, valet de chambre. Valarsace leur donne des établissemens qui prennent leur nom, et c'est là les races abéliennes et caparhiennes.

Je sais bien que le mot Ardzrouni n'est pas correct, il faudrait Ardzivouni, ceux qui portaient des aigles devant Valarsace. Je laisse de côté toutes les fables publiées à Hatamaguerd. Un enfant était endormi à la pluie et au soleil, un oiseau couvre de ses ailes les membres défaillans de cet enfant. Je sais que le mot Kennouni, vient des mots (kin, vin), (ouni, il a), pour signifier celui qui prépare à boire au roi. Voici une anecdote curieuse relativement à cette fonction de sommelier, devenue l'origine du mot Kennouni. Celui qui choisissait parmi les vins les plus savoureux et les meilleurs, ceux destinés au roi, avait pour nom Kin; Valarsace, dit-on, ravi des services de son sommelier, l'élève au rang des grandes satrapies; ce sont là les deux maisons sorties de la race de Sennéchérib, les Ardzrouni et les Kennouni.

Je mentionnerai aussi les Sbanthouni (égorgeurs), préposés aux sacrifices, et les Havénouni (les oiseleurs), c'est-à-dire les fauconniers qui habitaient les sapinières. J'ajouterai aussi, si tu ne prends pas tout cela pour des fables, les conservateurs des glaciers et les porte-glaces, tous anoblis avec le temps, comme gens de la maison du roi.

Valarsace forme quatre compagnies de gardes du palais; ces compagnies militaires sont composées des anciennes races des rois successeurs d'Hayg, qui possèdent des villages, des établissemens héréditaires dans leurs familles, depuis un temps immémorial. Je sais que, sous le règne des Perses, il s'éleva des compagnies formées d'autres individus sous le nom d'Osdan. Je ne sais si c'est pour anéantir la première race, par esprit d'opposition à ces races rejetées et proscrites, qu'on forma d'autres compagnies royales, à leur place; les premières descendent bien des premières races de premiers rois, comme encore à présent, en Géorgie, la race appelée Sepdzour. Valarsace fait aussi eunuques des individus descendant des anciens rois et leur donne pour chef un prince dont l'autorité s'étend depuis l'Aderbaïdjan jusqu'à Djavach et Nachavan. Mais comment s'opèrent et où se passent tous ces faits presque oubliés? je ne sais.

VIII.

Second royaume formé en faveur de la race d'Astyage, roi des Mèdes.

Après la formation de la maison du roi, il se forme véritablement un second royaume, en faveur de la race d'Astyage, ancien roi des Mèdes; c'est ce qu'on appelle la dynastie mouratzienne. Le chef de cette dynastie ne s'appelle pas prince des Mouratziens, mais prince des Mèdes. Valarsace laisse à ce prince tous les bâtimens pris sur les Mèdes. Il établit en Orient, sur les limites frontières de l'Arménie, pour gouverneurs, des descendans des deux maisons dynastiques de Sissag et de Gatmos, dont nous avons signalé les noms dans la première partie.

Puis il donne le gouvernement de la grande, célèbre et fertile contrée du nord-est à un homme illustre et supérieur par sa sagesse et son esprit, à Arran; cette contrée est située près d'un grand fleuve qui traverse une grande plaine, et ce fleuve s'appelle Gour, (Kur). Tu sauras que nous avons oublié de mentionner dans le premier livre ces grandes et illustres maisons, cette famille de Sissag, qui possédait l'Afghanie et la partie montagneuse de cette plaine, depuis l'Araxe jusqu'à la forteresse dite Henaraguerd (Antique-ville). Le pays, à cause de la douceur de ses habitans, s'appelle Arhouvank (Afghanie) car on nomme ce pays (Arhou) doux et agréable. De la race de Sissag descend l'illustre et vaillant Arran, fait gouverneur et chef de dix mille hommes, par le Parthe Valarsace. De la race d'Arran sont issues, dit-on, les races dominantes des Oudéatzi, des Carthmanatzi, des Dzovthéatzi, des Carcaratzi.

Couchara, l'un des enfans de Chara, a pour sa part la montagne Metinn, c'est-à-dire Gaukar, la moitié de la contrée de Dchavahh, Gorhp, Dzop, Tzor, jusqu'à la forteresse Henaraguerd (Antique-ville). Quant aux états d'Achotz et de Dachir, Valarsace en investit les enfants de Couchara, descendant d'Hayg. Au revers du Caucase, Valarsace institue le gouvernement de la partie sud, grand et puissant gouvernement dont le titulaire est appelé consul des Coucaratzi; il descendait de Mithridate, satrape de Darius, qu'Alexandre avait pris et laissé pour commander à l'Ibérie captive que soumit Nabuchodonosor; comme le rapporte Abydène, le puissant Nabuchodonosor était encore plus terrible que l'Hercule des Lybiens. On le vit rassembler ses troupes, fondre contre les Ibériens, les défaire, les réduire sous sa puissance, en transplanter une partie à la droite de la mer du Pont en Orient. Dans une grande vallée de la Pasénie, Valarsace crée une satrapie nommée Ouorthouni, en faveur des descendants d'Hayg.

Un homme au visage rébarbatif, à la taille haute mais difforme, au nez camus, à l'œil creux, à l'air féroce, descendant de Baskam, petit-fils de Haygag, appelé Dork, surnommé pour sa laideur le *laid*; cet homme, d'une taille et d'une force colossale, est établi par Valarsace gouverneur de l'occident. La laideur de Dork fait que sa race reçoit le nom de maison laide (Ankerh). Mais, si tu veux, tiens pour mensonges toutes ces assertions sur la laideur, la difformité de Dork, comme tous les dires des Perses qui prétendent que Rosdom Sakdjig avait sur lui l'avantage de cent vingt éléphans, car les chroniques et les ballades raportent sur son compte des prodiges tout-à-fait invraisemblables, touchant sa force et son courage, prodiges qu'on n'attribue ni à Samson, ni à Hercule, ni à Sakdjig; il est dit qu'il arrachait des quartiers de rochers avec ses mains, là même où il n'y avait pas de fente, qu'il les taillait à volonté grands ou petits, les polissait avec ses ongles, en formait des tablettes sur lesquelles il traçait également avec ses ongles des figures d'aigles et autres objets semblables. Voyant un jour les vaisseaux des ennemis arrivés sur le rivage de la mer du Pont, il court sus; mais les vaisseaux avancent de huit stades dans la haute mer et il ne peut les joindre; alors il prend, dit l'historien, des collines en guise de pierres et les lance sur les vaisseaux ennemis. Le déchirement des eaux causé par ces masses fait couler bas grand nombre de vaisseaux et le soulèvement des flots produit par le déchirement des eaux, pousse à plusieurs milles au loin le reste des navires. Oh! que cette fable est extraordinaire, c'est bien la fable des fables. Dork est vraiment un colosse d'une force merveilleuse digne des récits qu'on fait de ce personnage.

Valarsace établit encore la grande satrapie dynastique de Dzop dans la quatrième Arménie, ainsi que les satrapies Abahouni, Manavatzienne, Peznounienne, qu'il tire de la postérité d'Hayg. Il choisit les principaux habitans pour leur confier l'administration des bâtimens et des cantons.

Nous avons oublié le terrible Slak; je ne saurais dire avec certitude s'il descend d'Hayg ou des individus qui se trouvaient établis dans le pays avant son arrivée, et dont parlent les anciennes chroniques. C'était un homme intrépide : Valarsace le laisse avec un petit nombre d'hommes à la garde de la montagne et pour chasser les chamois. Ces hommes furent appelés Serhgouni; Miantag l'invincible reçoit la même destination, c'est de lui que sortent les Mantagouni.

Parmi les enfans de Vahakn, il s'en trouve plusieurs disposés à remplir les fonctions sacrées; Valarsace les comble d'honneurs, en leur confiant le sacerdoce; il constitue leur satrapie qu'il nomme Vahnouni. C'est ainsi que les races arravénienne et zaréhavanienne, issues des premiers rois, sont établies par Valarsace dans les bourgs de leurs noms.

Charachan, de la maison de Sannasar, est créé grand consul et gouverneur de la partie sud-ouest, sur les frontières d'Assyrie, au bord du Tigre, et reçoit de Valarsace le canton d'Artz qui borde le fleuve, le mont Taurus, c'est-à-dire la Sim et tout le Grhessour.

Mogatzi, du même canton, chef d'une foule de brigands, est fait chef d'une satrapie; il en est de même des Gorthouvatzi, des Antzevatzi, de Aguéatzi, issus des mêmes cantons; quant aux Rechdouni et aux Korthouni, j'ai vu rapporté quelque part que c'est vraiment des branches sorties de la race sissaguienne; je ne sais s'ils ont donné leurs noms aux cantons, ou si leurs satrapies ont pris le nom des cantons.

Après toutes ces dispositions, Valarsace bâtit un temple à Armavir où il met les statues du soleil, de la lune, ainsi que les statues de ses ancêtres. Champa Pacarad, Juif de nation, investi de la dignité de chevalier avec le privilége de poser la couronne sur la tête du roi, est invité, pressé même d'abandonner les lois du judaïsme et d'adorer les idoles; sur son refus, le roi Valarsace le laisse libre.

Valarsace fait rebâtir la ville de Sémiramis et construire sur différents points grand nombre d'autres villes abondamment peuplées, de grands établissemens également bien peuplés.

Il établit dans son palais un ordre parfait, règle les heures du lever, des conseils, des festins, des plaisirs; détermine la hiérarchie des dignités militaires, les répartit en première, en deuxième, en troisième classe, ainsi de suite. Deux secrétaires sont chargés de tenir note de tout par écrit, l'un note du bien, et l'autre note des actes punissables; Valarsace veut que le secrétaire chargé de recueillir le bien, rappelle au roi dans les momens où la colère pourrait lui faire donner des ordres injustes, lui rappelle et les droits de la justice et les droits de l'humanité. Il y a des justiciers à la cour, des justiciers dans les villes, des justiciers dans les bourgs; ordre est enjoint aux habitans des villes, de tenir un rang supérieur au rang des habitans des campagnes, et ceux-ci doivent respecter les habitans des villes, comme des supérieurs. Mais les habitans des villes ne doivent pas traiter les habitans des campagnes avec hauteur, mais bien les regarder d'un œil fraternel. Le tout ainsi réglé pour maintenir la bonne harmonie, prévenir les jalousies et produire une vie toute de paix et d'édification, ainsi de suite.

Valarsace, qui a un grand nombre de fils, juge convenable de ne pas les garder tous, près de lui, à Mdzpinn (Nisibe). En conséquence, il les envoie demeurer dans le canton Hachdiank, dans la vallée frontière, hors de Daron, leur abandonnant tous les bâtimens, avec le surcroît des entrées particulières, et des droits royaux attachés au palais. Valarsace garde près de lui son fils aîné, nommé Arsace, comme héritier présomptif, ainsi que le fils de son fils, nommé Ardaces, qu'il aime tendrement. Car c'est vraiment un enfant bien éveillé, bien constitué, qui donne les plus grandes espérances de courage et de sagesse. C'est dès lors une loi bien établie chez les Arsagouni de ne laisser près du roi et comme agrégé et successeur au trône qu'un seul fils, et d'envoyer ses autres fils et filles au canton d'Achdiank, héritage de leur race.

Valarsace, tous ces hauts faits et ces belles dispositions accomplies, meurt à Nisibe, après avoir régné vingt-deux ans.

IX.

De notre Arsace. — Ses faits et gestes.

Arsace, fils de Valarsace, règne trente ans en Arménie. Jaloux de suivre les traces des vertus paternelles, il fonde les plus sages institutions, fait la guerre aux habitans du Pont, et laisse sur les bords de la mer une marque de sa victoire. Il prend sa lance encore teinte du sang des reptiles, et la lançant d'un bras vigoureux, quoique étant à pied, il l'enfonce profondément dans une meule de moulin qu'il fait placer au bord de la mer. Cette pierre-meule reste longtemps un objet de culte pour les habitans du Pont qui la regardent comme une œuvre des dieux. Mais dans une incursion d'Arsace contre les habitans du Pont, elle est, dit-on, jetée dans la mer.

A cette époque surviennent de grands troubles dans la grande montagne du Caucase, au pays de Boutzara, et grand nombre d'habitans, quittant leurs foyers, viennent se réfugier dans notre pays et restent long-temps fixés au-dessous de Gorha, sur des terres très fertiles et très abondantes en blé.

Les enfans de Pacarad sont en butte aux persécutions d'Arsace qui veut les forcer à adorer les idoles. Deux d'entre eux périssent même vaillamment martyrs de la foi de leurs pères. Je puis dire qu'ils ont imité l'exemple des Ananyas et des Eléazar. Les autres enfans de Pacarad consentent seulement à monter à cheval le vendredi pour aller à la chasse et à la guerre, et à laisser leurs enfans à naître incirconcis. Défense est faite, par Arsace, dans toutes les satrapies, de leur donner des femmes en mariage, s'ils ne s'engagent par serment à abandonner la circoncision. Ils ne se soumettent que sur ces deux points, mais ils refusent d'adorer les idoles.

Ici se termine le récit du vieux et respectable Marabas Gadina.

X.

D'où sont tirés les documens de cette histoire après le livre de Marabas Gadina ?

Nous commencerons le récit des événemens d'après l'autorité d'Africain le chronologiste, dont le témoignage est confirmé par Joseph, Hippolyte et beaucoup d'autres auteurs grecs. Il a extrait des cartulaires et des archives d'Edesse, c'est-à-dire Ourrha, tout ce qui est relatif à l'histoire de nos rois. Ces livres proviennent de Nisibe, de Sinope du Pont, des histoires sacrées; que personne ne révoque en doute cette assertion, car nous avons vu nous-mêmes de nos propres yeux ces archives. Ajoutez encore le témoignage des livres ecclésiastiques d'Eusèbe de Césarée, que le bienheureux docteur Machdotz fit traduire en arménien; cherchez à Kerhacouni, au canton de Sunik, et vous trouverez, premier chapitre, n° 13, l'assurance que les archives d'Edesse contiennent l'histoire de tous les faits et gestes de nos derniers rois jusqu'à Abgar, et après Abgar jusqu'à Erouant; documens qui, je pense, se trouvent encore conservés dans cette ville.

XI.

De notre premier Ardaces. — Il s'empare du trône.

Ardaces monte sur le trône d'Arménie au lieu d'Arsace, son père, la vingt-quatrième année du règne d'Arsagan, roi des Perses. Vû l'agrandissement de sa fortune, il ne veut plus du deuxième trône, il veut le premier rang. Arsagan consent à ses désirs, et lui cède la suprématie royale. Ardaces est un guerrier superbe, ami des combats, il se bâtit un palais en Perse et fait frapper monnaie à son effigie, il tient Arsagan, roi des Perses, sous sa puissance, ainsi que Tigrane, son fils, roi d'Arménie.

Ardaces confie l'éducation de Tigrane, son fils, à un jeune homme nommé Varaj, fils de Thad, de la race de Carnig, issu lui-même de la race de Gélam. Varaj est un jeune homme célèbre par son adresse et sa force au tir de l'arc; créé intendant des chasses royales, Varaj reçoit encore des établissemens près du fleuve Hrasthan, son nom se communique à sa race qui s'appelle Varajnouni. Il donne sa fille

Ardacham en mariage à Mithridate, grand consul de Géorgie, issu de la race de Mithridate, satrape de Darius, qu'Alexandre plaça à la tête de l'Ibérie vaincue, comme nous l'avons rapporté plus haut. Il lui confie le gouvernement des montagnes et de la mer du Pont.

XII.

Ardaces s'en va en Orient, fait Crésus prisonnier, donne à l'Arménie les idoles qu'il a pillées en Asie.

Ardaces lève quantité de troupes en orient, quantité au nord, au point qu'il était impossible d'en savoir le nombre, mais un monceau de pierres formé et grossi d'une pierre par chaque homme aux lieux de passage et de halte, doit indiquer la multitude. Ardace va à l'Occident; il fait prisonnier Crésus, roi des Lydiens.

Il trouve en Asie la statue de bronze doré d'Artémide, d'Héraclée et d'Apollon, qu'il fait transporter en notre pays pour les ériger à Armavir. Les pontifes, qui sont de la race Vahouni, élèvent bien à Armavir les statues d'Artémide et d'Apollon; quant à la statue virile d'Héraclée, faite par Schytias et Dipénas de Crète, la prenant pour leur ancêtre Vahakn, ils l'élèvent en la contrée de Daron, dans leur propre village Achdichad, après la mort d'Ardaces.

Mais Ardaces, après avoir soumis le continent situé entre les deux grandes mers, remplit l'Océan de la multitude de ses voiles, pour asservir tout l'occident; car l'état de troubles et d'agitations où est Rome fait que personne n'oppose une vive résistance aux projets d'Ardaces. Je ne saurais dire quelle funeste cause amène parmi les troupes l'horrible et dévorante discorde, et les porte à s'entre-déchirer elles-mêmes. Ardaces fuit et meurt, dit-on, de la main de ses propres soldats, après avoir régné vingt-cinq ans.

Ardaces avait pris en Grèce les statues de Jupiter, d'Artémide, thènas (Minerve), d'Epheste, d'Aphrodite, et les avait fait transd'Aporter en Arménie. Ces statues ne sont pas encore arrivées dans l'intérieur du pays, que déjà la nouvelle de la mort d'Ardaces se répand. On fuit, on jette ces statues dans le fort d'Ani, mais les prêtres s'attachent à ces idoles et restent près d'elles.

XIII.

Preuves des grandes conquêtes d'Ardaces. — De la captivité de Crésus, tirée des autres historiens.

Ces faits sont rapportés par les historiens grecs, je ne dis pas par un seul ou deux historiens, mais bien par un grand nombre. Cependant, doutant encore de la vérité, nous nous sommes livrés à beaucoup de recherches ; car nous avions appris de quelques histoires que Cyrus avait fait périr Crésus, et s'était emparé du royaume de Lydie ; on rapporte aussi les hauts faits de Crésus, de Nectanebe. Ce Nectanebe est le dernier roi d'Egypte, selon Manéthon, et serait, au dire de plusieurs, le père d'Alexandre. Nous voyons que l'époque de Crésus se trouve deux cents ans avant l'époque de Nectanebe, et l'époque de Nectanebe plus de deux cents ans avant Ardaces, premier roi d'Arménie.

Mais, puisque plusieurs écrivains disent que notre Ardaces prit Crésus, je veux bien le croire. Polycrate s'exprime ainsi : Ardaces, le Parthe, ce léopard plus fort qu'Alexandre de Macédoine, sans sortir de son pays, impose des lois à Thèbes et à Babylone ; sans passer le fleuve Alys, il taille en pièces les troupes lydiennes, et prend Crésus ; avant même d'arriver en Asie, son nom est connu, publié dans l'Attique. Malheur à sa destinée, si du moins il était mort sur le trône, et non en état de déroute.

Evacarus parle dans le même sens. La guerre d'Alexandre et de Darius est peu de chose, comparée aux guerres d'Ardaces, car la poussière que soulevaient les armées d'Alexandre et de Darius obscurcissait quelquefois la clarté du jour, mais Ardaces cache entièrement le soleil par la multitude de ses flèches qui parcourent les airs, et produisent les ténèbres. Par l'œuvre de ses mains, il fait la nuit au milieu du jour. Il dérobe aux Lydiens la nouvelle de sa fuite, fait jeter leur roi dans un poêle. Les torrens ne grossissant pas les fleuves dont les eaux resserrées par le froid de l'hiver diminuent dans leur cours, Ardaces s'écrie qu'elles ne peuvent suffire à la multitude de ses troupes, mais réellement la mesure des eaux se trouve bien au-dessus du nombre de ses gens. Loin de se glorifier de ce stratagème, Ardaces pleure, en disant : « Malheur ! malheur, ma gloire est passée. »

Gamadrus s'exprime ainsi : Les fiers Lydiens se trompent, lorsque l'oracle de Pythe répond à Crésus : « Crésus, en passant le fleuve Alys, brisera sa puissance. » Ce prince pense briser la puissance des étrangers, et il se brise lui-même ; fait captif par le Parthe Ardaces, il est jeté dans une poêle de fer. Alors Crésus, se rappelant les paroles de Solon, l'Athénien, dit en sa langue : « O Solon, Solon, tu avais bien raison de ne pas vouloir proclamer le bonheur d'un homme jusqu'au moment de sa fin. » La voix du prince infortuné est entendue des plus proches spectateurs, qui disent à Ardaces : « Il invoque quelque nouveau dieu. » Ardaces, touché de compassion, se fait amener le captif, l'ayant interrogé, et ayant appris ce que signifiaient ces cris, Ardaces arrête l'exécution de Crésus.

Phléton écrit ainsi : « Le Parthe Ardaces, le plus puissant de tous les rois, non-seulement défait les Lydiens, enchaîne Crésus, mais encore, dans l'Hellespont, dans la Thrace, il change la nature des élémens ; sur terre il marche à pleines voiles, sur mer il marche à pied sec. Il menace la Thessalie, et son nom remplit la Grèce d'étonnement ; il défait les Lacédémoniens, met en fuite les Phocéens ; les Locriens se donnent à lui, les Béotiens font partie de ses peuples ; la Grèce en général tremble devant lui, et peu après tous les malheurs surpassent pour lui tous les malheurs. Cyrus n'est pas aussi malheureux en combattant contre les Massagètes ; Darius chez les Scythes, Cambyse, chez les Éthiopiens, n'éprouvent pas tant d'infortune ; Xerxès, le Perse, dans son expédition en Grèce, forcé d'abandonner ses trésors, ses tentes, échappe au moins sain et sauf ; mais lui, Ardaces, si fier de ses grandes victoires, est assassiné de la main de ses soldats.

Cette histoire me paraît digne de croyance. Le Crésus qui, diton, vivait sous Cyrus ou Nectanebe, est un personnage imaginaire, ou bien, il y aurait plusieurs rois connus sous le même nom, comme c'est assez la coutume.

XIV.

Règne de Tigrane II. — Résistance des troupes grecques. — Construction du temple. — Fondation d'Archavan en Palestine.

A Ardaces Ier succède sur le trône Tigrane, son fils, la dix-neuvième année du règne d'Archanag, roi des Perses. Tigrane, à la tête des troupes arméniennes, marche contre l'armée des Grecs, qui, après la mort d'Ardaces, père de Tigrane, et la dispersion de ses troupes, s'étaient avancés jusqu'en notre pays. Tigrane vient s'opposer à leurs incursions, qu'il parvient enfin à arrêter ; remettant alors à son beau-frère Mithridate le gouvernement de Majag et des provinces méditerranées, avec un nombreux corps de troupes, il retourne en notre pays.

Son premier soin est de bâtir un temple, mais les prêtres venus de Grèce, craignant de se voir relégués au fond de l'Arménie, supposent à leurs idoles le désir de se fixer en ces lieux. Tigrane, accédant à ces vœux, érige la statue de Jupiter Olympique dans la forteresse d'Ani, la statue d'Athenas, à Til ; la statue d'Artémide, à Jériza, et celle d'Epheste, à Pakaiarrindch. Quant à la statue d'Aphrodite, comme amoureuse d'Hercule, il la fait placer près de la statue d'Hercule, à Achdik. Irrité contre les Vahouni, qui de leur propre domaine avaient érigé la statue d'Héraclée envoyée par son père, il les dégrade du sacerdoce, et confisque au profit de la couronne le village où ils avaient érigé la statue.

Le temple construit, et devant ce temple, les idoles posées, le roi veut que tous les satrapes viennent offrir des sacrifices et le tribut de leurs adorations : la famille Pacradouni s'y refuse ; un de ses membres, nommé Assouth, a la tête coupée pour avoir méprisé les divinités. Il est le seul persécuté, car les autres consentent à manger de la viande des victimes, et de la chair de porc, quoiqu'ils ne veulent ni sacrifier ni adorer les idoles. Ardaces, en punition de leur résistance, leur ôte le commandement militaire, seulement il leur laisse la chevalerie et le droit de mettre la couronne sur la tête des rois. Tigrane descend en Mésopotamie, il y trouve la statue de Barchamin, faite d'ivoire, de cristal et d'argent; il l'emporte, et la fait ériger au village Torthan.

Aussitôt Ardaces marche en Palestine sur Ptolémaïde, pour demander à Cléopâtre vengeance des injures faites par Denis son fils à Tigrane, père d'Ardaces, il fait un grand nombre de Juifs prisonniers, investit la ville de Ptolémaïde. La reine des Juifs, Alexandra, c'est-à-dire Messaline, femme d'Alexandre, fils de Jean, fils de Simon, frère de Juda Machabée, alors roi des Juifs, parvient à force de trésors à faire lever le siège à Ardaces, car ce prince apprend qu'un brigand nommé Vaigoun désole l'Arménie, et s'est emparé d'une montagne forte, qui a pris le nom du brigand, et s'appelle à présent Vaigouni.

XV.

Arrivée chez nous de Pompée, général romain. — Prise de Majac. — Mort de Mithridate.

En ce temps-là, Pompée, général des Romains, arrive à la tête d'une armée considérable sur les terres méditerranées, envoie Scaurus, son lieutenant, livrer combat à Tigrane. Ce prince n'y est plus, car il est retourné dans ses états pour marcher contre le brigand. Scaurus passe par Damas, trouve cette ville au pouvoir de Métellus et de Lucullus. Après les avoir chassés, il se hâte d'ariver en Judée, et de fondre sur Aristobule avec le secours de son frère Hircanus, grand prêtre, fils d'Alexandre.

Pompée, dans sa guerre contre Mithridate, trouve la plus vigoureuse résistance, les combats les plus acharnés, enfin les plus grands périls. Cependant le nombre l'emporte, et Mithridate est jeté fugitif dans les contrées du Pont. Pompée, vainqueur par l'effet d'un bonheur inespéré, fait captif Mithridate, fils de Mithridate, prend Majac, y met garnison. Au lieu de poursuivre le vaincu, il se hâte d'arriver en Judée par l'Assyrie, mais il fait empoisonner Mithridate par le père de Ponce-Pilate ; c'est ce que confirme Joseph, lorsque, parlant d'Abersam, il dit : « Pompée, près de Jéricho, reçoit l'heureuse nouvelle de la mort de Mithridate. »

XVI.

Tigrane fond sur l'armée des Romains, fuite de Gabianus, délivrance du jeune Mithridate.

Le roi d'Arménie Tigrane, après avoir établi et fixé les Juifs captifs à Armavir et au bourg Varthkes, situé sur le fleuve Kassarh, après avoir exterminé les brigands de la montagne, payé à la mémoire de Mithridate un juste tribut de regrets, marche en Assyrie contre l'armée des Romains, pour en tirer vengeance. Contre Tigrane, s'avance Gabianus, général romain, que Pompée avait laissé à sa place, pour retourner à Rome. Gabianus, qui ne peut résister à Tigrane, retourne par l'Euphrate en Egypte, où l'appelle la cause de Ptolémée. Dans une entrevue secrète avec Tigrane, Gabianus lui rend son neveu, le jeune Mithridate, pris autrefois par Pompée, à Majac, et répand le bruit de l'évasion du prisonnier.

XVII.

Combat de Crassus. — Il est défait par Tigrane.

Les Romains, soupçonnant Gabianus, le changent et envoient Crassus à sa place. Le nouveau général, à son arrivée, s'empare de tous les trésors qu'il trouve dans le temple de Dieu, à Jérusalem, et marche contre Tigrane; mais bientôt après avoir passé l'Euphrate, il est défait, avec toutes ses troupes, par le roi d'Arménie, qui, tout chargé des trésors et des dépouilles de Crassus, retourne dans ses états.

XVIII.

Cassius vient résister à Tigrane. — Révolte de Mithridate. — Fondation de Césarée.

Les Romains, indignés de leurs défaites, envoient Cassius, avec des troupes innombrables. Ce général, à peine arrivé, oppose une vigoureuse résistance et ne laisse pas à l'armée arménienne le pouvoir de passer l'Euphrate et de faire incursion sur les terres d'Assyrie.

Vers ce temps, Tigrane, qui se méfie du jeune Mithridate qu'il ne croit pas être le fils de sa sœur, non seulement ne lui donne aucune part de souveraineté, mais même lui refuse ses propres états de Géorgie. Mithridate, accablé des mépris de son oncle Tigrane, se révolte et se retire près de César, qui lui confère la principauté de la ville de Perga, et l'envoie au secours d'Antipater, père d'Hérode. Mithridate fonde la vaste et belle ville de Majac qu'il nomme Césarée, en l'honneur de César. Dans la suite, cette ville échappe à la domination de l'Arménie.

XIX.

Alliance de Tigrane et d'Ardaces. — Incursion en Palestine. — Captivité du grand prêtre Hircanus, et d'une multitude de Juifs.

Tous ces faits étaient accomplis, lorsque Tigrane, tombé malade, recherche l'amitié d'Ardaces, roi des Perses, dont l'orgueil de son père avait dépouillé les états du titre de premier royaume. Tigrane, de sa propre volonté, reprenant le second rang, restitue le premier à Ardaces; fait amitié avec ce prince, qui lui donne des troupes auxiliaires; alors Tigrane choisit Barzaphran, chef de la satrapie des Rechdouni, pour général des troupes arméniennes et persanes, l'envoie contre les Romains, avec ordre de traiter avec les habitans de l'Assyrie et de la Palestine. Au devant de Barzaphran, se présente un certain Bagaros, dont le père est roi d'Assyrie, et qui lui-même est parent d'Antigone, prince des Arisdapourhi; il vient près de Barzaphran, chef des Rechdouni, général des Arméniens et des Perses, lui promettre cinq cents femmes d'une grande beauté, et 1,000 talens d'or, s'il consent à lui prêter son appui pour renverser Hircanus du trône de Judée, et y placer Antigone.

Hircanus, grand-prêtre et roi des Juifs, Phasaël, frère d'Hérode, voyant que Barzaphran, après avoir mis en fuite l'armée des Romains, en avoir précipité une partie dans la mer et refoulé l'autre dans les villes, parcourt en tranquille vainqueur tout le pays, s'en vont ensemble parler de paix à Barzaphran. Ce général envoie aussitôt Knel, sommelier du roi d'Arménie, de la famille Knouni, à Jérusalem, avec de la cavalerie, comme pour traiter de la paix, mais en réalité pour secourir secrètement Antigone. Hircanus ne veut pas recevoir le sommelier du roi, avec toutes ses troupes, à Jérusalem, mais seulement avec cinq cents hommes de cavalerie; Knel, pour attirer Hircanus dans une embûche, lui conseille d'aller trouver Barzaphran et de s'entendre avec lui au sujet de la désolation du pays; Knel promet même sa médiation. Hircanus demande pour sa sûreté un serment de Barzaphran, et Barzaphran jure par le soleil, par leurs divinités respectives au ciel et sur la terre, par la vie même d'Ardaces et de Tigrane; Hircanus, rassuré par ce serment, laisse Hérode à Jérusalem et s'en va, avec Phasaël, frère aîné d'Hérode, trouver Barzaphran, au bord de la mer, en un village appelé Ekdibon.

Barzaphran, usant de ruse, reçoit avec honneur Hircanus et Phasaël; mais bientôt il disparaît lui-même, laissant l'ordre aux troupes restées là de se saisir des deux étrangers et de les livrer entre les mains d'Antigone. Antigone se jette sur Hircanus et lui coupe une oreille avec les dents, pour empêcher que, si jamais il vient à s'échapper, il ne puisse reprendre les fonctions de grand prêtre; car les lois veulent que les prêtres ne soient mutilés en aucune partie du corps. Phasaël, frère d'Hérode, se frappe lui-même la tête contre une pierre ; un médecin, alors envoyé par Antigone, comme pour soigner le malade, met sur la plaie une substance vénéneuse, qui cause la mort de Phasaël.

Barzaphran ordonne au sommelier du roi d'Arménie de chasser Hérode de Jérusalem. Le sommelier s'efforce d'attirer Hérode hors des murailles ; mais Hérode ne donne pas dans le piége, et n'osant pas non plus rester dans la ville, tant il est effrayé de l'audace envahissante des amis d'Antigone, il s'enfuit secrètement la nuit chez les Iduméens, avec sa maison qu'il dépose dans le fort Massanthan, puis se hâte d'aller à Rome ; mais les troupes arméniennes, avec les secours des défenseurs d'Antigone, entrent dans Jérusalem, sans aucun dommage pour les habitans, et se contentent de prendre les biens d'Hircanus dont la valeur s'élève à plus de 300,000 talens. On fait incursion dans tout le pays ; on pille tous les partisans d'Hircanus ; la ville des Mariciens est prise ; Antigone y est établi roi ; Hircanus, chargé de chaînes, est amené devant Tigrane, avec sa suite captive comme lui. Tigrane donne ordre à Barzaphran de transporter, dans la ville de Sémiramis, les captifs juifs mariciens. Tigrane, trois ans après cet événement, meurt, ayant régné trente-trois ans.

XX.

Autre guerre des Arméniens contre les Romains. — Défaite de Silon et de Bentidius.

Hérode, arrivé à Rome, se présente devant Antoine, César et le sénat ; il expose aux Romains la sincérité de sa conduite ; rétabli roi de Judée par Antoine, il reçoit des Romains un secours de troupes sous les ordres de Bentidius pour combattre contre les Arméniens et exterminer Antigone. Arrivé en Assyrie, il met en fuite l'armée des Arméniens, laisse Silon pour résister aux ennemis près de l'Euphrate, et, après avoir fait périr Bagaros, retourne à Jérusalem contre Antigone ; mais les Arméniens, qui avaient reçu de nouveaux secours des Perses, fondent sur Silon, le rejettent fugitif sur Bentidius et font couler des ruisseaux de sang.

XXI.

Antoine fond lui-même sur les troupes arméniennes, prend Chamchad.

Antoine, furieux, accourt en personne avec toute l'armée romaine. Arrivé à Chamchad, il apprend la mort de Tigrane, s'empare de la ville, et, laissant Sosius au secours d'Hérode pour tenir la campagne à Jérusalem contre Antigone, va prendre ses quartiers d'hiver en Égypte. Poussé par la passion de l'amour, il se hâte d'arriver, il brûle du désir de voir Cléopâtre, reine d'Égypte. Cette Cléopâtre est fille de Ptolémée Denis, petite-fille de Ptolémaïde Cléopâtre, et amante d'Hérode. En conséquence, Antoine recommande vivement à Sosius la cause d'Hérode ; Sosius, après de rudes combats, prend Jérusalem, fait périr Antigone et rétablit Hérode roi de toute la Judée et de la Galilée.

XXII.

Règne d'Ardavazth. — Guerre contre les Romains.

Ardavazth, fils de Tigrane, règne en Arménie. Ce prince établit ses frères et ses sœurs dans les cantons d'Arhiovid et d'Arrpéran, leur concédant une partie des droits royaux perçus sur les bâtimens de ces cantons avec les entrées particulières et les redevances, à l'exemple de ses parens établis dans les contrées d'Achdiank, ce que Ardavazth fait pour augmenter l'éclat de leur rang et élever leur condition royale au-dessus de celle des Archagouni (Arsacides) ; seulement il leur impose l'obligation de ne pas demeurer en Ararat, dans le lieu de la résidence du roi.

Ardavazth ne fait rien autre chose de remarquable, aucune action d'éclat. Tout occupé des plaisirs de la table, toujours dans les marais, dans les roseaux, dans les rocailles, il fait paître les ânes sauvages et les pourceaux. Indifférent à tout ce qui est sagesse, valeur ; indifférent à sa réputation, véritable esclave de son ventre, il va jusqu'à honorer ses déjections ; cependant Ardavazth, méprisé de ses troupes, à cause de son extrême incurie, de son infâme gloutonnerie, et surtout à cause de la perte de la Mésopotamie qu'il s'était laissé enlever par Antoine, Ardavazth, indigné, donne ordre de lever dix mille hommes dans la province de l'Aderbaïdjan, de faire prendre les armes aux habitans du mont Caucase, aux Afghans, aux Géorgiens, puis il marche en Mésopotamie et en chasse les forces des Romains.

XXIII.

Antoine fait Ardavazth prisonnier.

Antoine, furieux de la fureur du lion, sent encore sa rage envenimée par tous les poisons de Cléopâtre, qui gardait en son cœur souvenir des persécutions dont Tigrane avait accablé son aïeule. Antoine se fait l'exterminateur, non-seulement des Arméniens, mais aussi des rois, pour s'emparer de leurs états; il immole les rois et donne leurs dépouilles et leur couronne à Cléopâtre; tout subit la loi du vainqueur, excepté Tyr et Sidon et les pays situés près du fleuve Eleuthère. Antoine, à la tête de ses troupes, s'avance contre Ardavazth, et, traversant la Mésopotamie, taille en pièces l'innombrable armée des Arméniens, fait leur roi captif, retourne en Égypte offrir à Cléopâtre Ardavazth, le fils de Tigrane, avec quantité de richesses prises sur l'ennemi.

XXIV.

Règne d'Archam. — Pour la première fois l'Arménie se voit en partie tributaire des Romains. — Délivrance d'Hircanus. — Péril où se trouve pour lui la race des Pacradouni.

La vingtième année et vers la fin du règne d'Archez, les troupes arméniennes, rassemblées par ses ordres, se donnent pour roi Archam, fils d'Ardaces, frère de Tigrane, père d'Abgar. Quelques Assyriens l'appellent Manov, selon l'usage commun d'avoir deux noms, comme Hérode Agrippa, comme Titus Antonin, ou Titus Justus. Mais, vu que cette année même arrive la mort d'Ardaces, qui laisse la couronne de Perse à son fils Archavir, encore enfant au berceau, personne ne soutient Archam contre les Romains. Archam se voit donc forcé de traiter de la paix avec ses ennemis et de payer tribut pour les contrées de Mésopotamie et de Césarée entre les mains d'Hérode. C'est là le commencement de la soumission partielle des Arméniens au tribut des Romains.

Vers le même temps, Archam entre en fureur contre Enanus, chevalier jouissant du privilége de poser la couronne sur la tête des rois. Enanus avait délivré Hircanus, grand-prêtre des Juifs, fait autrefois captif par Barzaphran Rechdouní, sous le règne de Tigrane. Enanus s'excuse près du roi, en disant : « Hircanus m'a promis 100 talens pour le prix de sa délivrance, et, si je les reçois, comme je l'espère, j'en fais hommage à ta majesté. » En conséquence, Archam fixe un terme à Enanus; celui-ci dépêche un de ses frères en Judée, vers Hircanus, appelé Sénékias, pour lui demander le prix de sa rançon; mais, à l'arrivée de l'envoyé d'Enanus, Hérode venait de faire périr Hircanus, pour prévenir toute ruse, toute entreprise de sa part contre le trône de Judée. Le terme fixé par Archam est échu, Enanus ne peut donner l'argent, prix de la délivrance d'Hircanus; Archam, irrité contre lui, le dégrade de ses honneurs et le fait jeter en prison.

Sur ces entrefaites, Zora, chef de la race des Kentouńi, vient porter accusation près du roi contre le malheureux Enanus. « O roi, « dit Zora, « apprends, que Enanus a voulu se révolter contre toi; il m'a proposé de demander à Hérode, roi de Judée, un serment par lequel il s'engagerait à nous recevoir dans notre propre pays, dans le pays de nos ancêtres, parce que nous avions beaucoup à souffrir dans celui-ci, et moi, repoussant les propositions d'Hircanus, je lui dis : « Pourquoi nous laisser tromper par d'antiques traditions, « surprendre par des fables, en croyant que nous sommes originaires « de la Palestine. » Enanus, qui ne voit plus rien à espérer de moi, envoye, pour négocier, le grand-prêtre Hircanus, vers Hérode; mais Hérode détruit toutes ses espérances. Enanus n'abandonne pas pour cela ses projets de félonie, à moins que tu ne te hâtes, ô roi, de le prévenir. » Archam, ajoutant foi à ces paroles délatrices, ordonne d'épuiser tous les tourmens sur la personne d'Enanus. Le but de cette persécution est de le forcer d'abandonner entièrement les lois du judaïsme, d'adorer le soleil, de rendre hommage aux dieux du roi; à ces conditions, le roi doit lui rendre sa première dignité, mais faute de se soumettre, Enanus doit être pendu au poteau, et sa race exterminée. On exécute même devant lui un de ses parens nommés Saria ; ses fils, Saphadia et Azaria, sont amenés sur le lieu du supplice. Enanus, alors ébranlé par la crainte de voir périr ses enfans, ébranlé par les larmes et les supplications de ses femmes, consent, avec toute sa famille, aux volontés du roi, et son premier rang lui est rendu. Cependant, le roi, qui n'a pas en lui une entière confiance, l'envoie en Arménie, et lui confie l'administration du pays, seulement afin de l'éloigner de la Mésopotamie.

XXV.

Différend entre Hérode et Archam. — Soumission forcée d'Archam.

Après ces événemens, un différend s'élève entre Hérode, roi de Judée, et notre Archam. Hérode, après avoir souvent signalé son courage, veut aussi signaler sa bonne administration, en élevant grand nombre de constructions et d'établissemens dans beaucoup de villes, depuis Rome jusqu'à Damas. Il demande à Archam quantité d'ouvriers sans état, pour faire aplanir les places et les voies publiques d'Antioche, en Syrie, impraticables jusqu'alors, en comblant les creux avec des décombres. Archam, loin de consentir à la demande d'Hérode, rassemble ses troupes pour lui résister à force ouverte; il envoie même des députés à Rome, vers César, pour le prier de ne point le soumettre à la domination d'Hérode; mais César, non-seulement n'affranchit pas Archam de la domination d'Hérode, il confie encore au roi de Judée le gouvernement de toutes les terres méditerranées.

En ce même temps, Hérode, fait roi des provinces méditerranées, relevant de son autorité, le beau-père d'Alexandre, son fils, issu par son père Timon, et sa mère, du royaume des Mèdes, de la race de Darius, fils d'Histaspe, il prend à son service dix légions de Galates et d'habitans du Pont; Archam, alors, se prosterne devant Hérode comme devant le seigneur de toutes choses, et lui donne les ouvriers qu'il demande. Hérode les emploie à remplir les voies publiques d'Antioche, la longueur de vingt stades, puis à les paver en marbre blanc, afin que les torrens, mieux réglés dans leurs cours sur ces dalles, ne causent aucun dégât à la ville. Archam meurt après avoir gouverné vingt ans.

XXVI.

Règne d'Abgar. — L'Arménie est entièrement soumise au tribut des Romains. — Guerre avec les troupes d'Hérode. — Son neveu Joseph est tué.

Abgar, fils d'Archam, monte sur le trône la vingtième année d'Archavir, roi des Perses. Cet Abgar était appelé Avakaïr, seigneur, à cause de sa grande mansuétude et de son extrême sagesse, qui avait devancé les années. Faute de pouvoir bien prononcer, les Grecs et les Assyriens l'appelaient Abgar. La deuxième année de son règne, toutes les contrées de l'Arménie sont assujetties au joug des Romains. Ordre est donné par l'empereur Auguste, comme il est dit dans l'évangile de saint Luc, de faire un dénombrement général. En conséquence, des commissaires romains envoyés en Arménie y apportent la statue de l'empereur Auguste, et l'érigent dans tous les temples. En ce même temps, vient dans le monde notre sauveur Jésus-Christ, fils de Dieu.

A la même époque s'élèvent des troubles entre Abgar et Hérode; Hérode veut que sa statue soit érigée auprès de la statue de César, dans les temples de l'Arménie, Abgar se refuse à cette prétention. D'ailleurs, Hérode ne cherche qu'un prétexte pour fondre sur Abgar, envoie une armée de Thraces et de Germains faire irruption dans le pays des Perses, avec ordre de passer sur les terres d'Abgar. Le roi d'Arménie refuse le passage, disant que l'ordre de l'empereur est de faire passer les troupes en Perse, par le désert. Hérode, indigné, et ne pouvant pas agir par lui-même, retenu par les différens maux qu'il éprouvait, en punition de sa coupable conduite envers le Christ, comme le rapporte Joseph, envoie son neveu, à qui il avait donné sa fille, mariée d'abord à Pheror, son frère. Le lieutenant d'Hérode, à la tête d'une armée considérable, se hâte d'arriver en Mésopotamie, rencontre Abgar au camp de la province Pouknan, périt dans le combat, et ses troupes sont mises en fuite. Bientôt après arrive la mort d'Hérode; Arkelaius, son fils, est établi par Auguste ethnarque de la Judée.

XXVII.

Fondation de la ville d'Edesse. — Notice abrégée sur la race de notre illuminateur.

Peu de temps après, Auguste meurt, et Tibère lui succède comme empereur des Romains. Germanicus, devenu César, traite avec dérision les princes envoyés à Rome par Archavir et Abgar, au sujet de leur guerre, dans laquelle avait péri le neveu d'Hérode. Abgar, furieux contre ce prince, médite des projets de révolte, et se prépare aux combats. Il transforme en ville le terrain occupé par l'armée arménienne d'observation, à l'endroit même où, précédemment, l'Euphrate servait de barrière contre les attaques de Cassius; cette nouvelle ville est appelé Édesse. Il y transporte sa cour, qu'il tenait à Nisib ; tous ses dieux, Napoc, Bel, Patnicarh et Tharata, les livres des écoles attachées aux temples, et même les archives royales.

Peu après Archavir meurt ; Ardaces, son fils, lui succède sur le trône de Perse. Sans nous conformer à l'histoire ni au temps, à l'ordre même que nous nous sommes tracé, comme il s'agit des descendans du roi Archavir, du sang même d'Ardaces, son fils, nous allons, pour faire honneur à ces princes, les placer, par anticipation des temps, près d'Ardaces, afin que le lecteur sache que ce sont bien les descendans naturels du brave Archavir, du brave Ardaces ; puis nous signalerons le temps de l'arrivée de leurs pères en Arménie, c'est-à-dire des races garéniennes et souréniennes dont sortirent saint Grégoire et les Gamsariens, lorsque, suivant l'ordre des événemens, nous arriverons au règne du roi sous lequel ils parurent.

Abgar ne réussit pas dans ses projets de révolte ; car, des troubles étant survenus entre ses parens du royaume de Perse, il part à la tête d'une armée pour apaiser et faire cesser la discorde.

XXVIII.

Abgar vient en Orient, maintient Ardaces sur le trône de Perse. — Il partage ses frères, de qui descendent notre illuminateur et ses parents.

Abgar, étant allé en Orient, trouve sur le trône de Perse Ardaces, fils d'Archavir. Ce prince est en guerre avec ses frères, parce qu'il veut régner sur eux dans sa postérité, et qu'eux ne veulent pas y consentir. C'est pourquoi Ardaces les cerne de toutes parts, suspend sur leur tête le glaive de la mort ; les discussions, les déchiremens partagent, consument leurs troupes et leurs alliés ; car le roi Archavir avait trois fils et une fille. Le premier de ces fils est ce même roi Ardaces, le second Souren, le troisième Garen, et leur sœur qui se nomme Gochm est la femme du général de tous les Ariks choisi par le père de ces princes.

Abgar, par sa médiation, parvient à les concilier ; les conditions et stipulations sont ainsi fixées : Ardaces règnera avec sa postérité selon ses vœux, et ses frères seront appelés Bahlav conformément au nom de leur ville et de leurs vastes et fertiles états, afin qu'ils jouissent d'un rang distingué et supérieur au rang de toutes les satrapies de Perse, comme il convient à la race des rois. On convient aussi, sous la foi du serment, que, en cas d'extinction d'enfans mâles d'Ardaces, ses frères recueilleront la couronne; après la race régnante d'Ardaces, on distingue ses frères en trois races ainsi dénommées : la race de Garen Bahlav, la race de Souren Bahlav et la race du général, laquelle race Bahlav provient de la sœur d'Ardaces et prend le nom de la seigneurie de son mari.

On dit que saint Grégoire est issu de la race sourénienne Bahlav, et les Gamsariens de la race garénienne Bahlav. Nous rapporterons dans la suite les circonstances de l'arrivée de ces personnages, nous contentant ici de signaler leurs noms auprès d'Ardaces, pour faire savoir que ces grandes races sont bien le sang de Valarsace, c'est-à-dire la postérité du grand Arsace, frère de Valarsace.

Tout étant ainsi réglé, Abgar prend avec lui les ratifications conclues, et retourne dans ses états, non en parfaite santé, mais en proie à de vives douleurs.

XXIX.

Abgar revient d'Orient pour prêter secours à Ared, en guerre contre Hérode Tétrarque.

Abgar, à son retour d'Orient, apprend que les Romains le soupçonnent d'y être allé pour lever des troupes; en conséquence, il fait parvenir aux employés des Romains la connaissance des causes de son voyage en Perse, ainsi que le traité conclu entre Ardaces et ses frères; mais on n'ajoute aucune croyance à ses rapports; car il est chargé par ses ennemis Pilate, Hérode-le-Tétrarque, Lysanyas et Philippe. Abgar se rend dans sa ville d'Édesse, convient avec Ared, roi de Pétra, de lui donner des troupes auxiliaires, sous la conduite de Hhosran Ardzrouni, pour faire la guerre à Hérode. Hérode avait d'abord épousé la fille d'Ared, puis l'avait répudiée, pris ensuite Hérodiade du vivant même de son mari, circonstance qui avait amené le meurtre de Jean-Baptiste. C'était donc en raison de l'injure faite à sa fille qu'Ared faisait la guerre à Hérode. Dans un combat terrible les troupes d'Hérode sont défaites, grâce au secours des braves Arméniens. On dirait que la Providence divine veut venger la mort de Jean-Baptiste.

XXX.

Abgar envoie des princes à Marinus. — Ces députés voient le sauveur notre Christ. — Rencontre qui est le commencement de la foi d'Abgar.

A cette époque, l'empereur remet à Marinus, fils de Storoge, le commandement de la Phénicie, de la Palestine, de l'Assyrie et de la Mésopotamie. Abgar députe vers le gouverneur romain deux de ses principaux officiers, Marihap, consul d'Arhtzni, et Chamchacram, chef de la maison des Abahouni, ainsi qu'Anan, son confident. Les envoyés se rendent à Petkoupinn pour faire connaître à Marinus les causes du voyage d'Abgar en Orient, lui montrer le traité conclu entre Ardaces et ses frères, et, en même temps, invoquer son appui. Les chefs arméniens rencontrent le gouverneur romain à Eleuthérobole ; ils sont reçus avec amitié et distinction, et remportent cette réponse pour Abgar : « Ne crains rien pour cela de la part de l'empereur, » dit Marinus, « mais aie bien soin d'acquitter entièrement le tribut. »

Au retour, les députés arméniens vont à Jérusalem voir le Sauveur, notre Christ, attirés par le bruit de ses miracles. Devenus eux-mêmes témoins oculaires de ces prodiges, ils vont ensuite les rapporter à Abgar. Ce prince, saisi d'admiration, croit véritablement que Jésus est bien le fils de Dieu, et dit : « Ces prodiges ne sont pas d'un homme, mais d'un Dieu. Non, il n'est personne d'entre les hommes qui puisse ressusciter les morts. Il n'y a que Dieu qui ait ce pouvoir. » Abgar éprouvait dans tout son corps des douleurs aiguës qu'il avait gagnées en Perse, il y avait déjà plus de sept ans ; nul parmi les hommes n'avait pu trouver remède à ses maux; Abgar adresse une lettre de supplication à Jésus qu'il conjure de venir le guérir de ses douleurs. Voici cette lettre :

XXXI.

Lettre d'Abgar au sauveur Jésus-Christ.

« Abgar, fils d'Archam, prince de la terre, à Jésus, sauveur et bienfaiteur des hommes, qui a apparu dans la contrée de Jérusalem, salut :

« J'ai ouï parler de toi et des cures merveilleuses opérées par tes mains, sans remèdes, sans plantes. Car, comme on le dit, tu fais que les aveugles voient, que les boiteux marchent, que les lépreux sont guéris ; tu enlèves toutes les infirmités, tu rends à la santé des malheureux affligés de maladies longues et invétérées ; tu ressuscites même les morts. Comme j'ai ouï parler de tous ces prodiges opérés par toi, j'en ai conclu ou que tu es Dieu, descendu du ciel pour faire de si grandes choses, ou que tu es fils de Dieu, pour être capable de produire ces miracles. Je n'ai donc point hésité à t'écrire, et à te prier de daigner venir vers moi et de me guérir des maux qui m'affligent. J'ai ouï dire aussi que les Juifs te persécutent et veulent te livrer aux tourmens ; j'ai une ville, petite mais agréable, elle peut nous suffire à tous deux. »

Les messagers, porteurs de cette lettre, rencontrent Jésus à Jérusalem, fait confirmé par ces paroles de l'Evangile : « Quelques-uns d'entre les païens viennent trouver Jésus; mais ceux qui avaient des instructions, des paroles à porter, n'osant parler à Jésus, s'adressent à Philippe et à André, qui redisent tout à leur maître. » Le Sauveur n'accepte pas alors l'invitation qui lui est faite, mais il veut bien honorer Abgar d'une réponse ainsi conçue :

XXXII.

Réponse à la lettre d'Abgar. — L'apôtre Thomas écrit à ce prince par ordre du Sauveur.

« Heureux celui qui croit en moi sans m'avoir vu ! Car il est écrit de moi : « Ceux qui me voient ne croiront point en moi et « ceux qui ne me voient point croiront et vivront. » C'est pourquoi tu m'as écrit, pour m'inviter à venir près de toi ; mais il faut que j'accomplisse tout ce que j'ai été envoyé pour accomplir, et, après l'avoir accompli, je monterai vers celui qui m'a envoyé ; et quand je m'en irai, je t'enverrai un de mes disciples, pour guérir tes maux, te donner la vie à toi et à tous ceux qui sont avec toi. »

Anan, courrier d'Abgar, lui rapporte cette réponse, ainsi que le portrait du Sauveur qui se trouve encore aujourd'hui dans la ville d'Edesse.

XXXIII.

Prédication à Edesse de l'apôtre Thadée. — Copie de cinq lettres.

Après l'ascension de notre Sauveur, l'apôtre Thomas, l'un des douze, envoie un d'entre les soixante-dix apôtres, Thadée, dans la ville d'Edesse, pour guérir Abgar et évangéliser, selon la parole du Seigneur. Thadée vient dans la maison de Tobie, prince juif, qu'on dit être de la race des Pacradouni et qui avait quitté Archam, pour ne point renoncer, avec toute sa famille, au judaïsme qu'il observe jusqu'au moment où il croit au Christ. Bientôt le nom de Thadée se répand dans toute la ville. Abgar, en apprenant son arrivée, dit : « C'est bien celui dont Jésus m'a parlé dans sa lettre, » et aussitôt il le mande près de lui. Thadée se présente et sa présence fait sur Abgar l'effet d'une apparition merveilleuse ; le roi se lève de son trône, tombe la face contre terre, reste prosterné devant Thadée. Ce spectacle surprend extrêmement tous les princes assistans, car ils ignorent l'impression produite sur Abgar. « Es-tu vraiment », dit Abgar à Thadée, « es-tu disciple de Jésus à jamais glorifié ? es-tu celui qu'il m'a promis de m'envoyer, et peux-tu guérir mes maux ? » — « Oui », répond Thadée ; « si tu crois en Jésus-Christ, fils de Dieu, ta prière, tes vœux seront exaucés. » — « J'ai cru en Jésus, » dit Abgar, « j'ai cru en son père ; c'est pourquoi je voulais aller à la tête de mes troupes exterminer les Juifs qui l'ont crucifié, si je n'avais été arrêté dans mes desseins par la puissance des Romains. »

Dès lors Thadée se met à évangéliser le roi et la ville ; posant les mains sur Abgar, il le guérit ; il guérit aussi un paralytique, nommé Abdios, prince de la ville, très honoré de toute la cour du roi. Il guérit encore tous les malades et les infirmes de la ville et tous croient en Jésus-Christ. Abgar est baptisé et toute la ville avec lui, et les temples des faux dieux sont fermés, et toutes les statues des idoles placées sur les autels et les colonnes sont cachées, voilées avec des roseaux. Nul n'est contraint par la force d'embrasser la foi, mais de jour en jour le nombre des croyans s'accroît.

L'apôtre Thadée baptise un fabricant de chapeaux de soie, appelé Atthé, le consacre, l'établit à Edesse et le laisse au roi en sa place. Thadée, après avoir reçu des lettres-patentes d'Abgar, qui s'engage à faire connaître à tous ses sujets l'évangile du Christ, s'en va trouver Sanadroug, neveu d'Abgar, que ce prince avait établi sur le pays et sur l'armée. Abgar se plaît à écrire à l'empereur Tibère une lettre ainsi conçue :

Lettre d'Abgar à Tibère.

« Abgar, roi d'Arménie, à mon seigneur Tibère, empereur des Romains, salut :

« Persuadé que rien ne reste caché à ta majesté, mais aussi que, honoré de ta confiance, je n'en dois pas moins te faire connaître les faits par écrit, sache donc que les Juifs, habitans de la Palestine, ont crucifié Jésus, Jésus, innocent de tout crime, Jésus qui avait opéré tant de prodiges et de miracles en leur faveur, Jésus qui avait même ressuscité les morts. Le jour qu'ils l'ont crucifié, le soleil s'obscurcit, la terre fut ébranlée jusque dans ses fondemens. Jésus lui-même, trois jours après, ressuscita d'entre les morts et apparut à plusieurs. Aujourd'hui, son nom seul, invoqué par ses disciples, produit les plus grands miracles. Le disciple venu vers moi m'en a donné la preuve la plus évidente. Ton auguste majesté sait désormais ce qu'elle doit ordonner à l'égard du peuple juif, qui a commis ce forfait ; elle sait si elle doit faire publier par tout l'univers l'ordre d'adorer le Christ, comme le seul vrai Dieu. Salut et santé. »

Réponse de Tibère à la lettre d'Abgar.

« Tibère, empereur des Romains, à Abgar, roi des Arméniens, salut :

« On a lu devant moi ta gracieuse lettre, et je veux que remerciment t'en soit fait de ma part. Quoique nous eussions déjà plusieurs fois ouï parler de ces merveilles, Pilate nous en a encore confirmé la vérité. Il nous a certifié qu'après sa résurrection d'entre les morts, il (J.-C.) a été reconnu par plusieurs pour être Dieu. En conséquence j'ai voulu, moi aussi, faire ce que toi-même tu as fait, ce que tu proposes de faire ; mais comme la coutume des Romains n'est pas d'admettre un dieu seulement d'après l'ordre du roi, sans que l'admission ait été discutée, examinée en plein sénat, j'ai donc dû porter l'affaire devant le sénat, et le sénat l'a rejetée avec mépris, sans doute, parce qu'il ne l'avait pas examinée d'abord. Mais nous avons donné ordre que quiconque croirait en Jésus, puisse le reconnaître comme Dieu. Nous avons menacé de mort quiconque parlerait mal des chrétiens. Quant au peuple juif, qui a osé crucifier Jésus, qui, comme je le sais, loin de mériter la croix et la mort, était digne de l'adoration des hommes ; lorsque j'aurai terminé la guerre contre l'Ibérie révoltée, j'examinerai l'affaire, et je traiterai les Juifs comme ils le méritent. »

Autre lettre d'Abgar à Tibère.

« Abgar, roi des Arméniens, à mon seigneur Tibère, empereur des Romains, salut :

« J'ai reçu la lettre écrite de la part de ton auguste majesté, et j'ai applaudi aux ordres émanés de ta sagesse. Si je ne craignais de te fâcher, je dirais que la conduite du sénat est extrêmement ridicule et absurde ; car, pour les sénateurs, il n'y a point de divinité possible, si elle n'est donnée d'après l'examen et par le suffrage des hommes. Ainsi donc, si Dieu ne convient point à l'homme, Dieu ne peut exister. Il faut que Dieu obtienne l'assentiment de l'homme. Il paraîtra sans doute juste à ta majesté d'envoyer un autre gouverneur à Jérusalem en place de Pilate, qui doit être ignominieusement chassé du poste d'honneur que tu lui avais confié, parce qu'il a fait la volonté des Juifs, parce qu'il a crucifié le Christ injustement sans ton ordre. Que le ciel te conserve en bonne santé. »

Abgar dépose copie de cette lettre ainsi que des autres lettres dans les archives. Il écrit aussi au jeune Nerseh, roi d'Assyrie, à Babylone.

Lettre d'Abgar à Nerseh.

« Abgar, roi des Arméniens, à mon fils Nerseh, salut :

« J'ai reçu ta lettre et tes hommages ; j'ai déchargé Béroze de ses fers et lui ai pardonné ses offenses ; donne-lui, si tu veux, le gouvernement de Ninive. Mais quant à la demande que tu me fais dans ta lettre de t'envoyer ce médecin qui opère des merveilles et prêche un autre Dieu supérieur au feu et à l'eau, afin que tu puisses le voir et l'entendre, je te dirai ce n'est point un médecin selon l'art des hommes, c'est un disciple de Dieu, créateur du feu et de l'eau ; mais il a été désigné pour aller dans les contrée de l'Arménie. Il y a un de ses principaux compagnons, nommé Simon, c'est lui qui est envoyé dans les contrées de la Perse. Tu n'as qu'à lui demander cette faveur et tu pourras l'entendre, toi, ainsi que ton père Ardaces. Il vous guérira de toute maladie et vous montrera le chemin de la vie. »

Abgar écrit aussi à Ardaces, roi de Perse, la lettre qui suit :

Lettre d'Abgar à Ardaces.

« Abgar, roi des Arméniens, à Ardaces, mon frère, roi des Perses, salut :

« Je sais que tu as ouï parler de Jésus-Christ, fils de Dieu, que les Juifs ont crucifié, de Jésus qui est ressuscité d'entre les morts, et a envoyé ses disciples par tout l'univers pour instruire les hommes ; l'un de ses principaux disciples, nommé Simon, se trouve aujourd'hui dans les états de ta majesté. Si tu lui demandes à le voir, tu le trouveras et il te guérira de toutes tes maladies, et il te montrera le chemin de la vie, et tu croiras à ses paroles, toi, tes frères et tous ceux qui t'obéissent volontairement. Il m'est bien doux de penser que mes parents, selon la chair, seront aussi mes parents, mes amis, selon l'esprit. »

Avant de recevoir réponse à ces lettres, Abgar meurt après avoir régné trente-huit ans.

XXXIV.

Martyre de nos apôtres.

Après la mort d'Abgar, le royaume d'Arménie est divisé en deux. Ananoun, son fils, règne à Edesse, et Sanadroug, son neveu, en Arménie. Tout ce qui se passe sous leur règne se trouve décrit longtemps avant, et l'arrivée de l'apôtre en Arménie, et la conversion de Sanadroug, et son apostasie par crainte des satrapes arméniens, et le martyre de l'apôtre et de ses compagnons au canton de Chavarchan, appelé aujourd'hui Ardaz, et la pierre brisée, et l'enlèvement du corps de l'apôtre par ses disciples pour aller l'inhumer dans un champ, et le martyre de la fille du roi, de Santhoud, près du chemin, et l'apparition des reliques en ce lieu, et leur translation dans les rocailles ; toutes circonstances rapportées par d'autres, comme nous l'avons dit, long-temps avant nous ; nous n'avons rien trouvé de plus important à consigner ici. Tout ce qui se rapporte au martyre d'Atthée, disciple de l'apôtre, à Edesse, par les fils d'Abgar, se trouve également rapporté long-temps avant nous.

Le prince qui règne après la mort de son père, n'est pas l'héritier des vertus paternelles ; il ouvre les temples des faux dieux et s'abandonne au culte des païens. Il envoie dire à Atthée de lui faire une coiffure en toile tissée d'or, comme celle que portait autrefois son père. Atthée répond que ses mains ne feront pas de coiffure pour un prince indigne, qui n'adore pas le Christ du Dieu vivant ; et aussitôt, le roi d'ordonner à ses gens d'armes de lui couper les pieds. Les soldats vont à la recherche du condamné, le voient occupé à enseigner, le saisissent et lui coupent les jambes, et aussitôt le saint rend l'esprit. Nous mentionnons ce fait en passant, comme un fait rapporté par d'autres depuis long-temps.

L'Arménie possède ensuite l'apôtre Barthélemi qui est martyrisé chez nous, en la ville d'Aréban. Quant à Simon, envoyé en Perse, je ne saurais dire ici ce qu'il fait, ni où il souffre le martyre. On rapporte qu'un Simon apôtre est martyrisé à Veriospore. Le fait est-il vrai, où n'est-ce qu'une supposition à cause de la venue du saint en ce lieu ? je ne sais ; je ne signale cette circonstance qu'afin que tu saches bien que je n'épargne aucun soin, aucune recherche pour pouvoir te rapporter tout ce qui est nécessaire.

XXXV.

Règne de Sanadroug. — Meurtre des enfans d'Abgar. — La princesse Hélène.

Sanadroug étant sur le trône, lève des troupes avec le secours des braves Pacradouniz et Ardrouni, qui l'ont élevé, et va faire la guerre aux enfans d'Abgar, pour se rendre maître de tout le royaume. Pendant que Sanadroug est ici présent, la Providence divine semble vouloir demander vengeance aux enfans d'Abgar, de la mort d'Atthée ; car une colonne de marbre que Sanadroug fait élever à Edesse, sur le comble de son palais, au moment où il est dessous pour ordonner le travail, échappe des mains des ouvriers, tombe sur lui et lui écrase les pieds.

Aussitôt les habitans de la ville envoient un message à Sanadroug, pour lui demander un traité par lequel il s'engage à ne pas les troubler dans l'exercice du christianisme, moyennant quoi ils remettront entre ses mains la ville et les trésors du roi. Sanadroug

promet, mais dans la suite viole son serment; car il passe au fil
de l'épée tous les enfans mâles de la maison d'Abgar, à l'exception
des filles, qu'il retire de la ville et transporte au canton d'Achdiank.
Quant à la première femme d'Abgar, appelée Hélène, il l'envoie
dans sa ville à Hhoran, et lui donne la souveraineté de la Mésopotamie, en souvenir de tout ce qu'il avait reçu d'Abgar par son
moyen.

Hélène, chrétienne comme son mari Abgar, ne veut pas habiter
au milieu des idolâtres; elle s'en va à Jérusalem du temps de
Claude, durant la famine qu'avait prédite Agape; achète en Égypte,
avec tous ses trésors, une immense quantité de blé qu'elle distribue
aux malheureux, comme l'assure Joseph. Le tombeau d'Hélène,
tombeau vraiment remarquable, se voit encore aujourd'hui devant
la porte de Jérusalem.

XXXVI.

Restauration de la ville de Mezpinn (Nisibe). — Dénomination de Sanadroug. — Sa mort.

De tous les faits et gestes de Sanadroug, nous ne jugeons digne
de souvenir que la construction de la ville de Nisibe, ébranlée par
un tremblement de terre. Nisibe est démolie, puis reconstruite par
Sanadroug d'une manière plus magnifique, environnée d'une
double enceinte de murailles et de remparts. Sanadroug se fait
élever une statue au milieu de la ville; cette statue tient à la main
une seule pièce de monnaie, ce qui signifie qu'il a épuisé tous ses
trésors à construire la ville, qu'il ne lui reste plus que cette seule
pièce de monnaie.

Si l'on demande pourquoi ce prince est appelé Sanadroug, nous
dirons : Il arrive qu'Othé, sœur d'Abgar, voyageant pendant
l'hiver en Arménie, est assaillie par une tempête dans les monts
Gordiens; tout le monde est dispersé; le compagnon ne peut même
retrouver son compagnon et ne sait ce qu'il est devenu. La nourrice du prince, Sanoda, sœur de Piourad Pacradouni, femme de
Hhosrêne Ardzrouni, prend le royal enfant (Sanadroug était encore
au berceau), le met sur son sein et reste avec lui trois jours et trois
nuits sous une colonne. La fable s'est emparée de ce fait; elle raconte qu'un animal merveilleux, d'une grande blancheur, est
envoyé par les dieux pour garder l'enfant. Mais voici le fait, tel

que toutes nos recherches ont pu nous le faire connaître : Un chien blanc, qui se trouve au milieu des hommes envoyés à la recherche, rencontre l'enfant et sa nourrice; le prince est appelé Sanadroug, dénomination tirée du nom de sa nourrice Sanoda et du mot arménien dourk, don; comme pour signifier don de Sanoda, Sanodadonné.

Sanadroug, monté sur le trône la douzième année d'Ardaces, roi des Perses, après avoir vécu trente ans, meurt à la chasse d'un trait qui lui perce les entrailles; comme en punition des tourmens qu'il avait fait souffrir à sa sainte fille. Rhéroupna, fils d'Apchthar, écrivain, a recueilli tous ces faits, arrivés du temps d'Abgar et de Sanadroug, et les a déposés dans les archives d'Edesse.

XXXVII.

Règne d'Erouanth. — Meurtre des enfants de Sanadroug. — Ardaces trouve son salut dans la fuite.

Après la mort de Sanadroug, le royaume est dans un état de confusion. Un certain Erouanth, fils d'une femme Archagouni, monte sur le trône la huitième année du dernier Darius. Voici ce qui est raconté au sujet de cet Erouanth : Une femme de la race des Archagouni, d'une stature colossale, d'une figure repoussante, restée sans être demandée en mariage par personne, enfante deux jumeaux, par suite d'un horrible commerce, comme Pasiphaé enfanta le minotaure. Ces enfans en grandissant prennent les noms d'Erouanth et d'Erouaz. Erouanth avec l'âge déploie une grande intrépidité et une force invincible dans plusieurs affaires pour lesquelles il est envoyé en qualité de chef par Sanadroug. Il acquiert tant de gloire, qu'il devient bientôt le premier des satrapes arméniens. Il sait, par son humilité et sa libéralité, se gagner tous les cœurs, et, à la mort de Sanadroug, il est proclamé roi d'un commun accord, sans la présence d'aucun Pacradouni pour lui mettre la couronne sur la tête.

Erouanth sur le trône, craignant les enfans de Sanadroug, les fait tous périr; ainsi, il paraît que vengeance est tirée du meurtre des enfans d'Abgar. Un seul enfant nommé Ardaces, enlevé par sa nourrice, est emporté aux contrées d'Ira, dans les bergeries de Marhnazan. Sa nourrice en donne avis à Sempad, fils de Piourad Pacradouni, au canton de Seber, sur les terres de Sempadavan.

Lorsque Sempad, fils de Piourad, apprend la fin de Sanadroug, l'horrible massacre de ses enfans, il prend ses deux filles, Sempadanouch et Sempadouhi, les installe à Païperth, forteresse gardée par de braves soldats. Sempad, aussitôt après, s'en va avec une seule femme et quelques hommes de suite à la recherche du jeune Ardaces. Le roi Erouvanth, informé de ses menées, envoie des espions. C'est pourquoi, pendant long-temps, obligé d'errer sur les montagnes et dans les plaines avec l'enfant, sous différens déguisemens, Sempad le nourrit dans les bergeries, au milieu des pâtres, jusqu'au jour où il peut passer près de Darius, roi des Perses. Sempad, connu depuis long-temps par sa valeur, est accueilli avec distinction parmi les capitaines des Perses, et le jeune prince est admis parmi les enfans du roi, qui assigne aux étrangers pour résidence les cantons de Pad et d'Ozomenn.

XXXVIII.

Efforts multipliés d'Erouanth pour se saisir du jeune Ardaces.

Erouanth, en pensant à tout le mal que les Mèdes méditent contre son royaume, tout entier à sa haine, ne peut même goûter le repos. L'esprit toujours tendu vers cette pensée, toujours dans un état de veille, il voit jusque dans le sommeil ce qui l'occupe, sous les plus effrayantes images. C'est pourquoi il presse par ses députés et ses messages le roi des Perses de consentir à lui livrer Ardaces, disant : « Toi, mon plus proche parent, pourquoi nourrir un ennemi de ma personne et de mon royaume, Ardaces, sur la foi des paroles du brigand Sempad, qui dit que c'est Ardaces le fils de Sanadroug ? Il veut, le brigand, faire du fils d'un pâtre, d'un berger, un Archagouni, faire croire que c'est ton sang, ton proche parent ; non, ce n'est pas le fils de Sanadroug. Sempad, à qui la ruse et l'artifice n'ont fait trouver qu'un enfant du peuple, un jeune Mède, s'abuse lui-même. » Erouanth dépêche également à Sempad de nombreux messages. « Pourquoi, lui dit-il, te donner toute cette peine ? Trompé par les paroles d'une nourrice, tu n'élèves qu'un enfant du peuple, le fils d'un Mède, mon ennemi. » La réponse de Sempad est loin d'apaiser Erouanth. Furieux, il envoie exterminer les braves habitans de Paiperte, s'empare des filles de Sempad, et les garde dans la forteresse d'Ani, les traitant toutefois avec douceur.

L'alliance offensive et défensive d'Erouanth avec les Romains n'est point préjudiciable à l'empire de Vespasien et de Titus, car Erouanth leur cède la Mésopotamie; depuis ce moment, l'Arménie est dépouillée de cette contrée et se voit encore accablée de plus lourds tributs. Les fonctionnaires des Romains, après avoir restauré magnifiquement la ville d'Edesse, y établissent des trésoreries destinées à recevoir les impôts perçus sur l'Arménie, la Mésopotamie, l'Assyrie. Ils rassemblent à Edesse toutes les archives, organisent deux écoles, l'une pour l'assyrien et l'autre pour le grec ; ils transportent à Edesse les archives relatives aux tributs et aux temples, archives qui se trouvaient à Sinope, ville des ponts.

XXXIX.

Construction de la ville Erouanthachad.

Du temps d'Erouanth, la résidence royale est transportée sur la colline d'Armavir. Comme le fleuve Araxe était éloigné, l'hiver étant long et le souffle glacial du nord assez intense pour faire geler les eaux du canal, il n'y en avait plus assez pour le service de la résidence royale. Erouanth, frappé de ces inconvéniens, et trouvant une position plus forte et à son goût, transporte sa résidence royale à l'Occident, sur une colline calcaire, autour de laquelle roule, à l'opposé de l'Araxe, le fleuve Ahhourian (Akur); il ceint la colline de murailles, et, à une épaisseur plus grande que celle des murailles, il coupe les pierres en beaucoup d'endroits, jusqu'à la base de la colline, au niveau du fleuve, jusqu'à l'entrée des eaux dans les conduits pratiqués pour les amener et les faire servir aux besoins de la consommation. Le fort construit au milieu de la ville est garni de hautes murailles ; des portes d'airain se trouvent au milieu de ces murailles, et des escaliers en fer sont pratiqués dans l'intérieur jusqu'au dessus de la porte. Des piéges se trouvent cachés entre les degrés, pour pouvoir saisir quiconque essaierait de monter dans l'intention d'attenter à la personne du roi; on dit même cet escalier double, un côté pour les officiers de la cour, pour les allants et venants pendant le jour, l'autre côté pour monter la nuit et pour surveiller les traîtres.

XL.

Erouanth bâtit Pacaran, ville des faux dieux.

Erouanth transporte dans sa ville nouvelle tout ce qui était à Armavir, excepté les dieux qu'il ne croit pas de son intérêt propre d'y établir, parce que, à cause du concours du peuple qui viendrait de toutes part sacrifier aux dieux, la ville ne pourrait être aussi bien gardée; mais, à une distance de quarante stades au nord, il bâtit une petite ville à l'instar de la sienne, sur le fleuve Ahhourian (Achur) et la nomme Pacaran (Idoleville), c'est-à-dire que dans cette ville Erouanth forme réunion des divinités; en effet, il y transporte toutes celles qui étaient à Armavir; les temples bâtis, il institue son frère Erouaz en qualité de grand-prêtre.

XLI.

Plantation de la forêt appelée la forêt de la Multiplication.

Erouanth plante aussi une grande forêt au nord du fleuve, l'entoure de murs pour retenir dans son enceinte tous les animaux à la course légers, les daims, les biches et les cerfs, les ânes sauvages et les sangliers. Bientôt la forêt est remplie par la multiplication toujours croissante de ces animaux, pour le grand plaisir du roi aux jours de la chasse; et cette forêt s'appelle forêt de la Multiplication.

XLII.

La ville appelée Erouanthaville.

Il m'est doux d'arriver à parler de la ville Erouanthaville, si élégamment construite et disposée. Erouanth remplit le milieu de la grande colline d'habitants et de belles constructions; ce point, par rapport au reste, est comme la brillante prunelle par rapport à l'œil. Autour de la multitude des hommes se trouvent rassemblés des parterres de fleurs et de parfums, comme autour de la prunelle se trouvent les autres parties, enfin, le cercle de l'œil. D'innombrables plans de vigne sont au pays ce qu'est à l'œil une belle rangée de cils bien garnis. La position circulaire du côté nord a quelque chose de comparable aux sourcils bien arqués de jeunes et belles filles ; au sud, la surface plane des champs rappelle l'idée de joues bien lisses et bien fraîches. Les deux rives du fleuve, comme une bouche ouverte, représentent les deux parties des lèvres ; et le site vraiment magnifique semble fixer assurément les regards sur le sommet où s'élève le palais du roi ; c'est vraiment une habitation riche et superbe, une habitation royale.

Cette place si magnifiquement édifiée par Erouanth est donnée dans la suite par le grand Tiridate à la famille des Gamsariens, comme unie à la race des Archagouni par les liens du sang et de l'amitié. C'est ce que nous rapporterons en son lieu.

On assure qu'Erouanth, par l'effet de charmes magiques, avait un regard terrible ; c'est pourquoi dès le matin les domestiques du palais exposaient des pierres très-dures devant le roi, qui, par la puissance incisive de son regard, les fendait ; mais cette circonstance est fausse et fabuleuse ; ou bien, c'est une invention satanique d'Erouanth pour avoir près de lui de quoi amortir, soi-disant par la puissance de son regard, tous ceux qu'il veut exterminer.

XLIII.

Sempad, aidé par les satrapes de Perse, cherche à mettre Ardaces sur le trône.

Cependant le jeune Ardaces est devenu grand, et Sempad son père adoptif, par une foule d'actions valeureuses, s'est concilié la faveur des satrapes des Arik. Ces satrapes supplient le roi d'accorder en présent à Sempad ce qu'il demandera. Le roi accédant à leurs prières, dit aux satrapes : « Voyez ce que veut ce héros. Ta constante et immortelle bienveillance, répondent les satrapes. Sempad ne veut qu'une chose ; ce qu'il demande, c'est que tu remettes sur son trône ton proche parent, ton propre sang, Ardaces, le fils de Sanadroug, expulsé de son royaume. » Le roi de Perse, accueillant la requête, confie à Sempad une partie de ses troupes de l'Assyrie et les troupes de l'Aderbaïdjan, pour remettre Ardaces sur le trône de ses pères.

XLIV.

Erouanth, à la nouvelle de l'arrivée d'Ardaces, rassemble son armée et se prépare aux combats.

Erouanth apprend dans le canton d'Oudi que le roi de Perse vient de rassembler une puissante armée sous les ordres de Sempad, pour marcher contre lui et remettre sur son trône le jeune Ardaces. Aussitôt, Erouanth laisse plusieurs de ses satrapes pour garder le pays et vole lui-même dans sa ville, appelle à lui et les troupes de l'Arménie et les troupes de la Georgie et les troupes des cantons de Césarée, avec les contingens de la Mésopotamie, et, comme on est au printemps, toutes les troupes sont promptement rassemblées. Artham, chef de la famille des Mouratziens, issue de la postérité d'Astyage, est à la tête d'une troupe de fantassins. Erouanth lui avait rendu le second trône que Tigrane avait enlevé à sa famille pour le donner à son neveu Mithridate; après la mort de Mithridate, la place était restée vacante jusqu'au moment où Erouanth la rend à Artham. Erouanth fait aussi des présens à tous les satrapes, tous les soldats ont large part à sa munificence.

XLV.

Succès de l'entreprise d'Ardaces lors de son entrée dans son pays.

Sempad, avec le jeune Ardaces, se hâte d'arriver au pays d'Oudi. Au devant d'eux s'avancent les troupes de ces contrées et même les satrapes qu'Erouanth avait laissés; à cette nouvelle, les autres satrapes d'Arménie ne pensent plus qu'à se retirer et à abandonner Erouanth, d'autant plus qu'ils voient bien que les Romains ne viennent point à leur secours. Erouanth, pour exhortation, prodigue les présens, distribue à chacun ses propres trésors, et plus il se montre libéral, plus il devient odieux; car tous savent bien qu'il ne donne rien par libéralité, mais qu'il prodigue tout par crainte; d'ailleurs, il s'attire moins l'amitié de ceux à qui il donne, que l'inimitié de ceux à qui il ne donne pas plus libéralement.

XLVI.

Combat d'Erouanth avec Ardaces. — Sa fuite. — Prise de sa ville. — Mort d'Erouanth.

Sempad, avec le jeune Ardaces, s'avance vers la rive de la mer de Kerham (Gélam), derrière la montagne appelée Arakadz; ils se hâtent d'arriver au camp d'Erouanth, sans compter pour rien la multitude de ses soldats; ils ne redoutent que le Mouratzien Arkam, intrépide guerrier, chef des hallebardiers. L'armée d'Erouanth est à trois cents stades de la ville, au nord sur le fleuve Ahhourian. Erouanth, averti de la marche de l'ennemi, fait avancer ses innombrables légions, et range son armée non loin de son camp. Cependant Ardaces envoie un message à Arkam, chef des Mouratziens, s'engageant par mille sermens à lui laisser tout ce qu'il a reçu d'Erouanth, à lui donner même le double de ces concessions, pourvu que lui, Arkam, abandonne la cause d'Erouant.

Déjà les drapeaux d'Ardaces s'avancent contre l'armée d'Erouanth, et aussitôt Arkam se met en marche avec son infanterie. Sempad ordonne de faire retentir les trompettes d'airain ; son armée se porte en avant; on dirait un aigle qui vient fondre sur des bandes de timides perdrix. Les satrapes d'Arménie qui sont à droite et à gauche prennent part au combat et soutiennent les efforts d'Ardaces. Les troupes de Georgie, avec leur roi Pharesmann, malgré l'impétuosité de leur premier choc, se mettent à fuir et passent à l'ennemi. C'est un terrible spectacle de voir le carnage de l'innombrable armée d'Erouanth et des troupes de la Mésopotamie. Cependant, dans la mêlée, Ardaces se voit surpris par les braves habitans de Taurus, prêts à exposer leur vie pour ravir celle d'Ardaces, d'après les ordres d'Erouanth. Mais Kissag, fils de la nourrice d'Ardaces, se précipite à pied à travers ces furieux, les taille en pièces; malheureusement il a la moitié de la figure emportée, et, maître de la victoire, il meurt sur ses sanglans trophées; le reste des troupes prend la fuite.

Erouanth à cheval, franchissant tout l'espace, se jette dans les Hhans qui se trouvent loin de son camp, dans la ville, et, monté sur un nouveau cheval, se remet à fuir; le brave Sempad le poursuit vivement pendant la nuit, et le pousse jusqu'à la porte de sa ville. L'armée des Mèdes, passant alors sur le terrain précédemment occupé par l'armée d'Erouanth, est obligée, le soir étant survenu, de camper sur des cadavres. Ardaces descend dans la tente d'Erouanth, tente dont les murs étaient de peaux et de toile, et s'y arrête cette nuit. Dès le matin, en maître du terrain, il fait enterrer les morts, appelle la colline où il avait campé sur des cadavres, champ des Mèdes, et le lieu du combat, Erouanthavan, nom conservé jusqu'à ce jour; c'est-à-dire que c'est en cet endroit qu'il défait Erouanth. Ardaces va droit à la ville d'Erouanth, il y arrive avant la moitié du jour, ordonne à ses troupes de crier d'une commune voix : *Mar amad,* qu'on traduit ainsi : « Viens ici, Mède, » pour rappeler l'insulte qu'Erouanth adressait au roi des Perses et à Sempad, qu'il appelait Mèdes. Ce cri devient le nom de la place qui est appelée Marmed (Médeville); car Ardaces veut effacer de ces lieux le nom d'Erouanth. C'est la cause de la dénomination donnée à la place.

Cependant Sempad, qui s'est mis la nuit à la poursuite d'Erouanth, garde la porte de la ville jusqu'à l'arrivée d'Ardaces et de toute l'armée. Le combat s'engage entre les assiégeans et les assiégés, et bientôt ceux-ci se rendent et ouvrent la porte de la ville. Un des soldats de Sempad, qui pénètre aussitôt, fend, d'un coup de sabre, la tête d'Erouanth, dont la cervelle couvre le plancher; ainsi meurt Erouanth après avoir occupé le trône vingt ans. Ardaces, se rappelant qu'Erouanth était allié aux Archagouni, fait enterrer son corps avec les honneurs d'un monument.

XLVII.

Ardaces monte sur le trône et comble de biens tous ses partisans.

Après la mort d'Erouanth, Sempad cherche partout les trésors royaux; il trouve la couronne de Sanadroug, la met sur la tête d'Ardaces et le proclame roi de toute l'Arménie, la vingt-neuvième année de Darius, roi de Perse. Ardaces, maître de son royaume, congédie, avec de riches présents, les troupes des Mèdes et des Perses et les renvoie dans leur pays. Il donne au brave et illustre Arkam le second trône qu'il lui avait promis, le bandeau de perles, les deux pendans d'oreille, la chaussure rouge à un pied seulement, plus, le droit de se servir de cuillère et de fourchette d'or, de boire dans des coupes d'or. Ardaces accorde les mêmes honneurs à son père adoptif Sempad, à l'exception des deux pendans d'oreille et de la chaussure rouge ; outre son titre héréditaire de chevalier à couronne, et le commandement des forces occidentales, Sempad est encore investi du commandement de toutes les troupes arméniennes, il est inspecteur général de tous les fonctionnaires du pays, intendant de la maison du roi. Nerses, fils de Kissag, fils de la nourrice d'Ardaces, reçoit de ce prince, pour lui et sa race, le nom de Timaksiann (Balafré), en mémoire des exploits de son père; Kissag, comme nous l'avons dit, avait eu la moitié de la figure emportée en voulant sauver les jours d'Ardaces.

Vers la même époque, dit-on, les fils de Dour, au nombre de quinze jeunes gens, reçoivent le nom de Drouni, nom dérivé du nom de leur père. Cette distinction n'est pas le prix des hauts faits de Dour, mais bien de l'espionnage qu'il exerçait près du roi Erouanth, au profit de Sempad; car Dour était attaché au palais d'Erouanth et fut exécuté par l'ordre de ce prince pour crime de trahison.

XLVIII.

Meurtre d'Erouaz. — Construction d'une autre ville Pacaran (Idoleville). — Ardaces paie tribut aux Romains.

Sempad donne ensuite l'ordre d'aller à la forteresse Pacaran, située près de la ville d'Erouanth, sur le fleuve Ahhourian, pour tuer Erouaz, frère d'Erouanth. Sempad, maître d'Erouaz, le fait jeter dans un tournant du fleuve avec une grosse pierre au cou, et met en sa place, pour veiller au culte des dieux, un officier de la maison d'Ardaces, un disciple d'un mage interprète des songes, appelé pour cette raison ministre d'un mage. Sempad enlève ensuite les trésors d'Erouaz, ses esclaves au nombre de cinq cents, ainsi que tout ce qu'il y a de plus précieux dans les trésors des temples, et porte tout à Ardaces. Ardaces donne à Sempad les esclaves d'Erouaz. Quant aux trésors auxquels il ajoute encore, il les fait porter à Darius, roi de Perse, avec l'hommage de sa reconnaissance, comme à un père, à un bienfaiteur.

Sempad emmène alors les esclaves d'Erouaz, qu'il a pris à Pacaran, les transplante au revers du Massis, et donne au nouvel établissement l'ancien nom Pacaran (Idoleville). Il va lui-même en Perse pour offrir les présens à Darius, sans s'inquiéter de la puissance des Romains. Cependant, à l'arrivée de Sempad en Perse, les collecteurs de l'empereur, suivis de grosse cavalerie, entrent en Arménie. Ardaces, à force de prières et en payant un double tribut, parvient à désarmer leur colère. Ces faits nous sont attestés par Ourhioub, prêtre d'Ani, qui écrit l'histoire des temples, ainsi que beaucoup d'autres faits qu'il nous reste à rapporter, et sont en outre confirmés par le témoignage des écrivains persans, et les chants chroniques des Arméniens.

XLIX.

Construction de la ville d'Ardachad.

Les faits et gestes d'Ardaces (le dernier), qui sont en grand nombre, te sont révélés par les chroniques publiées à Korhtan. Il bâtit une ville, fait alliance avec les Alans, donne naissance à sa race. Satinig se passionne d'amour pour les descendans des dragons, comme dit la fable, c'est-à-dire pour les descendans d'Astyage, qui occupent toute la partie située au pied du Massis. Ardaces leur fait la guerre, détruit leur puissance, leur ôte la vie, brûle leurs habitations ; la jalousie se met entre les enfans d'Ardaces, jalousie, collision produite par leurs femmes. Tous ces faits, comme nous l'avons dit, te sont rapportés dans les chants chroniques ; mais nous les rappellerons, nous, en peu de mots, nous changerons en vérité l'allégorie.

Ardaces étant allé à l'endroit où se mêlent les eaux de l'Araxe et du Medzamor (grand marais), voit une colline qui lui plaît, y bâtit une ville qu'il appelle de son nom, Ardachad. L'Araxe lui apporte le bois des forêts ; aussi, la ville s'élève sans peine et sans délai ; Ardaces y construit un temple dans lequel il transporte de Pacaran la statue d'Ardémith (Diane) et tous les dieux de la patrie, excepté la statue d'Apollon qu'il érige hors la ville, sur la voie publique. Ardaces tire de la ville d'Erouanth les Juifs captifs qui y avaient été transplantés d'Armavir, et les établit à Ardachad. Tout ce que Erouanth avait transporté d'Armavir, tout ce qu'il avait fait lui-même pour orner sa ville, Ardaces le transporte à Ardachad ; enfin, Ardaces fait d'Ardachad comme une ville de résidence royale.

L.

Les Alans fondent sur nous. — Ils sont défaits. — Ardaces fait alliance avec eux.

Vers la même époque, les Alans, ligués avec tous les montagnards, maîtres d'une partie de la Géorgie, viennent en forces considérables fondre sur notre pays. Ardaces rassemble aussitôt toute son armée, et bientôt le combat s'engage sur les frontières des deux nations, nations braves et exercées au tir de l'arc. Celle des Alans cède un peu pied, passe le grand fleuve Gour (Chur), et s'en va camper au bord de ce fleuve, au nord. Ardaces arrive, campe au sud, et le fleuve est entre les deux parties.

Cependant le roi des Alans, voyant son fils fait prisonnier par les troupes arméniennes qui le conduisent à Ardaces, demande la paix à Ardaces, promettant de lui donner tout ce qu'il demandera. Il propose d'établir des traités à jamais inviolables, sous la foi du serment, par lesquels il serait défendu aux enfans des Alans de jamais faire irruption sur les terres des Arméniens. Comme Ardaces se refuse à rendre le jeune prince, la sœur du prisonnier se présente au bord du fleuve, sur un grand tertre, et crie, par la bouche des interprètes, au camp d'Ardaces : « Je te dis, brave Ardaces, vainqueur de la brave nation des Alans, accorde aux douces et belles filles des Alans, ton jeune prisonnier ; car il n'est pas permis aux héros, pour une vengeance, d'ôter la vie aux fils des autres héros, ni de les réduire à l'état d'esclavage, ni d'établir une inimitié éternelle entre deux braves nations. » Ardaces, ébranlé par ces sages paroles, se rend au bord du fleuve ; il voit la jeune et belle princesse, écoute ses sages propositions, et, dès ce moment, brûle d'amour pour elle ; il appelle son père adoptif Sempad, lui découvre les désirs de son cœur, son intention d'épouser la jeune princesse, d'établir un traité d'alliance et d'amitié avec la nation des braves Alans, et de mettre en liberté le jeune prince pour conclure la paix. Sempad, qui juge ces projets convenables, envoie demander au roi des Alans la jeune princesse des Alans, Satinig, en mariage pour Ardaces. « Eh bien ! » dit le roi des Alans, « le brave Ardaces me donnera-t-il mille mille et dix mille fois dix mille pour la noble princesse des Alans. »

Ce passage est transformé en fable par les chroniqueurs, dans leurs chants. Le valeureux roi Ardaces, monté sur un beau cheval noir, tirant après lui une longe d'or, comme un aigle qui fend l'air, passant le fleuve, lance la longe rouge et or qui saisit la taille de la jeune princesse des Alans, la lui serre douloureusement, et Ardaces l'entraîne vite dans son camp. Voici maintenant la vérité du fait. Comme la peau rouge est très estimée chez les Alans, Ardaces donne beaucoup de peaux de cette couleur et beaucoup d'or, et obtient la jeune princesse Satinig. C'est là la longe rouge et or; de même, au sujet des noces, les chants chroniques donnent dans la fable en disant: « Une pluie d'or tombait en abondance au mariage d'Ardaces; une pluie de pierreries tombait en abondance au mariage de Satinig. » Car c'était la coutume de nos rois, lors de leur mariage, d'aller à la porte du temple jeter des pièces d'argent, à la manière des consuls romains ; c'était aussi la coutume des reines, de parsemer la couche nuptiale de pierres précieuses. Telle est la vérité des faits.

Satinig, la première des femmes d'Ardaces, lui donne Ardavatz et plusieurs autres enfans, que nous n'avons pas cru nécessaire de compter ici par leur nom, jusqu'à ce que nous ayons à signaler quelques uns de leurs faits et gestes.

LI.

Meurtre d'Arkam et de ses enfants.

Ardavaïz, fils d'Ardaces, devenu grand, se montre intrépide, présomptueux, superbe; mu par la haine et l'envie contre le respectable Arkam, il engage, il excite son père à sévir conte lui, pour saisir par là l'autorité universelle; c'est ainsi que, détrônant Arkam, Ardavatz s'empare du second trône. Quelque temps après, Ardaces va dîner chez Arkam ; les enfans d'Ardaces, feignant alors de croire qu'un attentat se prépare contre le roi leur père, enlèvent du milieu du festin le vieillard aux cheveux blancs, Arkam. Ardaces, retourné à Ardachad, dépêche aussitôt son fils Majan à la tête de nombreux soldats, avec ordre de faire périr quantité de Mouratziens, de brûler le palais d'Arkam, de prendre sa concubine, la belle Mantou, cette femme si remarquable par sa tournure et sa démarche majestueuse, et de la conduire à la couche d'Ardaces. Après une nouvelle défaite, deux ans après, Ardaces rend à Arkam tous ses biens à l'exception de sa concubine.

Ardavatz, non content de ravir l'honneur du second trône, s'empare aussi de Nahhdchavan et de tous les villages situés au nord de l'Araxe, y bâtit pour lui des palais, des forteresses; ce que ne pouvant souffrir, le fils d'Arkam, a recours aux armes; le fils du roi remporte la victoire et extermine tous les enfans d'Arkam avec leur père, ainsi que les principaux des Mouratziens; il s'approprie leurs bâtiments et toute leur autorité.

Il n'y a d'épargnés dans ce massacre que quelques individus inconnus, quelques puînés de famille, qui s'enfuient près d'Ardaces et vivent à sa cour. Cet Arkam est celui que la fable nomme Arkavan; et voilà la cause de sa guerre avec Ardavatz.

LII.

Sempad. — Sa conduite dans le pays des Alans. — La ville d'Ardaz est habitée.

Il m'est doux de parler du brave Sempad; on peut bien dire qu'ici la fable n'est pas très éloignée de la vérité; sa taille répondait à sa valeur, sa vertu lui gagnait les cœurs, sa beauté se trouvait rehaussée par l'éclat de ses cheveux blonds; le dragon ou la légère tache de sang qu'on apercevait dans ses yeux, ressemblait à celle qu'on aperçoit souvent sur l'or ou au milieu d'une pierre; très agile de son corps et de sa personne, fin et prudent en toutes choses il était plus que tout autre heureux dans les combats; après tant de hauts faits, il vole avec une armée, par l'ordre d'Ardaces, au secours du frère de Satinig, dans le pays des Alans; car le père de Satinig était mort; un usurpateur avait chassé du trône des Alans le frère de Satinig. Sempad chasse à son tour le tyran, remet sur le trône le frère de Satinig, ruine les terres de ses ennemis qu'il traîne tous en captivité à Ardachad; sur l'ordre d'Ardaces, les prisonniers sont transférés à la partie sud-est du Massis, appelée autrefois le canton de Chavarch. Le nom d'Ardaz a prévalu; car le pays où sont relégués les captifs, s'appelle Ardaz jusqu'aujourd'hui.

LIII.

Ruine des Caspiens. — Conflit des enfans d'Ardaces avec Sempad, puis les uns contre les autres.

Après la mort d'Arsace dernier du nom, roi des Perses, notre Ardaces met sur le trône de Perse son fils appelé comme lui, Ardaces; mais au nouveau roi refusent d'obéir et les habitans de la montagne appelée, dans leur langue, canton Badijahar (correctionnel), qui n'est autre que le canton Kermantz, et les habitans du littoral et d'autres peuplades encore; même à cette occasion, le pays des Caspiens se révolte contre notre roi. Ardaces envoie aussitôt contre eux, avec toutes les troupes arméniennes, Sempad qu'il accompagne lui-même pendant sept jours. Sempad ne tarde pas à soumettre tout le pays, conduit en Arménie plus de captifs qu'il n'en avait autrefois conduit à Ardaz. Parmi ces captifs se trouve leur roi nommé Zarthmanos. En récompense de tant d'actions d'éclat, de si grands services, Ardaces donne à Sempad un apanage de la couronne, situé dans le pays de Corhtan, lui abandonne les sources de l'Ourhd (du chameau), plus, tout le butin. Ardavazth, poussé par l'envie, veut faire périr Sempad; son projet est découvert, et Ardaces son père en conçoit la plus vive indignation. Mais Sempad, cédant la place à Ardavazth, s'en va en Assyrie; il quitte même de sa propre volonté le commandement des troupes arméniennes que lui enviait Ardavazth, s'établit par l'ordre d'Ardaces à Demoris, appelé aujourd'hui Gorthik, et installe à Algui tous ses captifs; Sempad, déjà vieux, s'était marié en Assyrie dans ces contrées et l'amour extrême qu'il avait pour sa femme fait qu'il se fixe dans son pays.

Cependant Ardavazth, après le départ de Sempad, obtient de son père, comme il le désirait, le commandement de toutes les troupes; mais bientôt éclate contre Ardavazth la jalousie de ses frères, excités par leurs femmes; c'est pourquoi Ardaces choisit pour son général Vroïr, homme sage, savant et poète, lui confie la direction de toutes les affaires de sa cour; il institue Majan grand prêtre, à Ani, du dieu Aramazth. Ardaces partage ses troupes en quatre divisions; la division de l'armée d'Orient est sous le commandement d'Ardavazth; celle d'Occident est donnée à Diran; la division du Sud est confiée à Sempad, et celle du Nord remise à Zareh. Zareh était un homme hautain, très propre à la chasse des bêtes fauves; mais sans courage et sans mérite dans la guerre. Kartzam, roi de Géorgie, profitant de l'incapacité de Zareh, soulève tout le pays; puis il charge Zareh lui-même de chaînes et le jette en prison sur le Caucase. Mais bientôt Ardavatz et Diran avec Sempad fondent sur le fier Kartzam, et tirent leur frère (Zareh) de la prison où il gémissait chargé de chaînes.

LIV.

Guerre avec l'armée de Pompée dans la Pasénie.

Des troubles surviennent en Occident; Ardaces croit le moment favorable pour la révolte : il résiste aux Romains en leur refusant le tribut accoutumé. Mais l'empereur Domitien, indigné, envoie des troupes contre Ardaces. Arrivée dans les contrées de Césarée, l'armée romaine pousse vivement Diran et ses troupes occidentales jusqu'à l'immense vallée de la Pasénie. Ardavatz, accouru avec ses troupes d'orient et du nord, accompagné de tous les fils du roi, combat avec acharnement; pour lui le danger est imminent. Vers la fin du combat, Sempad arrive avec les troupes du midi, et, se faisant jour à travers les ennemis, parvient à sauver les fils du roi, remporte une victoire complète, et met fin au combat. Quoique vieux, Sempad, avec toute la vigueur d'un jeune homme, dispose, pousse en avant son armée, et parvient, toujours en gagnant du terrain, à chasser les Romains jusque sur les terres de Césarée.

Des chroniqueurs, voulant célébrer ce fait dans des chants fabuleux, disent que Domit, c'est-à-dire Domitien, s'était rendu à cette expédition. Domitien n'y était pas, mais ses ordres, ses troupes, sont pris ici pour sa personne et son nom.

La fortune semble favoriser Ardaces, car, sur ces entrefaites, Domitien meurt à Rome, et Nerva, qui lui succède, ne règne pas plus d'un an. Ces circonstances réveillent le courage des troupes arméniennes et perses, qui font incursion en Grèce; empressés à suivre cet exemple de rébellion, les Égyptiens, les peuples des contrées de la Palestine, refusent le tribut aux Romains.

LV.

Trajan. — Ses faits et gestes. — Mort de Majan tué par ses frères.

Vers ce temps-là, Trajan devient empereur des Romains, et, après avoir pacifié tout l'Occident, vient fondre sur les Égyptiens et les habitans de la Palestine, soumet ces peuples, et va en Orient attaquer les Persés. Cependant Ardacès se hâte d'accourir à la rencontre de Trajan avec de riches présens, et, assumant sur lui toute la responsabilité de la faute commise, il se présente à l'empereur romain avec tous les tributs des années précédentes. Trajan pardonne, et Ardacès retourne en Arménie ; puis l'empereur romain passe en Perse, et, après avoir fait tout ce qu'il veut, retourne en Assyrie.

Majan va à sa rencontre, pour trahir et pour perdre ses frères. « Apprends, dit-il, ô roi, que, si tu ne chasses pas Diran, si tu ne confies pas le commandement des troupes arméniennes à Zareh, les tributs ne rentreront pas sans peine dans ton trésor. » Cette conduite de Majan était l'effet de la haine qu'il portait à Sempad, qui l'avait élevé. Il méditait aussi la perte de Diran, dans l'espoir d'être tout à la fois grand-prêtre et général des troupes de l'Occident. Mais Trajan, sans s'inquiéter de ce rapport, renvoie Majan tout confus. Cependant Ardavatz et Diran, qui avaient pénétré les projets du traître, lui dressent des embûches dans une partie de chasse, le tuent, puis, emportant son corps, vont l'enterrer à Pacavan (Idoleville), en qualité de grand-prêtre. Depuis cette époque, Ardacès ne cesse de payer, jusqu'à sa mort, exactement le tribut à Trajan, et après lui à l'empereur Adrien.

LVI.

Manière dont Ardacès augmente la population de notre pays, et fixe la mesure des terres.

Après tant de hauts faits, tant de sages institutions, Ardacès fixe l'étendue territoriale des bourgs et des villages. Il augmente la population de notre pays ; l'Arménie accroît considérablement ses revenus, peuple les montagnes, les collines et les plaines. Voici la marque par laquelle il détermine la mesure des terres. Il fait tailler des pierres en forme quadrangulaire, les fait creuser en rond dans le milieu, et enfouir dans la terre ; puis, il fait élever sur ces pierres des termes à quatre faces, un peu au-dessus du niveau de la terre. Jaloux de toutes ces améliorations, Ardachir, fils de Sassan, les fait exécuter en Perse sous son nom, pour empêcher celui d'Ardaces d'obtenir le souvenir des peuples.

On dit que, du temps d'Ardaces, personne, dans toute l'Arménie, n'était sans travail, ni montagnards, ni habitans des plaines, à cause des nombreuses constructions qui s'élevaient de toutes parts.

LVII.

Satrapie des Amadouni.

Sous le règne d'Ardaces, dit-on, la race des Amadouni vient s'établir en Orient, dans le pays des Arik. Cette famille provenait originairement d'un Juif appelé Manyas. Son fils, d'une taille gigantesque et athlétique, prend le nom de Samson, selon la coutume des Juifs de donner le nom des premiers Juifs à qui donnait l'espoir de les représenter. Il est vrai de dire encore aujourd'hui que ce nom de Samson convient bien à la race des Amadouni, car cette race ne se compose que d'hommes robustes, bien faits, doués de grâces et de vigueur en toutes choses. Amenés dans le pays par Arsace, premier roi d'entre les Parthes, ils sont arrivés par progression en honneur dans le pays des Arik, contrée d'Amadan. Mais quelle est la cause de leur migration ici? Je ne sais. Honorés et gratifiés, par Ardaces, de villages et d'établissemens, ils s'appellent Amadouni (qui n'est pas de la maison), comme étant étrangers ; mais la moitié des Perses les appellent encore Manyasiens, du nom de leur ancêtre.

LVIII.

Maison des Arrouvéliens. — D'où est issue cette race ?

Sous Ardaces, paraissent les Arrouvéliens, Alans de nation, alliés de Satinig, venus à sa suite, puis admis au droit de nationalité, élevés à la dignité de satrapie, en Arménie, comme les parens d'une grande reine. Et du temps de Kosrov, père de Tiridate, on les voit contracter alliance avec une branche célèbre des Passils (Basils), venue en Arménie.

LIX.

Connaissance des arts introduite sous Ardaces.

Comme tous les faits accomplis sous Ardaces sont innombrables, nous les avons partagés en beaucoup de chapitres, de peur que la longueur du récit ne fatiguât le lecteur. L'objet de ce dernier chapitre est de rappeler tous les autres faits non mentionnés jusqu'ici, arrivés du temps d'Ardaces ; car, quoique tout ce que nous avons rappelé dans les précédens chapitres soit autant de belles institutions, de sages coutumes établies par Valarsace et les autres premiers rois, il faut cependant convenir que ces princes n'avaient aucune idée des arts libéraux ni des sciences, car ils étaient toujours occupés à des courses et à des incursions ; ils négligeaient donc entièrement les sciences, ou la connaissance n'en était pas arrivée jusqu'à eux. Je dis, par exemple, qu'ils ne faisaient nulle attention aux révolutions circulaires des semaines, des mois, des années, car ces points leur étaient totalement étrangers ; ils se réglaient sur l'usage des autres nations. Il n'y avait nul moyen de naviguer sur les lacs du pays, de traverser les fleuves ; il n'existait nul instrument de pêche ; l'agriculture même n'était pas partout pratiquée ; comme dans les contrées du nord, on vivait de charognes et d'autres alimens non moins dégoûtans. Eh bien ! tout est réglé, réformé, tout change du temps d'Ardaces.

LX.

Mort d'Ardaces.

Ce que rapporte Arisdon de Pherrha sur la mort d'Ardaces est vraiment intéressant. En ce temps, les Juifs se révoltent contre Adrien, empereur des Romains, et font la guerre contre l'hipparque Rouphos, sous la conduite d'un certain brigand dont le nom était Parcopa (Barchochebas), c'est-à-dire fils de l'astre. Malfaiteur, assassin, cet homme se glorifiait avec vanité de son nom, comme s'il eût été pour les Juifs un sauveur descendu des cieux pour délivrer les opprimés et les captifs. Il pousse si vivement la guerre que, à cette vue, les Assyriens, les habitans des terres méditerranées et toute la Perse se soustraient aux tributs des Romains, car Parcopa avait appris qu'Adrien était atteint du mal de la lèpre, mais notre Ardaces ne quitte pas son parti.

C'est sur ces entrefaites qu'Adrien arrive en Palestine, et défait les révoltés, qu'il assiège dans une petite ville, près de Jérusalem. En conséquence, il ordonne à toute la nation juive de s'éloigner du pays de ses frères, et les Juifs n'apercevront pas même de loin Jérusalem. Cette ville, détruite par Vespasien, par Titus, par Adrien lui-même, est rebâtie par ce dernier prince, qui lui donne pour nom Elios (soleil), c'est-à-dire son propre nom, car on appelait Adrien soleil. Il établit, dans les murs de la nouvelle cité, des païens et des chrétiens, dont l'évêque était Marcus. Vers le même temps, Adrien envoie de grandes forces autour de l'Assyrie, et ordonne à notre Ardaces d'aller en Perse avec ses surintendans. Attaché à sa personne en qualité de garde-notes (secrétaire), celui qui nous a donné cette histoire rencontre Ardaces en Médie, dans un endroit appelé Sohounth.

Il est dit qu'Ardaces tombe malade à Maranth, dans le bourg de Pagouraguerd (Pagouraville). Là se trouvait un certain Aperh, chef de la maison des Aperhiens, homme actif, astucieux et fourbe adulateur. Ardaces, sur sa demande, l'envoie à Jériza, canton d'Eguerhiatz, au temple d'Ardémith (Diane), demander à la déesse la guérison et une longue vie. L'envoyé n'est pas encore de retour, et déjà Ardaces n'est plus. Grand nombre de personnes dévouées au prince vont bientôt le rejoindre dans la tombe, dit l'historien, et ses femmes bien-aimées, et ses concubines, et ses fidèles esclaves. Une pompe éclatante est préparée de mille manières pour rendre honneur à ses dépouilles mortelles, avec tout l'ordre des cités, et non à la manière des barbares. La civière mortuaire est d'or; le trône, le lit, de toile fine; le manteau qui enveloppe le corps, un tissu de fils d'or; une couronne est attachée sur la tête d'Ardaces, une épée d'or est posée devant lui. A l'entour du corps se tiennent, sur des trônes, et les fils du roi défunt, et toute la multitude de ses parens et alliés. Puis, on voit près d'eux les officiers militaires, les chefs de famille (nahabed), les classes de satrapes; les corps de troupes, tous les soldats portent armes et bagages, comme s'ils devaient marcher au combat. Les trompettes d'airain retentissantes ouvrent la marche, qui est fermée par une foule de jeunes filles, vêtues de noir, qui poussent des cris déchirans, par une foule de femmes éplorées, et enfin par toute la foule du peuple. Porté au milieu de cette pompe, Ardaces est enterré. Autour de sa tombe ont lieu bien des morts volontaires, comme nous l'avons dit plus haut. Ainsi finit ce prince chéri de notre pays, après avoir régné quarante-et-un ans.

LXI.

Règne d'Ardavazth. — Ce prince chasse ses frères et sœurs. — Mort d'Ardavazth avec toutes les circonstances fabuleuses.

Après Ardaces règne Ardavazth, son fils. Ce prince chasse de l'Ararat tous ses frères, et les relègue dans les cantons d'Arhiovid et d'Arrpéran, pour les empêcher d'habiter en Ararat, dans les domaines du roi. Mais il garde seulement près de lui Diran, comme agrégé et successeur au trône, car Ardavazth n'avait pas d'enfant. Le roi, après quelques jours de règne, au moment où il passe le pont de la ville d'Ardachad, pour aller chasser les sangliers et les onagres (ânes sauvages), l'esprit troublé par quelque accès de folie, se précipite avec son cheval, tombe dans une vaste profondeur, et disparait entièrement.

Voici les fables que les chants chroniques de Corhtan publient sur le compte d'Ardavazth. « A la mort d'Ardaces, disent ces fables, il y a beaucoup de sang répandu, suivant l'usage des païens. Ce que voyant avec peine, Ardavazth dit à son père : « Tandis que tu pars, et que tu emportes avec toi tout le pays, que ferai-je, moi ? comment régner sur des ruines ? » Ardaces, indigné de cette audace, maudit Ardavazth, et lui parle ainsi : « Tu iras à cheval chasser dans les lieux de franchise sur le Massis ; les braves habitans te prendront, te mèneront dans ces lieux de franchise sur le Massis ; tu y resteras détenu, et tu ne verras plus la lumière. »

Les vieilles femmes racontent d'Ardavazth qu'il est incarcéré dans quelque coin, chargé de chaînes de fer. Deux chiens rongent incessamment les chaines d'Ardavazth, qui s'efforce de s'en dégager pour aller travailler à la ruine du monde. Mais, sous les coups répétés des forgerons, les fers du captif, dit-on, prennent une nouvelle force de résistance. C'est pourquoi, même de notre temps, beaucoup de forgerons, suivant les enseignemens de la fable, battent l'enclume trois ou quatre fois le premier jour de la semaine, pour consolider, disent-ils, les chaines d'Ardavazth. Mais la vérité est ce que nous avons rapporté plus haut.

On ait encore que, à sa naissance, il arrive un incident malheureux. Les femmes des descendans d'Astyage passent pour avoir jeté un sort sur le prince nouveau-né ; c'est pourquoi Ardaces les persécute de mille manières. Voici ce que disent les chants chroniques de la fable : « Les descendans du dragon enlèvent le jeune Ardavazth, et mettent un démon à sa place. » Mais ce qui me paraît ici vérité, c'est que, depuis sa naissance jusqu'au moment de sa fin, Ardavazth est adonné au vice. Diran, son frère, prend la couronne.

LXII.

Faits relatifs à Diran.

Diran, fils d'Ardaces, monte sur le trône d'Arménie, la troisième année de Béroze Ier, roi des Perses. On ne rapporte de Diran aucune action d'éclat ; on dit seulement qu'il sert les Romains avec fidélité. Ce prince vit en paix, occupé de chasse et de plaisirs, comme l'on dit. Il avait deux chevaux plus légers à la course que Pégase ; on eût dit qu'ils ne foulaient pas la terre, mais bien qu'ils fendaient l'air. Un jour, Thadaké, prince des Peznouni, demande à Diran la faveur de monter ses chevaux, et se glorifie d'être plus magnifique que le roi.

Les hommes de sa race, de la race des Archagouni, qui habitaient les contrées d'Achdiank, s'empressent de venir le trouver, et lui disent : « Élargis, étends nos possessions, qui sont trop resserrées, car nous avons multiplié. » Le roi ordonne à une partie d'entre eux d'aller dans le canton d'Arhiovid et d'Arrpéran. Mais, comme ces gens se mettent à présenter au roi de nouvelles et de plus vives réclamations, en disant : « Mais nous serons encore plus à l'étroit », Diran ferme l'oreille à leurs suppliques. Il décide de ne pas leur donner d'autres possessions, mais bien de partager entre eux, par égale partie, le territoire qu'ils occupent. Le partage des terres étant fait par tête, le territoire d'Achdiank est reconnu insuffisant pour le nombre des habitans. En conséquence, grand nombre d'entre eux vont s'établir dans les cantons d'Arhiovid et d'Arrpéran.

Il y avait, dit-on, du temps de Diran, un jeune homme de la race des Antzavatzi, jeune homme superbe en toutes choses, appelé Ierahhnav ; il épouse la dernière femme d'Ardavazth que ce prince avait amenée de Grèce, et, comme Ardavazth n'avait point d'enfant, le roi laisse à Ierahhnav toute la maison d'Ardavazth, car Ierahhnav passait pour un homme de mérite et plein de modestie, pour un homme réglé dans ses passions. Le roi, qui l'aime, lui donne le second rang qu'occupait Ardavazth, lui confie le commandement de l'armée d'Orient, et laisse près de lui le Perse Throuvasb, son favori, qui était allié aux satrapes du Vasbouragan, et à qui il avait donné le bourg Dadion avec ses terres, et une grande vigne arrosée par le fleuve Arroun qui venait de la mer (du lac) Caïladon. Diran s'en va dans les contrées d'Eguérhiatz, et fixe sa cour dans le bourg Tchermes. Enfin, après un règne de vingt-un ans, passés au sein d'une vie tranquille, Diran meurt en route, englouti sous une avalanche de neige glaciale.

LXIII.

Tiridate Pacradouni, noms donnés à sa première race.

Tiridate, de la race des Pacradouni, fils de Sempadouhi, sœur du brave Sempad, était un homme courageux et robuste; petit de taille et d'un extérieur chétif. Le roi Diran lui fait épouser sa fille Iéraniag. La princesse, qui hait son mari, se montre désolée, murmure sans cesse, se plaint d'être forcée, elle, la plus belle des femmes, d'habiter avec le plus laid des hommes, d'être alliée, elle, d'un rang si élevé; à un homme d'une basse extraction. Tiridate, indigné des plaintes continuelles de sa femme, la frappe un jour très rudement, lui arrache les cheveux, et après avoir entièrement dépouillé sa tête de toute boucle, de toute chevelure, ordonne d'entraîner la malheureuse princesse, de la jeter hors la chambre. Cependant bientôt lui-même après sa révolte, s'en va dans les contrées fortifiées de Médie. A peine est-il arrivé dans le pays de Suni, qu'il apprend la nouvelle de la mort de Diran; et, à cette nouvelle, il s'arrête.

Un jour Tiridate est invité à la table de Pagour, chef de la famille des Suni. Au milieu des joies que procure le vin, il aperçoit une femme qui était très belle, et chantait en s'accompagnant d'un instrument; le nom de cette femme était Nazinig. Tiridate, transporté d'amour, dit à Pagour: « Donne-moi cette chanteuse. » « Je ne puis te la donner, » répond Pagour, « car cette femme est ma concubine. » Tiridate saisissant alors Nazinig, l'entraîne et la tire près de lui au milieu du festin, car Tiridate brûlait de tous les feux d'un fol amour, comme un jeune homme aux vives passions qu'aucun lien n'enchaîne. Cependant Pagour, mu par la jalousie, se lève pour arracher sa concubine des bras du ravisseur, mais Tiridate, se levant à son tour, saisit une assiette chargée de fleurs, s'en fait une arme, et chasse du divan et du banquet ceux qui, comme lui, y étaient assis. On croirait voir un nouvel Ulysse (*Odissée*) expulsant l'amant de Pénélope, ou bien les combats des Lapithes et des centaures, au sujet des noces de Pirithoüs. Tiridate arrive ainsi en sa maison, monte à cheval, et fuit avec sa concubine au canton de Sber. Il est superflu de retracer plus long-temps les entreprises audacieuses de cet homme passionné.

Apprends que la race des Pacradouni, en abandonnant les lois de ses pères, reçoit d'abord des noms barbares, tels que ceux-ci : Piourad, Sempad, et autres noms semblables ; et se voit ainsi dépouillée de ces noms primitifs, de ces noms d'aïeux qu'ils (les Pacradouni) portaient avant leur renonciation, tels que les noms de Doupia, Sénékia, Assouth, Sappadia, Vazaria, Enanos. Il me semble que ce nom Pacarad, porté de tout temps par les Pacradouni, est le même que Pacathia, comme Assouth le même qu'Achod; ainsi Vazaria répond à Varaz, comme Champad à Sempad.

LXIV.

Quel est Tigrane dernier du nom. — Quels sont ses faits et gestes ?

A Diran succède son frère Tigrane, dernier du nom, qui monte sur le trône d'Arménie, la vingt quatrième année du règne de Béroze, roi de Perse. Après une longue vie de quarante deux ans, Tigrane meurt, sans avoir fait une action digne de mémoire, mais il est à remarquer qu'il est réduit en captivité par une jeune fille grecque, dans le temps de la mort de Titus deuxième, empereur des Romains, nommé Antonin Auguste. Béroze, roi des Perses, attaque la puissance des Romains avec succès, succès qui lui vaut le nom de Béroze, c'est-à-dire vainqueur, car avant il se nommait Varhékéssos en langue grecque ; mais quel nom lui donnent les Perses ? je ne sais.

En même temps que Béroze fait incursion en Assyrie, sur les confins de la Palestine, notre Tigrane, pour lui, et par ses ordres, fait incursion dans les terres méditerranées. Il s'y voit saisi et jeté dans les fers par la jeune princesse qui gouvernait le pays, dans le temps que Lucianus César élevait un temple à Athènes. Lucianus passe avec beaucoup de troupes par les terres méditerranées, après la mort de Béroze, soumet l'Arménie, et délivre Tigrane ; il lui donne la jeune Roppie, sa parente, en mariage ; mais, revenu en Arménie, Tigrane et les quatre jeunes fils qu'il a eus d'elle prennent le nom de leur mère Roppie, et s'appelent Ropsiens. Tigrane fait le premier de ces enfans, le chef de la famille qu'il met au rang des autres satrapies, pour l'empêcher de s'appeler Pacradouni.

Quant aux branches cadettes, Tigrane les établit, partie en cet endroit, partie dans les contrées Gordjaik. Ces races se composent d'individus d'une naissance obscure, qui faisaient partie des bandes armées et qui s'étaient distingués en combattant pour la cause de Tigrane, en Grèce, d'individus provenant des contrées Gordjaik ou bien de notre côté ; je veux parler de nos premiers voisins les Vdjiank et des descendans d'Hayg, quelques unes de ces races se composent d'étrangers. Nous n'en parlerons pas par leurs noms, d'abord, parce que plusieurs de ces noms nous sont inconnus ; 2° parce qu'il serait difficile et pénible de poursuivre les investigations ; 3° parce que le peu de fixité et la variété des opinions nous obligerait à les passer toutes en revue. Pour cette raison, nous ne dirons rien de ces races constituées par Tigrane, dernier du nom, quoique plusieurs fois tu nous aies prié de traiter ce sujet. Mais nous parlerons seulement de ce qui est postérieur, de ce dont nous sommes certains ; car nous avons évité, autant que possible, toute superfluité, toute parole pompeuse, tout ce qui n'est qu'incertitude et réflexion, nous attachant seulement à tout ce qui de notre part ou d'autre part est justice et vérité ; fidèle à ce plan de conduite, je supprime toutes ces paroles inconsidérées, tout ce qui tend à introduire des opinions de doute et d'incertitude. Je te conjure encore, comme je t'ai déjà conjuré bien souvent, de ne pas nous forcer à entrer dans des récits superflus, en faisant de notre travail, qui est partout une œuvre grande et basée sur la vérité des faits, en faisant, disons-nous, de notre travail une œuvre vaine et superflue. Le danger serait le même pour toi que pour moi.

LXV.

Règne de Varharch. — Construction de la place Pasen. — La nouvelle ville est entourée de murailles. — Guerre contre les Hhazirs. — Mort de Varharch.

Après la mort de Tigrane, Varharch, son fils, monte sur le trône la trente deuxième année du règne de son homonyme Varharch, roi de Perse. Varharch élève un grand bourg au lieu même de sa naissance sur le chemin. Sa mère, en allant pour passer l'hiver en Ararat, se trouvant tout-à-coup surprise de douleurs, était accouchée sur le chemin dans le canton de Pasénie, à l'endroit où se mêlent les eaux du Mourtz et de l'Araxe. Varharch couvre cet endroit de constructions et le nomme Varharchavan (Varharchville), l'entoure de murailles ainsi que la place forte de Varthes, située sur le fleuve Kasahh. Voici ce que dit la fable. Varthes encore enfant ayant quitté le canton Douh, situé le long du fleuve Kassahh, va s'arrêter sur la colline Cherez près de la ville Ardimeth, du fleuve Kassahh, se met à tailler, à sculpter la porte du roi Erouanth. C'est Erouanth Ier, de courte vie, descendant d'Hayg. Varthes épouse sa sœur et bâtit cette place. Tigrane second, de la race des Archagouni, y établit la foule des Juifs captifs lors de la première captivité, et cette place devient un village entrepôt de commerce. Varharch l'entoure de murailles et de forts remparts et le nomme Varharchabad (enceinte de Varharch); c'est la nouvelle ville.

Ce prince meurt après avoir régné vingt ans; si les autres n'ont fait que vivre de la durée commune de la vie, lui, je ne crains pas de le dire, vit, après sa mort, à cause de sa bonne réputation qui l'élève bien audessus des rois lâches et efféminés. Car il arrive que de son temps les peuplades du nord, je parle des Hhazirs et des Passils, forment une ligue, s'avancent au-delà de la porte Gora sous la conduite de leur roi Vnaseb Sourhab. Déjà ces peuples ont passé le fleuve Gour (Kur). Varharch accourt à la tête d'une armée considérable de vigoureux soldats; aussitôt, il fait mordre la poussière à cette multitude dont les cadavres roulent çà et là, s'attache à sa poursuite, et passe par le défilé de Djor. Là, les ennemis, s'étant ralliés, reforment leur front de bataille; bien que les braves enfans d'Hayg parviennent à les chasser, à les mettre en fuite, Varharch n'en meurt pas moins sous les traits des vigoureux archers.

Le trône de Varharch est occupé par Hhosrov, son fils, la troisième année du règne d'Ardavan, roi de Perse. Aussitôt ce prince, à la tête des forces d'Arménie, passe la grande montagne pour venger la mort de son père, défait au moyen du glaive et du javelot ces peuples intrépides, prend sur eux le centième de toutes les choses utiles, et en signe de sa domination laisse une colonne avec inscription en grec afin qu'il demeure évident que tout est sous l'obéissance des Romains.

LXVI.

D'où sont tirés les faits rapportés.

Ces faits nous sont rapportés par Parthadzan d'Edesse, qui fleurit comme historien au temps du dernier Antonin. Parthadzan avait été disciple de la secte de Valentinien, puis l'avait rejetée et combattue ; il n'était pas dans la vérité, il n'en était que séparé et avait formé un schisme particulier. Cependant il ne fausse pas l'histoire ; Parthadzan était un homme fort et puissant en paroles, il a même le courage et l'audace d'adresser une lettre à Antonin, disserte longuement contre la secte des marcionites, contre les distributions et le culte des idoles pratiqué en notre pays.

Parthadzan vient ici pour tâcher de faire quelques disciples parmi ce peuple grossier de païens. Comme il n'est pas accueilli, il entre alors dans le fort d'Ani, lit l'histoire des temples où se trouvent relatés les gestes des rois, il y ajoute ce qui se passe de son temps et traduit le tout en langue assyrienne, ce qui, dans la suite, est traduit en langue grecque. Parthadzan rapporte, d'après les annales des temples, que Tygrane, dernier du nom, roi d'Arménie, voulant honorer le tombeau de son frère Majan, le grand prêtre, dans le bourg des idoles situé au canton de Pacrevant, élève sur ce tombeau une chapelle afin que tous les passans puissent jouir du bénéfice des sacrifices, et que les étrangers y soient reçus le soir. Dans la suite Varharch y institue une fête générale au commencement de l'année, à l'entrée du mois navasarth (août). C'est de cette histoire que nous tirons notre propre histoire ; nous allons te la développer depuis le règne d'Ardavazth, jusqu'aux annales de Hhosrov.

LXVII.

Manière abrégée dont Acatankerhos (Agatange) rapporte les faits.

Ainsi que nous l'avons dit, à Varharch succède, sur le trône, Hhosrov son fils, père du saint, du grand Tiridate. L'histoire de Hhosrov et de ses parens n'est qu'effleurée par l'habile secrétaire de Tiridate, Agatange, qui rapporte en peu de mots la mort d'Ardavan, roi de Perse, la destruction du royaume des Parthes par Ardachir, fils de Sassan, la réduction, la soumission des Perses, la vengeance exercée par Hhosrov, père de Tiridate, ses incursions qui désolent le pays des Perses et des Assyriens. Après quoi, dit l'historien, Hhosrov envoie dans son pays natal, aux contrées de Kouch (Kusistan), prier ses parens de venir à son secours et de résister à Ardachir. Mais ceux-ci, ajoute Agatange, ferment l'oreille à ces propositions, aimant mieux vivre sous les lois d'Ardachir que sous l'empire de leur parent, de leur frère. Cependant Hhosrov, sans le secours de leur bras, obtient la vengeance qu'il désire. Sans cesse pendant dix ans, il renouvelle le pillage, réduisant le pays aux dernières extrémités; Agatange rappelle ensuite l'arrivée d'Anag attiré par la ruse, séduit par les promesses fallacieuses d'Ardachir, qui lui dit, je vous rendrai l'apanage qui vous appartenait, je vous rendrai Bahlav, je décorerai ton front d'une couronne; en conséquence Anag consent et tue Hhosrov.

Quoique Agatange passe ainsi rapidement sur cette circonstance, moi je n'en ai pas moins consenti à traiter d'une manière plus étendue et plus explicite l'histoire de ce temps, en la prenant dès le commencement et la présentant avec un langage de vérité toujours plein et toujours soutenu.

LXVIII.

Des races royales, parmi lesquelles se distinguent celles des Parthes.

Depuis Adam, le vingtième Nahabed, chef et conducteur de race, est Abraham au rapport de l'histoire sainte. D'Abraham descend la race des Parthes. Après la mort de Sara, dit l'Écriture, Abraham prend pour femme Cétura, de laquelle naissent Emran et ses frères, qu'Abraham pendant sa vie sépare d'Isaac en les envoyant en Orient. C'est d'Emran et de ses frères qu'est issue la race des Parthes, dont descend le brave Arsace, qui secoue le joug des Macédoniens, et règne en la terre de Kouch (Kusistan) l'espace de trente et un ans. Après lui, son fils Ardace occupe le trône vingt-six ans; vient ensuite le fils d'Ardaces, Arsace appelé le grand, qui tue Antiochus, établit Valarsace son frère, roi d'Arménie, et lui donne le second rang. Arsace étant allé à Pahl, y tient le siége de son royaume pendant cinquante trois ans; c'est pourquoi ses descendants s'appellent Bahlav, comme aussi les descendans de son frère Valarsace, du nom de leur auteur, s'appellent Archagouni (Arsacidès). Ce sont les rois Bahlaviens. Après Arsace le grand, son fils Archagan monte sur le trône, la trentième année du règne de Valarsace, roi d'Arménie, et conserve la couronne pendant trente ans. Puis paraît Archanag, qui règne trente-et-un ans, son successeur Archez règne vingt ans, ensuite Archavir, quarante-six ans. Ce prince a trois fils et une fille, comme je l'ai dit ci-dessus. Le nom de l'aîné est Ardaces, celui du second, Garen, le nom du troisième Souren, la fille s'appelle Gochm.

Après la mort de son père, Ardaces veut dans sa postérité régner sur ses frères. Ceux-ci se soumettent aux volontés d'Ardaces, qui se les assujettit plutôt par des paroles douces et trompeuses que par la rigueur. Le traité d'Abgar est rétabli, Ardaces règnera dans sa postérité; si sa descendance vient à manquer, ses frères arriveront au trône, selon l'ordre de primogéniture. Ardaces, après avoir obtenu de ses frères ce qu'il désirait, leur donne à chacun des cantons et veut que leur nom reste à leur postérité; il institue en leur faveur des satrapies supérieures en dignités à toutes les autres satrapies; chacune de ces satrapies conservera le nom primitif de la race, ainsi elles s'appelleront satrapie de Garen Bahlav, Souren Bahlav. La satrapie de leur sœur prendra le nom de satrapie d'Asbahabed (général) Bahlav; car son mari était général d'armée. Grand nombre d'années s'écoulent sous l'empire de ces dispositions jusqu'au moment où la couronne est arrachée à leur dynastie.

Mais garde-toi de nous blâmer ici et de regarder notre travail comme un travail superflu, parce que nous revenons sur des faits déja rapportés; apprends que c'est par goût, pour bien faire connaître aux lecteurs la race de notre illuminateur, que nous répétons ces faits.

LXIX.

État de la postérité d'Ardaces, roi des Perses, jusqu'à la chute de sa dynastie.

Nous allons passer en revue la liste des rois de la race d'Ardaces, jusqu'au moment où le trône est enlevé à cette race. Après Archavir, comme nous l'avons dit, Ardaces monte sur le trône et règne trente-quatre ans, Thareh trente ans, Arsace dix-neuf ans, Béroze trente-quatre ans, Varharch cinquante ans, Ardavan trente-et-un ans. Ce prince est tué par Ardachir Sdaratzi (de Sdahr), fils de Sassan, par

Ardachir qui ravit le royaume des Parthes, et leur enlève leur propre pays. L'histoire de ce temps est écrite par grand nombre d'écrivains perses, assyriens et même grecs ; car depuis le commencement de leur dynastie jusqu'à leur chute, on voit les Parthes en rapport avec les Romains. Tantôt en état d'obéissance et tantôt en état de guerre, comme le rapportent Barhéphados, Porphyre, Philémon et beaucoup d'autres écrivains. Mais nous ne parlerons que d'après le livre apporté par Hhorrohpoud (Corobute), sous le nom de Parsouma (Barsuma).

LXX.

Récits fabuleux touchant les Bahlaviens.

Ce Hhorrohpoud (Corobute) étant secrétaire de Chabouh (Sapor), roi des Perses, tombe au pouvoir des Grecs, lorsque Julien, appelé Baratus, à la tête d'une armée, vient à Dizbon (Ctésiphon) ; Julien y meurt, et Hhorrohpoud vient en Grèce avec Jovien au nombre des officiers du palais. Après avoir embrassé notre religion il est nommé Éléazar. Instruit dans la langue grecque, il écrit les faits et gestes de Chabouh et de Julien ; de plus il traduit l'histoire des ancêtres, en un volume, sous le nom de son compagnon de captivité Parsouma, que les Perses appellent Rasdsohoun. C'est de cet ouvrage que nous viennent nos données ; nous les reproduisons ici, en écartant toutefois les contes fabuleux qui se trouvent dans l'œuvre de Hhorrohpoud. Car il serait déplacé ici de répéter les fables au sujet du songe plein de désirs, au sujet de ce feu (conte absurde) dont les ondulations enveloppent Sassan, au sujet de cette enceinte autour du troupeau, au sujet du clair de lune, au sujet de ces prédictions de ces faiseurs d'horoscopes, ou Chaldéens, au sujet de tout le reste. Nous passerons aussi sous silence, et ce projet de débauche d'Ardachir accompagné de meurtre, et cet acte insensé de la fille du mage pour un bouc, et tout le reste. Nous laisserons encore de côté l'allaitement de l'enfant par une chèvre, à l'ombre des ailes de l'aigle, le présage du corbeau, la sauve-garde et surveillance du lion merveilleux avec le service du loup ; la vertu du combat singulier, et tout ce qui porte le caractère de l'allégorie. Mais nous dirons seulement ce qui est certain, tout ce qui est histoire véritable.

LXXI.

Première irruption de Hhosrov en Assyrie où il croit pouvoir secourir Ardavan.

Après le meurtre d'Ardavan, Ardachir, fils de Sassan, s'étant emparé du trône, deux branches Bahlav, appelées Asbahabied et Sourénienne Bahlav, encore jalouses de la branche régnante sortie de leur race, jalouses de la branche d'Ardaces, consentent volontiers à voir régner Ardachir, fils de Sassan. Mais gardant fidélité à leur frère et parent, ceux de la maison Garen Bahlav s'opposent, les armes à la main, à Ardachir, fils de Sassan; Hhosrov, roi d'Arménie, informé des troubles, arrive au secours d'Ardavan, afin de sauver seulement, s'il est possible, par une grande diligence, la vie d'Ardavan. A peine a-t-il pénétré dans l'Assyrie qu'il apprend la fâcheuse nouvelle de la mort d'Ardavan, l'alliance de toutes les troupes des Perses et des satrapes, et même de sa race, la race des Parthes et des Bahlaviens, exepté ceux de la branche de Garen. Après leur avoir envoyé des députés, il retourne en notre pays, le cœur plein de tristesse et de chagrin. Aussitôt il s'empresse de tout faire connaître à Philippe, empereur des Romains, implorant assistance et protection.

LXXII.

Hhosrov ayant obtenu secours de Philippe marche contre Ardachir et lui livre combat.

Comme de grands troubles agitent l'empire de Philippe, ce prince ne peut employer des légions romaines à secourir Hhosrov, mais il l'aide puissamment par ses édits. en ordonnant à toutes les contrées de lui prêter appui et protection. L'édit une fois connu, on arrive à son secours du fond de l'Égypte, et du désert jusqu'aux rives du Pont. Hhosrov avec cette multitude marche contre Ardachir. Bientôt il met son armée en fuite, lui enlève l'Assyrie et les autres parties de ses états.

Ensuite Hhosrov expédie des envoyés à tous ses parents et alliés de race parthe et Bahlavienne, à toutes les troupes du pays de Kouch (Kusistan), pour les engager à venir tirer vengeance d'Ardachir, promettant de faire aussitôt roi du pays le plus digne d'entre eux, pour empêcher que la couronne ne leur échappe; mais sur le refus des branches précitées, qui sont appellées la branche Asbahabied et la branche Souren, Hhosrov retourne en notre pays, moins satisfait de sa victoire qu'affligé de l'abandon de ses parens et alliés. Sur ces entrefaites, Hhosrov voit revenir quelques-uns de ses envoyés, qui ont été chez une race plus généreuse, plus avant dans l'intérieur du pays, enfin à Pahl même. Voici la bonne nouvelle qu'ils apportent à leur maître : « Ton parent, disent-ils, Véhsadjan Bahlav, n'a point obéi à Ardachir; il répond à ton appel, il vient à toi. »

LXXIII.

Nouvelle attaque de Hhosrov contre Ardachir sans le secours des Romains.

Quoique très vive, à la nouvelle de l'arrivée de ses parents, la joie de Hhosrov ne dure pas long-temps, car bientôt arrive cette fâcheuse nouvelle : Ardachir, lui-même, à la tête de ses troupes ralliées, s'est mis à la poursuite de ses ennemis, et a taillé en pièces toute la race de Garen Bahlav, exterminant tous les enfans mâles, depuis les jeunes gens jusqu'aux enfans à la mamelle, à l'exception d'un seul enfant enlevé par un ami fidèle de sa maison, appelé Pourz, qui s'enfuit dans le pays de Kouch (Kusitan) et remit l'enfant à ses parens. Ardachir fait les plus grands efforts pour avoir cet enfant en sa possession, mais il ne peut rien obtenir de ses parens fidèles à sa cause, tant qu'il ne veut pas jurer de ne lui rien faire. Les Perses débitent mille fables sur le compte de cet enfant, ils disent que des animaux prennent soin de le servir. Cet enfant est Bérozamad, issu de la grande race primitive des Gamsariens : nous en parlerons en son lieu.

Mais nous allons rapporter les faits postérieurs à la ruine de la race Garenienne Bahlav, événement dont Hhosrov, roi des Perses, poursuit ardemment la vengeance. Quoique Philippe soit mort, et l'empire des Romains troublé et agité; quoique les empereurs, qui s'arrachent l'un à l'autre une puissance éphémère, Decius, Gallus et Valerianus, ne viennent point au secours de Hhosrov, cependant ce prince, à la tête de ses troupes, avec le secours de partisans fidèles et des nations du nord, triomphe d'Ardachir, poursuivant son armée fugitive jusque dans l'Inde.

LXXIV.

Arrivée d'Anag. — Avénement de saint Grégoire.

Défait et mis en fuite par Hhosrov, Ardachir, poursuivi jusque dans l'Inde, fait de grandes promesses à ses satrapes, si l'un d'eux le délivre de Hhosrov, soit par l'emploi de quelque poison, soit par le meurtre, en portant secrètement à Hhosrov un coup de poignard; Ardachir promet divers présens. « C'est surtout à vous, Parthes, » dit-il, « qu'il pourrait être facile, sous l'apparence de l'amitié, de surprendre Hhosrov, de le tromper par ce doux nom de parent, car il a pleine confiance en vous. » Ardachir va jusqu'à leur promettre le recouvrement de leur héritage, qui s'appelle Bahlav, de la ville royale Pahl, et de tout le pays de Kouch (Kusistan). Il promet encore toute la forme et l'éclat de la royauté, même la moitié de sa puissance sur les Arik avec le titre de son second. Séduit par ces promesses, Anag, de la race Sourenienne Bahlav, s'engage à tuer Hhosrov. Il feint d'avoir des motifs de rupture, et s'enfuit de la cour d'Ardachir; aussitôt les Perses se mettent à sa poursuite, et comme s'ils voulaient pousser le fugitif en Assyrie, l'entraînent sur les frontières de l'Aderbaidjan, au milieu des Gorthouk (Cordiens). A cette nouvelle le grand Hhosrov, alors dans le canton des Oudéatzi, soupçonnant l'arrivée des Garéniens, envoie un détachement au secours d'Anag. On trouve Anag, on le conduit, par ordre du roi, dans le canton appelé Ardaz, en une place d'une grande étendue où furent découverts les restes du saint et grand apôtre Thadée.

Je vais ici rapporter le récit merveilleux d'un vieillard qui disait: Je tiens des anciens la coutume de recueillir de père en fils le souvenir des traditions, telles que les traditions d'Olympiodore au sujet de Daron et de la montagne appelée Sim. Or, Anag, établi dans la plaine d'Ardaz, trouve un lieu d'habitation, près des restes du saint apôtre, et prend la chambre la plus retirée. C'est là, dit-on, qu'est envoyée la mère du saint, du grand illuminateur. C'est pourquoi, prévenu de la grâce du saint apôtre, celui qui reçoit l'existence près de son tombeau continue et achève l'œuvre de la culture spirituelle commencée par Thadée.

Deux mois après son arrivée en Arménie, et dans le courant du troisième mois, Anag tue Hhosrov, qui avait régné quarante huit ans. Le roi meurt avec tous les siens, et la Providence divine ne conserve que celui qui , par la volonté de Dieu et l'effet des grâces de l'apôtre, est formé, disons-nous, ou plutôt éclairé dans le ventre de sa mère, et reçoit ainsi les grâces de son apostolat. Quant aux autres récits, Agatange te les fait assez connaître.

LXXV.

Permélianos (Firmèlianus), évêque de Césarée en Cappadoce. — Histoires qui le concernent.

Permélianos, évêque de Césarée, en Cappadoce, doué d'un amour étonnant pour l'étude, va dans son enfance puiser l'instruction près d'Orokin. Permélianos est auteur de plusieurs ouvrages, dont l'un est l'histoire des persécutions suscitées contre l'Eglise avant les règnes de Maximien et de Decius, et continuées jusqu'au temps de Dioclétien. Dans cet ouvrage, il présente aussi les faits et gestes des rois. Il dit que le sixième évêque, alors sur le siège d'Alexandrie, souffrit le martyre, la neuvième année de la persécution. Il parle aussi de plusieurs martyrs sacrifiés par Hhosrov en notre pays. Après ce prince, ce sont tous étrangers , mais comme ses récits ne sont pas marqués du cachet de la vérité, comme, d'ailleurs, il ne signale ni les noms des victimes, ni le lieu du martyre, nous n'avons pas cru nécessaire de répéter ces récits. Nous laissons aussi de côté ce qu'il dit d'Antoine, fils de Sévère, combattant contre Valarsace, roi de Perse, en Mésopotamie ; et mourant entre Edesse et Hharan, tandis que notre Hhosrov n'oppose de résistance à personne.

Pour tout ce qui est des événemens arrivés après la mort de Hhosrov jusqu'au règne de Tiridate, dans les temps d'anarchie, ce qu'il rapporte nous paraît certain , et nous le reproduirons en abrégé. Mais ce qui regarde les événemens du règne de Tiridate et postérieurs à ce règne, ne contient aucune erreur imputable à sa négligence ni à son incurie, aucune faute volontaire ne se trouve dans sa composition , tout est tiré des souvenirs puisés dans les archives des Grecs. C'est ainsi que pour tout ce qui se rapporte à la mémoire des hommes sages, des archéologues philologues , bien informés de la vérité , nous venons te présenter ici de justes et sincères récits.

LXXVI.

Incursion d'Ardachir chez nous. — Victoire remportée sur l'empereur Tacite.

Le même historien dit que, après le meurtre de Hhosrov, les satrapes d'Arménie, d'un commun accord, amènent à leur secours les troupes grecques qui étaient en Phrygie pour résister aux Perses, et garder le pays, et aussitôt ils préviennent l'empereur Valère ; mais comme les légions romaines, en passant le Danube, réduisent en captivité grand nombre de cantons, s'arrêtent à piller les îles Guiougrhath (Cyclades), en conséquence Valère n'arrive point à temps pour secourir notre pays. Valère ne vit pas long-temps ; l'empire passe à Claude, puis à Aurélien ; ces princes se succèdent promptement l'un à l'autre. Pendant quelques mois le trône est occupé par les frères Quintus, Tacite et Florien. C'est pourquoi Ardachir fond en toute liberté sur notre territoire, met en fuite les troupes grecques, réduit en captivité, anéantit même une grande partie de notre pays. Vaincus par Ardachir, les satrapes d'Arménie avec la race des Archagouni (Arsacides) se réfugient en Grèce. Un de ces satrapes est Ardavatz Manthagouni, qui, après avoir enlevé Tiridate, fils de Hhosrov, le conduit à la porte de l'empereur. En conséquence, Tacite, pressé par la nécessité, marche contre Ardachir dans les contrées du Pont, et envoie son frère Florien avec un autre corps d'armée en Cilicie. Ardachir joint Tacite, le met en fuite ; l'empereur romain est assassiné par les siens à Djan dans le Pont, c'est-à-dire la Hharhdée. Le même sort arrive à son frère Florien, quatre-vingt-huit jours après, à Tarse.

LXXVII.

Paix entre les Perses et les Grecs. — Ardachir couvre de bâtimens l'Arménie pendant les années d'anarchie.

Probus, qui règne en Grèce, fait la paix avec Ardachir, divise le pays, et pour marquer les limites fait creuser des fossés. Ardachir soumet la classe des satrapes, fait revenir ceux qui se sont retirés, réduit à la dernière extrémité ceux qui se sont fortifiés, à l'exception d'un satrape nommé Oda, de la maison des Amadouni, gendre de la famille des Serhgouni, père adoptif de Hhosrovithouhhd, fille de Hhosrov. Oda, en sûreté dans le fort d'Ani, s'y tient retiré comme dans une retraite tranquille.

Ardachir organise notre pays d'une manière admirable, le replace à son rang. Les Archagouni, chassés du trône et de l'Ararat, leur territoire, sont, par ses soins, rétablis dans les mêmes lieux, avec revenus et apanages, comme autrefois. L'éclat des fonctions sacrées est encore rehaussé ; le feu d'Ormizth (Oromazd), allumé sur l'autel du temple de Pacavan (Idoleville), doit brûler sans jamais s'éteindre. Quant aux statues élevées par Valarsace en l'honneur de ses ancêtres, ainsi qu'aux statues du soleil et de la lune placées à Armavir, transférées ensuite à Pacaran et enfin à Ardachad, Ardachir brise toutes ces statues, contraint par édit le pays à lui payer tribut, et impose partout l'autorité de son nom.

Les termes, ou pierres-bornes fixées dans la terre par l'ordre d'Ardaces, sont renouvelés par les soins d'Ardachir qui, mettant ces ouvrages sous son nom, les appelle termes ardachiriens. Ardachir retient notre pays comme un de ses propres états, sous son autorité, exercée par des commissaires persans, l'espace de vingt-six ans. Après lui, son fils nommé Chabouh (Sapor), c'est-à-dire enfant du roi, maintient encore sa puissance, jusqu'au règne de Tiridate, pendant un an.

LXXVIII.

Extermination de la race des Manthagouni par Ardachir.

Ardachir avait appris qu'un satrape d'Arménie s'était enfui avec un des fils de Hhosrov, et l'avait sauvé ; il examine qui peut être ce satrape, et découvre que c'est Ardavazth, de la race des Manthagouni ; aussitôt il ordonne d'exterminer toute cette race. Dans le temps où les Arméniens avaient voulu se soustraire à l'autorité d'Ardachir, les Manthagouni s'étaient joints aux races des autres satrapes, puis étaient revenus quand Ardachir les eut soumis. Bientôt toutes ces races satrapales sont passées au fil de l'épée ; mais une jeune fille d'une grande beauté, une des sœurs d'Ardavazth, est enlevée par Dadjad, de la race d'Achotz, de la lignée de Couchar, descendant d'Hayg. Ce Dadjad s'enfuit avec elle dans la ville de Césarée, où il la tient en sûreté ; Dadjad épouse la sœur d'Ardavazth, à cause de sa rare beauté.

LXXIX.

Hauts faits de Tiridate pendant les années d'anarchie en Arménie.

L'historien rapporte ensuite les hauts faits de Tiridate. Ce prince, dans son enfance, excellent écuyer, manie très bien un cheval entier, sait habilement se servir des armes, et apprend avec ardeur les autres jeux et exercices de la guerre. Tiridate, selon l'oracle sacré de Hypide (Vulcain) au Péloponèse, surpasse dans les combats Clidostrate le Rhodien, à qui il suffisait pour vaincre son ennemi de le saisir au col; il surpasse également Céras d'Argos; celui-ci arrache le sabot d'un bœuf, mais Tiridate, d'une seule main, empoigne deux taureaux sauvages par les cornes, les arrache et les brise. Un jour, ayant voulu conduire un char aux courses du grand hippodrome, renversé par l'adresse de son rival, il tombe à terre et cependant il saisit le char et l'arrête, ce qui étonne tout le monde. Durant la guerre de Probus contre les Goths, survient une grande famine; les troupes, qui ne trouvent rien dans les magasins, se révoltent et égorgent Probus. Elles en agissent de même envers tous les chefs et princes; mais Tiridate, seul contre toute la soldatesque, ne laisse entrer personne dans le palais de Licianus, près de la personne duquel il se trouve.

Carus, avec ses fils Carinius et Numérianus, occupe le trône; il rassemble ses troupes, livre combat au roi des Perses, et bientôt, victorieux, retourne à Rome. En conséquence, appelant à son aide quantité de peuplades, Ardachir, appuyé aussi du désert du Dadjgasdan (Turquie), attaque de nouveau les Romains des deux côtés de l'Euphrate, fait périr Carus à Rinov; il en est de même de Garinus qui marche sur Gornag, dans le désert où se trouve Tiridate. Garinus est mis en pièces, lui et sa troupe, et le reste de l'armée prend la fuite. Tiridate, dont le cheval est blessé, ne peut poursuivre les fuyards; prenant alors ses armes et les harnais de son cheval, il traverse à la nage la vaste et profonde étendue de l'Euphrate pour rejoindre ses troupes et arriver à l'endroit où se trouve Licianus. Vers le même temps, Numérianus est tué dans la Thrace, et Dioclétien lui succède sur le trône. Quant à tous les faits arrivés de son temps, ils sont suffisamment développés par Agatange.

LXXX.

Exposer en peu de mots la naissance et la vie de Grégoire et de ses enfans, d'après une lettre écrite par l'évêque Ardit, au sujet des questions adressées par Margos (Marcus), cénobite à Acrodjan.

Un homme dont le rang parmi les Perses n'est pas celui des petits et du vulgaire, et qui a pour nom Pourthar, quittant son pays, se rend dans les contrées des Kamir (de la Cappadoce), s'arrête à Césarée. Il prend parmi les croyans une femme appelée Sopi (Sophie), sœur d'un grand du pays nommé Eutarhios; puis il se met en route avec elle pour retourner en Perse, mais son beau-frère Eutarhios, les ayant rejoints, les arrête dans leur marche. La naissance de notre illuminateur venait d'avoir lieu, et Sophie devient, par l'effet d'une rencontre fortuite, la nourrice de l'enfant. Lors de l'horrible catastrophe, Eutarhios prenant sa sœur et le mari de sa sœur avec l'enfant, retourne en Cappadoce. Mais tout cela est l'effet de la providence de Dieu, je veux dire touchant la voie qui doit nous conduire au salut. Autrement, dans quelle espérance élever le jeune enfant, sous la puissance des Romains, et le consacrer à la foi du Christ.

A peine le jeune Bahlav est-il en âge de puberté, qu'un homme nommé David lui fait épouser sa fille Mariam. Les deux époux, après avoir eu deux fils en trois ans, se séparent d'un commun accord; Mariam, avec le plus jeune de ses fils, se retire dans un couvent et s'y fait religieuse. Ce fils, parvenu à l'âge de puberté, s'attache aux pas d'un cénobite appelé Nigomakos, qui l'envoie au désert. L'aîné reste près de ses précepteurs, puis, guidé par des idées toutes mondaines, se marie. Leur père Cricor (Grégoire), se rend près de Tiridate pour acquitter la dette de son père, ou plutôt, comme il faut le dire avec vérité, pour accomplir l'œuvre de son apostolat dans notre pays, l'œuvre de son sacerdoce par la consommation du martyre.

On peut dire qu'un père si admirable a des fils dont la conduite excite l'étonnement au plus haut degré; car le père ne demande pas ses fils lorsqu'il retourne près de Tiridate, et les fils ne partent pas avec le père, retenus peut-être par la crainte des persécutions. Mais lors de son sacerdoce et de l'éclat de sa gloire, les enfans de Cricor (Grégoire) se montrent fiers et jaloux d'appartenir à un tel père. C'est pourquoi Cricor ne reste pas à Césarée, et retourne de suite en la ville de Sébaste; il se met à recueillir avec soin les matières de son doctorat. Bien qu'il séjourne long-temps à Césarée, il ne fait rien de ce qu'il avait dessein de faire; car il commence toujours par les choses qui ne passent ni ne finissent point. Ceux qui ne cherchent, qui n'appellent pas à eux l'honneur et la gloire, sont ceux que l'honneur et la gloire vont chercher, comme te l'apprend Acatankeros (Agatange).

LXXXI.

Origine, état de la race des Mamigoniens.

La mort d'Ardachir, fils de Sassan, laisse la couronne de Perse à son fils Chabouh. Sous ce prince, arrive en Arménie l'auteur de la race des Mamigoniens, venant des contrées nord-est d'un pays noble et suzerain, la première de toutes les contrées septentrionales, je veux parler du pays des Djens. Voici ce que dit la tradition :

Dans le temps de la mort d'Ardachir, paraît un certain Arpog Djenpagour, c'est-à-dire, dans la langue du pays, honneur du royaume. Ce Djenpagour avait deux frères de lait appelés Perhthohh et Mamcoun, tous deux grands satrapes; comme Perhthohh parlait sans cesse mal de Mamcoun, le roi des Djens, Arpog donne ordre de tuer Mamcoun; mais celui-ci, averti à temps, au lieu de se rendre à l'appel du roi, s'enfuit avec toute sa suite, et va se réfugier près d'Ardachir, roi de Perse. Arpog envoie des députés réclamer le transfuge; Ardachir refuse; alors, le roi des Djens se prépare à lui faire la guerre. Mais bientôt Ardachir meurt et Chabouh (sapor) monte sur le trône.

Quoique Chabouh ne consente pas à livrer Mamcoun aux mains de son seigneur et maître, il ne le laisse pas sur les terres des Ariks mais il l'envoie avec toute sa suite comme étranger vers ses fonctionnaires d'Arménie; il députe près du roi des Djens, pour lui dire : Ne trouve pas mauvais ce que j'ai fait; car je ne pouvais livrer en tes mains Mamcoun; il avait reçu le serment de mon père à la lumière du soleil; mais, pour te laisser sans inquiétude, je l'ai chassé de mes états et exilé sur les confins de la terre à l'Occident, peine égale pour lui à la mort. Il ne doit donc pas y avoir guerre entre toi et moi. Et comme de tous les habitans répandus sur la surface de la terre, il n'y a pas de nation plus pacifique que la nation des Djens, elle consent à faire tous les frais de la réconciliation; d'où l'on voit évidemment que la nation des Djens est vraiment amie de la paix, amie de la vie.

Ce pays est encore merveilleux par l'abondance de toutes sortes de fruits; il est orné des plus beaux végétaux; le safran y croit en quantité; les paons, la soie s'y trouvent avec profusion; on y voit une foule de célibataires, de phénomènes, d'animaux qu'on appelle ânes-chèvres. La nourriture du peuple se compose d'alimens qui, chez nous, sont recherchés et réservés au petit nombre des riches, tels que le faisan et le cygne, et autres mets semblables. Les perles et les pierres précieuses sont en si grande quantité dans les maisons des grands, qu'ils n'en savent pas, disent-ils eux-mêmes, le nombre. Des habits qui, chez nous, seraient regardés comme magnifiques et bons pour un petit nombre de personnes, sont chez eux les habits ordinaires du peuple; voici ce qui concerne le pays des Djens.

Mamcoun, venu malgré lui en notre pays, se trouve à l'arrivée de Tiridate. Au lieu de retourner avec l'armée des Perses, il va à la rencontre du roi, chargé de présens. Tiridate le reçoit avec accueil, mais il ne le prend pas à sa suite pour aller en guerre dans le pays des Perses, il lui donne, à lui et à ses gens, un lieu d'habitation, des subsides; mais Mamcoun est sans cesse obligé de changer de résidence jusqu'à la consommation de ses années.

LXXXII.

Belle conduite de Tiridate sur le trône avant sa conversion.

Comme il n'est pas d'histoire véritable sans la chronologie, en conséquence, nous nous sommes livrés à un scrupuleux examen, et nous avons trouvé que le règne de Tiridate se rapportait à la troisième année du règne de Dioclétien, nous avons trouvé que Tiridate vint ici à la tête d'une nombreuse armée. Tiridate arrive à Césarée précédé d'un grand nombre de satrapes, et, s'avançant dans le pays, il trouve Oda qui avait élevé sa sœur Hhosrovithouhhd, et conservé ses trésors dans une forteresse avec une constance admirable. Oda était un homme juste, d'une grande patience et d'une grande sagesse. Quoiqu'il ne connût pas la vérité au sujet de Dieu, cependant il connaissait bien la fausseté des idoles. Son élève, Hhosrovithouhhd, était une jeune personne pleine de modestie et de sagesse en sa conduite ; sa bouche n'était pas toujours ouverte et sans porte, comme la bouche des autres femmes.

Tiridate élève Oda à la dignité de chiliarque (chef de mille hommes) en Arménie, et le comble d'honneurs par reconnaissance ; il favorise encore plus son frère de lait Manthagouni Ardavazth, parce que Ardavazth était la cause de son salut et de la gloire de la patrie. Pour cela, Tiridate lui donne le généralat des troupes arméniennes, crée, en sa faveur, Dadjad, son beau-frère, prince du canton d'Achotz. C'est Dadjad qui, dans la suite, prévient son beau-père Ardavazth, lequel, à son tour, prévient le roi que Cricor (Grégoire) est fils d'Anag, puis parle des enfans de Cricor ; faits qu'il avait appris en habitant à Césarée.

Le brave Tiridate vole de combats en combats, d'abord en Arménie, puis en Perse, et décide la victoire par la force de son bras. Une fois il arrive que, surpassant même la gloire des guerriers de l'antique Illion, il lève sa lance pour protéger un grand nombre de blessés ; une autre fois, en butte à toute la fureur des redoutables Perses, il essuie le choc de leurs gigantesques et massives armures ; lui-même, couvert de blessures, il voit son cheval tomber mort sous une grêle de traits. L'animal, en s'abattant, jette le roi par terre ; mais celui-ci se relève aussitôt, et, combattant à pied, fait mordre la poussière à grand nombre d'ennemis ; puis, prenant le cheval d'un d'entre eux, il saute bravement dessus. Une autre fois encore, on le voit, marchant volontairement à pied, repousser les troupes d'éléphans avec la pointe de son glaive. Tels sont les traits d'héroïsme et de courage de Tiridate, pendant son séjour en Perse et en Assyrie. Tiridate porte ses armes envahissantes au-delà même de Dizpon (Ctésiphon).

LXXXIII.

Tiridate épouse Achhhen, et Constantin épouse Maximina. — Comment arrive la conversion de Constantin.

Tiridate, arrivé en notre pays, envoie le chevalier Sempad, père de Pacarad, demander pour lui en mariage la jeune Achhhhen, fille d'Achhhathar. Cette princesse n'était pas moins grande de taille que le roi. Tiridate la fait inscrire au nombre et au rang des

Archagouni (Arsacides), lui fait prendre la pourpre et la couronne, pour en faire son épouse, l'épouse du roi : Achhhen a pour fils Hhosrov, qui est loin d'égaler ses parens en grandeur.

En ce même temps a lieu à Nicomitha (Nicomédie) le mariage de Maximina, fille de Dioclétien, avec Constantin César, fils de Constance, empereur des Romains. Ce prince n'était pas issu de la fille de Maximinien, mais d'Héléna, la prostituée. Ce Constantin fait amitié, lors de son mariage, avec notre roi Tiridate. Constance meurt quelques années après, et Dioclétien envoie, en qualité de successeur de Constance, le fils même de Constance devenu son propre fils (son gendre), Constantin.

Ce prince, avant de régner, lorsqu'il n'était encore que César, se voyant prêt à succomber dans le combat, se laisse aller au sommeil à force de tristesse ; il aperçoit en songe une croix d'étoiles dans les cieux, entourée d'une inscription qui portait : par elle remporte la victoire. Constantin arborant aussitôt ce signe en tête de son armée, voit ses armes victorieuses dans le combat ; mais, entraîné dans la suite par sa femme Maximina, fille de Dioclétien, il suscite de nouvelles persécutions à l'Église, fait grand nombre de martyrs. Cependant bientôt Constantin est couvert d'une lèpre éléphantique sur tout le corps ; lèpre qui le ronge en punition de sa perfidie. Le mal ne peut être guéri ni par les sorciers d'Ariorh, ni par les médecins Marisguiens. C'est pourquoi Constantin dépêche vers Tiridate, pour le prier de lui envoyer les premiers devins de la Perse et des Indes, mais il arrive que ces magiciens ne sont d'aucun secours à Constantin. Quelques prêtres païens, d'après l'ordre des démons, lui enjoignent d'immoler grand nombre de jeunes enfans, de se baigner dans leur sang encore fumant, et lui assurent parfaite santé. Constantin, entendant les vagissemens plaintifs des enfans, et les cris déchirans de leurs mères, ému de pitié et de philantropie, préfère le salut de ces malheureuses créatures à sa propre conservation. Le prince ne tarde pas à recevoir de Dieu la récompense de sa bonne action, car il reçoit dans un songe l'ordre des apôtres de se purifier dans le bain de la piscine de vie, par le ministère de Silvestre, évêque de Rome, qui avait échappé aux persécutions de l'empereur, en se retirant sur le mont Sérabdion. Instruit par le pontife, l'empereur embrasse la foi, et Dieu fait disparaître de devant ses yeux tous ses ennemis, comme nous l'apprend en peu de mots Agatange.

LXXXIV.

Extermination des Selgouni par Mamcoun, de la race des Djens.

Pendant que Chabouh, roi de Perse, est à se reposer de la fatigue des combats, et que Tiridate est allé à Rome trouver le saint empereur Constantin, l'esprit oisif de Chabouh trame de noirs projets sur notre pays, et force tout le nord, par ses séductions, à marcher contre l'Arménie, tandis qu'il fixe le moment où il doit lui-même y arriver d'un autre côté avec les Arik. Entraîné par ses paroles, Srhoug, chef de la race des Selgouni, tue son propre gendre, le vieux Oda, qui était de la maison des Amadouni, et avait élevé Hhosrovithouhhd, sœur du roi ; presqu'aussitôt Tiridate arrive d'Occident, instruit des événemens, et sachant que Chabouh ne s'est point trouvé au rendez-vous, marche contre le nord ; ce chef de la race Selgouni se fortifie dans sa place appelée Orhagan, assurant aux siens un refuge chez les habitans de la montagne nommée Sim. C'est ainsi qu'il résiste au roi, et trouble tout le pays. Près de la montagne même il ne laisse personne se reposer. Alors, s'adressant à toutes les maisons satrapales, le roi d'Arménie dit : « Si quelqu'un m'amène le chef des Selgouni, je lui donnerai en toute et éternelle souveraineté les villages, les établissemens, enfin toute la puissance et l'autorité de la race des Selgouni. » La proposition est acceptée par Mamcoun, de la race des Djens.

Au moment où le roi se dirige par les contrées d'Arhouank (Afghanie) vers le nord, Mamcoun se sauve avec toute sa suite aux contrées de Daron, comme s'il était en état de révolte contre le roi. Aussitôt après son départ, il envoie secrètement des hommes à pied avertir le chef de la race des Selgouni que le roi est allé dans les contrées d'Arhouank (Afghanie). « Le danger est grand, » dit-il, « pour le roi Tiridate, c'est pourquoi il est allé dans les contrées d'Arouank combattre contre tous les habitans du pied de la montagne. Il est donc temps pour nous de méditer et d'exécuter ce que nous voulons. J'ai pensé que je devais faire alliance avec toi en raison des injures que j'ai éprouvées de la part du roi. » Ravi de l'événement, le chef de la race des Selgouni reçoit Mamcoun avec enthousiasme, et lui jure alliance et concours, mais il ne le laisse pas dans la place, avant de voir comment il gardera la foi du serment et des conventions; mais Mamcoun, qui s'efforce en toute manière de prouver sa sincérité au chef rebelle, parvient à lui inspirer toute confiance comme ferait un fidèle et véritable auxiliaire. Si bien qu'il lui est enfin permis d'entrer dans le fort et d'en sortir librement.

La confiance une fois bien affermie, Mamcoun décide un jour le chef de la race des Selgouni à sortir de la forteresse pour aller chasser les bêtes sauvages. La chasse est à peine engagée, Mamcoun, prenant son arc, tire une flèche qui traverse le dos du chef des Selgouni, et étend par terre ce rebelle. Mamcoun se précipite avec ses gens vers la porte du fort, occupe la citadelle, charge de fers tous ceux qui s'y trouvent. Mamcoun, jaloux même d'exterminer la race des Selgouni, les fait tous périr. Cependant deux de ces malheureux parviennent à s'échapper et à se réfugier dans le pays de Dzop. Mamcoun se hâte de prévenir le roi des événemens. Tiridate, plein de joie, lui expédie aussitôt un firman portant investiture de souveraineté, établit Mamcoun satrape aux lieu et place du rebelle Selgouni, donne à la satrapie le nom du nouveau titulaire, et l'appelle satrapie Mamcounienne. Mais, quand aux Selgouni qui restent, il veut qu'il ne leur soit fait aucun mal.

LXXXV.

Exploits de Tiridate dans la guerre en Arhouank (Afghanie), guerre dans laquelle il coupe par le milieu le roi des Passils (Basiles).

Le roi Tiridate, descendu avec toute l'Arménie dans la plaine des Carcaratzi, rencontre les peuples du nord, et leur livre combat. Les deux parties en sont aux mains; Tiridate taille, massacre l'armée des ennemis; il est animé d'un courage de géant. Je ne puis dire quelle est l'agilité de son bras, combien d'ennemis abattus par lui vont mordre la poussière. Tel on voit le filet plein de poissons d'un adroit pêcheur, jeté à terre, sauter sur le sol. A cette vue, le roi des Passils s'approche du roi Tiridate, et tirant de dessous l'armure de son cheval une corde en nerfs garnie de peau de mouton, la lance avec force par derrière le roi, et ne fait que lui envoyer de la graisse à l'épaule gauche et à l'aisselle droite, car Tiridate avait levé le bras, pour frapper quelque ennemi de son glaive; d'ailleurs, il est couvert de cottes de mailles sur lesquelles les traits ne font pas même de traces. Tiridate ne pouvant ébranler le géant avec les mains, s'attaque à la poitrine du cheval. Le géant ne s'efforce pas tant de piquer son cheval, que de ressaisir sa corde avec la main gauche, et de la relancer avec une nouvelle force; mais Tiridate lui porte à propos un coup de glaive à deux tranchans, coupe l'homme par le milieu, et frappant également le col du cheval, lui abat la tête.

Toutes les troupes voyant leur roi et chef fendu en deux, saisies de frayeur et d'épouvante, prennent la fuite. Tiridate, se mettant à leur poursuite, les pousse jusqu'aux pays des Huns, quoique les troupes aient essuyé beaucoup de pertes, qu'une foule de grands et de chefs ait succombé, entre autres, le généralissime des Arméniens, Ardavatzth Manthagouni. Cependant Tiridate, selon les lois et coutumes de ses pères, prend des otages, et s'en va; convoquant, en raison des circonstances, tout le nord, il lève de nombreuses troupes, les réunit, et marche en Perse contre Chabouh, fils d'Ardachir; il choisit parmi les siens quatre généraux d'armée, Mihran, pour commander les Ibériens (Géorgiens), Mihran à qui il accorde toute confiance, parce que Mihran croit au Christ; le chevalier Pacarad; Manadjihr, chef de la race des Rechdouni; et Vahan, chef des Amadouni. Mais il nous faut parler maintenant de la religion de Mihran et des Ibériens.

LXXXVI.

De la bienheureuse Nouné. — Quelle est la cause du salut des Ibériens.

Une femme appelée Nouné, l'une des compagnes des saintes Ripsimiennes, alors dispersées, arrive, fuyant, en Ibérie, à Medzhhit, ville capitale du pays; cette femme, par le mérite de sa vie austère, avait reçu du Ciel la grâce de guérir, et déjà elle guérit beaucoup de maladies invétérées, en particulier la femme de Mihran, général, gouverneur des Ibériens. C'est pourquoi Mihran demande à Nouné : « Par quelle vertu fais-tu ces prodiges ? » et il reçoit la connaissance de l'*Évangile du Christ*. Il écoute avec plaisir, et raconte avec éloge à ses satrapes ce qu'il a entendu; dans le même temps, retentit jusqu'à lui le bruit des miracles arrivés en Arménie, au roi et aux satrapes, ainsi que l'histoire des compagnes de la bienheureuse Nouné. Surpris de toutes ces merveilles, il les rapporte à Nouné qui lui confirme le tout dans les plus grands détails.

Vers le même temps, Mihran, étant allé à la chasse, s'égare

dans les passages difficiles des montagnes, par un temps de brouillard, par l'effet, non de quelque vision, mais bien de ce qu'on appelle brouillard, qui, produisant l'obscurité, change le jour en nuit. Ainsi, Mihran se trouve surpris par ce brouillard qui devient pour lui la cause de la lumière éternelle, car, tout effrayé, il se rappelle ce qu'il a entendu dire au sujet de Tiridate, il se souvient que ce prince étant à la chasse se vit exposé aux coups de Dieu. Mihran croit que les mêmes malheurs vont tomber sur lui; subjugué par la crainte, il prie, il demande que la lumière du jour reparaisse, afin de pouvoir s'en aller en paix ; il promet d'adorer le dieu de Nouné. En effet, après avoir obtenu ce qu'il demandait, il accomplit ce qu'il avait promis.

Nouné obtient du roi, des hommes sûrs et fidèles qu'elle envoie à saint Grégoire, pour lui demander ce qu'il lui ordonne de faire désormais, car déjà l'Ibérie a reçu avec joie la prédication de l'Évangile. Nouné reçoit de saint Grégoire l'ordre de briser les idoles, comme il faisait lui-même, d'arborer le précieux signe de la croix, jusqu'au jour où le Seigneur enverra un pasteur au pays, pour le conduire. Aussitôt, Nouné se met à renverser la statue du dieu du tonnerre d'Aramazth (Jupiter), qui était placée dans un endroit séparé de la ville par le grand bras du fleuve. Les habitans avaient coutume, à la pointe du jour, du sein même de chaque maison, d'adorer cette statue qui se trouvait en face d'eux. Mais si quelqu'un voulait offrir des sacrifices, alors, passant le fleuve, il allait sacrifier au temple.

Les satrapes de la ville se révoltent à la vue de l'idole renversée. « Qu'adorerons-nous en place, disent-ils. » Bientôt, ils apprennent que le signe de la croix du Christ est le nouvel objet proposé à leurs adorations. Ce signe de la croix est élevé sur une riante colline, à l'orient de la ville, dont elle est séparée par le petit bras du fleuve. Tous les habitans, dès la pointe du jour, comme de coutume, se mettent en prières et adorations, chacun dans l'intérieur même de sa maison. Mais, étant allés sur la colline, ils aperçoivent un morceau de bois taillé sans art, sans figure; le plus grand nombre méprise ce bois grossier, comme un bois semblable au bois dont toute leur forêt est pleine, et sans y faire plus d'attention, retournent en leurs demeures ; mais Dieu, dans sa bonté, voyant leur erreur, envoie des cieux une colonne de nuages, et aussitôt la montagne est remplie des plus doux parfums. La voix d'une foule de psalmites se fait entendre avec les plus doux accords, et la lumière revient, en laissant voir l'impression de la configuration de la croix sur toutes les parties du bois, et la croix apparaît debout surmontée de douze étoiles. Depuis cet instant, toute guérison miraculeuse est opérée par la croix.

La bienheureuse Nouné s'en va catéchiser les autres cantons de l'Ibérie, parlant partout la langue de l'incorruptible vérité, parcourant le pays sans éclat, sans suite inutile, étrangère au monde et à tout ce qui appartient au monde ; ou, pour parler plus vrai, attachée au chemin de la croix, formant sa vie à l'exercice de la mort, elle se fait par son verbe le confesseur du verbe de Dieu, et mérite ainsi par le zèle et la disposition de son cœur la couronne des saints confesseurs, comme elle eût pu faire par l'effusion de son sang. Oui, nous osons le dire, cette femme apôtre prêche l'Evangile depuis le pays des Grhardch, à la porte des Alans et des Gaspiens, jusqu'au pays des Maskout (Massagetes), comme te l'apprend Agatange. Mais retournons, revenons à l'histoire de Tiridate lors de son incursion en Perse.

LXXXVII.

Défaite de Chabouh. — Soumission forcée de ce prince à l'autorité du grand Constantin. — Tiridate occupe Egpadan (Ekbatane). — Arrivée de ses parens. — En ce temps a lieu l'invention (la découverte) du bois sauveur.

Tiridate, quoique maître de la victoire, mais affaibli par les pertes de son armée, par la mort d'un grand nombre de ses satrapes, craint de se mesurer avec ses seules forces contre Chabouh, jusqu'à l'arrivée de l'innombrable armée des Romains qui vient fondre sur l'Assyrie. Chabouh est aussitôt mis en fuite et les vainqueurs pillent tout le pays, car Tiridate avec tous les siens, et toutes les troupes qui sont avec eux, fait incursion toute une année dans les contrées septentrionales de l'empire des Perses.

C'est alors que Tiridate voit arriver son parent et allié Gamsar, fils aîné de Bérozamad. Bérozamad est cet enfant qui, lors de l'extermination de la race de Garen Bahlav par Ardachir, emporté par Pourz, avait été sauvé. Arrivé à la jeunesse, Bérozamad est promu à la dignité de son père, et placé à la tête des troupes, par Ardachir, pour combattre contre ces nations cruelles et féroces ; mais la pensée secrète d'Ardachir était de le jeter entre les mains des barbares. Bérozamad, guerrier habile et intrépide, dirige merveilleusement l'expédition ; il est vainqueur de Vzerg nommé Hhakan (roi des Hhazir). Le chef soumis lui donne sa fille en mariage. Bérozamad prend aussi les autres femmes attachées à Ardachir, en a beaucoup d'enfans et parvient par l'affermissement de son autorité à se rendre maître de ces contrées. Quoique estimé d'Ardachir il ne le voit pas, et à sa mort il refuse d'obéir à son fils, Chabouh. Il le défait même dans plusieurs combats; enfin, empoisonné par les confidens de Chabouh, il meurt.

Vers la même époque vivait un autre Vzerg Hhakan, animé de la plus ardente inimitié contre Gamsar, fils de Bérozamad. Gamsar, se voyant avec peine placé entre deux rois puissans ses ennemis, vu surtout que ses frères ne font pas cause commune avec lui, s'en va avec toute sa maison et son train trouver Tiridate notre roi, tandis que ses frères s'en vont vers Chabouh. Ce Gamsar se signale dans les combats à côté de son père par la plus intrépide et terrible valeur; pendant qu'il se livre à tout l'élan de son courage il reçoit à la tête un coup de sabre, une partie du crâne est emportée, et malgré la guérison opérée dans la suite, le sommet de la tête perd de son contour, et pour cette raison le fils de Bérozamad est appelé Gamsar (tête entamée).

Tiridate, après avoir fondé sa seconde Egpadan (Ekbatane) aux sept murailles et laissé des gouverneurs pour l'administrer, retourne en Arménie, emmenant avec lui Gamsar et tous les siens. Chabouh supplie Constantin son vainqueur de lui accorder son amitié, et d'établir avec lui les liens d'une paix éternelle. Après l'avoir faite, Constantin envoie Hélène sa mère à Jérusalem à la recherche de la vénérable croix; le bois sauveur est enfin trouvé avec cinq clous.

LXXXVIII.

Licianus est chargé de chaînes. — Rome n'est plus le siége de l'empire. — Fondation de Constantinople.

Délivré par la main de Dieu de tous ses ennemis, Constantin élève aux premiers honneurs Licianus, lui donne en mariage sa sœur (non sa sœur utérine), avec la pourpre et la couronne de César, et lui conférant le second rang, l'établit roi de tout l'Orient. Mais voici que la parole divine aux Hébreux, « Le changement du vice à la vertu est chose impossible, » s'accomplit. Car, s'il est impossible de changer la peau mouchetée du léopard, le teint basané de l'Ethiopien, de même aussi il est impossible de changer la conduite de l'homme impie, car, d'abord pour la foi il se montre infidèle; envers son bienfaiteur il se montre rebelle. Licianus élève une nouvelle persécution contre l'Église, et conspire secrètement contre Justinien; il prodigue toute sorte de mauvais traitemens à tous ceux qui sont sous sa puissance. Il brûle de feux criminels, malgré ses cheveux blancs. Il tient sa femme dans une grande contrainte à cause de sa passion pour la bienheureuse Clapioura (Glaphyra), passion qui le porte à tuer saint Basile, évêque d'Amasie, dans le Pont.

La trame est découverte. Licianus, qui sait que Constantin n'est point disposé en sa faveur, rassemble ses troupes pour marcher contre lui; le refroidissement de son amitié avec Tiridate notre roi fait qu'il le regarde comme un ennemi; car il n'ignore pas que tout impie est un objet de haine pour le juste. Constantin arrive vainqueur et Dieu lui livre entre les mains Licianus. L'empereur, usant de ménagement envers le traître comme envers un vieillard et un beau-frère, le fait transporter dans les Gaules, chargé de fers, et enfermer, afin qu'il invoque Dieu contre qui il a péché, Dieu qui peut être usera de longanimité à son égard. Constantin, pour montrer qu'il ne fait avec ses fils qu'un seul empire qui est l'empire romain, va passer le vingtième anniversaire de son règne dans la ville des Nicomédiens. Le règne de Constantin, s'étend depuis la quatrième année de la persécution jusqu'à la trentième année de la paix, que le pays célèbre en ce jour.

Constantin, qui ne croit pas devoir retourner à Rome, passant à Piouzanth (Byzance), y établit sa cour; sollicité à ce changement par des inspirations survenues en songe, il élève partout les plus magnifiques constructions, agrandit l'enceinte de la ville, au quintuple, car aucun roi célèbre n'avait doté Byzance de semblables monumens; il n'y avait que peu de choses, comme ce qu'avait laissé Alexandre-le-Conquérant, lorsque, de ce point, voulant diriger son expédition contre Darius, il bâtit, en conséquence, pour perpétuer sa mémoire, une place dite Sdradikinn (Stratégie); car c'est dans cette place qu'il avait organisé tout ce qui tenait à son expédition guerrière. Dans la suite, Sévère, empereur des Romains, restaure cette place, bâtit des thermes à l'endroit d'une colonne qui portait pour inscription le nom mystique Soleil, dans la langue des Tragatzi (Thrace), Zevksibon (Zeuxippon), dénomination demeurée aux bains; il construit aussi un théâtre pour les combats d'animaux, un autre pour les histrions, un hippodrome; monumens inachevés. Constantin élève des monumens de toute espèce dans sa ville, qu'il appelle la nouvelle Rome; mais le monde l'appelle aujourd'hui la ville de Constantin. On dit aussi que Constantin tire secrètement de Rome ce qu'on appelle le palladium, ouvrage parfait de sculpture, et le place dans le Forum, au-dessous de la statue qu'il se fait élever. Mais tout ceci est pour nous incroyable, quelle que soit l'opinion des autres.

LXXXIX.

Arius l'hérésiarque. — Concile tenu à son occasion à Nicée. — Miracles arrivés au sujet de Cricor (Grégoire).

En ce même temps paraît Arius d'Alexandrie, qui enseigne cette infâme et impie doctrine, savoir, que le fils n'est pas égal au père, qu'il ne procède pas de la nature et de l'essence du père, qu'il n'est pas né du père avant tous les siècles, mais qu'il lui est étranger, créature puinée et formée par le temps. L'impie Arius voit bientôt, comme il le mérite, son abominable doctrine condamnée, proscrite. A ce sujet, paraît un ordre de l'empereur Constantin, qui prescrit à tous les évêques de s'assembler à Nicée en Bythinie; ainsi, viennent de la ville de Rome se réunir à l'assemblée les prêtres Pidon (Vito) et Piguenth (Vincentius), constitués par saint Silvestre, Alexandre d'Alexandrie, Eustache d'Antioche, Macaire de Jérusalem, Alexandre, évêque de Constantinople.

Alors, arrive un édit de l'empereur Constantin, adressé à notre roi Tiridate, qui lui enjoint de se rendre au concile avec saint Grégoire; proposition que n'accepte pas Tiridate, car il sait qu'il y a amitié entre Chabouh, le roi des Indes et le Hhakan (roi) d'Orient, il sait que le commandement des troupes appartient à Nerseh, dont le règne est de neuf ans, et à Ormizth qui règne ensuite trois ans avec éclat. Tiridate craint que les traités ne viennent à être violés selon la coutume des païens; en conséquence, il ne laisse pas le pays sans lui; saint Grégoire lui-même ne consent pas à se rendre au concile de peur d'y recevoir de trop grands honneurs à cause de son nom célèbre parmi les noms des glorieux confesseurs, car sa présence était désirée de tous et attendue avec empressement. Tiridate et Grégoire envoient, comme leur représentant, Resdagues avec une profession de foi sincère et véritable, écrite par l'un et par l'autre. Resdagues en allant rencontre le grand Léon au moment où il baptisait Grégoire, père de Grégoire le théologien ; à peine Grégoire est-il sorti de l'eau qu'une lumière brille autour de lui, inaperçue de toute la multitude : cette lumière n'apparaît qu'à Léon qui baptisait, à notre Resdagues, à Eutarh d'Edesse, à Jacques de Nisib, à Jean, évêque de Perse, qui se rendaient au concile par le même chemin.

XC.

Retour de Resdagues de Nicée. — Conversion de ses parens. — Constructions exécutées à Carni.

Resdagues, s'en étant allé avec le grand Léon, arrive à la ville de Nicée où se rassemblent trois cent dix-huit pères pour anéantir la doctrine des ariens, qui sont anathématisés et exclus de la communion de l'église, puis encore exilés par ordre de l'empereur. Resdagues revient ensuite avec une profession bien religieuse, et vingt chapitres émanés du concile, se présente devant saint Grégoire et devant le roi dans la ville de Varhachabad (Valarsaceville) : plein de joie et de satisfaction, saint Grégoire ajoute de lui-même quelques courts articles à ceux du concile pour mieux pourvoir encore au bien de son diocèse.

Vers ce temps là, leur parent Gamsar est baptisé avec tous les siens de la main de saint Grégoire ; le roi même le recevant au sortir de l'eau, lui donne en propriété le grand bourg d'Ardaces, qui s'appelle maintenant Thrasbhanaguerd, et de plus le canton Chirag, comme à son allié et fidèle parent. Mais Gamsar, sept jours à peine après son baptême, meurt. Le roi Tiridate, pour consolation, constitue le chef des fils de Gamsar, Archavir, aux lieu et place de son père, veut que sa race prenne son nom, le nom de Gamsar, et l'élève au rang des satrapies ; il ajoute à cette faveur d'autres présens encore, tels que la ville d'Erouanth et son canton, jusqu'au bout de la grande vallée, à la seule condition que le fils de Gamsar chassera de son esprit le souvenir du pays paternel qui s'appelle Bahlav, pour conserver inviolablement la foi. Archavir, qui aime particulièrement ce pays, lui donne un nom tiré du sien, et l'appelle Archarouni, car auparavant ce pays s'appelait Ierahhatzor (vallon de l'Araxe). Nous avons dit, nous avons exposé les causes de l'arrivée de ces deux races : la race des Parthes et celle de Bahlav.

Vers le même temps, Tiridate achève la construction du fort de Carní, exécuté avec des pierres de taille très dures, que le fer et le plomb servent à lier entre elles ; il élève, au sein de la forteresse, une maison pour se mettre à l'ombre, avec un monument funèbre, décoré, à sa partie supérieure, de magnifiques sculptures en l'honneur de sa sœur Hhosrovitouhhd, monument sur lequel il trace en caractères grecs une épitaphe en sa mémoire.

Saint Grégoire, retournant sur la montagne, ne se fait plus voir à personne jusqu'à sa mort.

XCI.

Mort de Cricor (Grégoire) et de Resdagues. — Pour quelle raison la montagne est-elle appelée antre de Mania.

La dix-septième année du règne de Tiridate, comme nous l'avons trouvé, s'asseoit sur le siége de l'apôtre Thadée, notre patriarche Grégoire, notre père selon l'Évangile. Après avoir éclairé toute l'Arménie des lumières de la foi, de la connaissance de Dieu; après avoir dissipé les ténèbres de l'idolâtrie, et rempli toute la contrée d'évêques et de docteurs, plein d'amour pour la montagne, pour la solitude, plein du désir de vivre dans une parfaite quiétude d'esprit, afin de pouvoir s'entretenir avec Dieu sans aucun dérangement, saint Grégoire laisse pour remplaçant et successeur son fils Resdagues, et reste fixé au canton de Tharanarhi, dans l'antre de Mania sur la montagne.

Mais nous dirons ici pourquoi la montagne est appelée antre de Mania. Il y avait une femme du nom de Mania, compagne des saintes ripsimiennes, comme Nouné le docteur de l'Ibérie : Mania, sans faire ses diligences pour suivre ses compagnes qui viennent chez nous, Mania, qui connait d'ailleurs les lieux les plus agréables à Dieu, s'établit sur cette montagne dans un antre formé par les pierres ; c'est pourquoi la montagne s'est appelée antre de Mania, et c'est dans cette caverne que s'établit aussi saint Grégoire.

Bien que fixé sur la montagne, cependant quelquefois St Grégoire se montrait au dehors, parcourait le pays, affermissait dans la foi le peuple qu'il avait évangélisé. Mais au retour de Resdagues, son fils, du concile de Nicée, saint Grégoire ne se montre plus à personne. Ainsi, depuis le commencement de son sacerdoce, c'est-à-dire depuis la dix-septième année du règne de Tiridate jusqu'à la quarante-sixième année de ce règne, époque à laquelle saint Grégoire ne se montre plus, on peut donc compter trente ans.

Après saint Grégoire, Resdagues occupe le siège patriarchal l'espace de sept ans, depuis la quarante-septième année jusqu'à la cinquante-troisième année du règne de Tiridate, année du martyre de Resdagues. Resdagues était bien véritablement le glaive spirituel, comme il est dit, et par conséquent ennemi de tous les hommes qui commettent l'iniquité et l'impureté. C'est pourquoi Arkelaius, alors préfet de la contrée appelée la quatrième Arménie, vivement repris par saint Resdagues, l'attend dans un moment favorable; un jour, le rencontrant en chemin dans le canton de Dzop, il le tue et s'enfuit aussitôt après sur le Taurus en Cilicie. Cependant, les disciples du bienheureux Resdagues ayant enlevé son corps, le portent au canton Iéguéchiatz pour le déposer à Til, bourg de sa naissance. Saint Resdagues a pour successeur sur le siège patriarchal son frère aîné Vertanes, à partir de la cinquante-quatrième année du règne de Tiridate.

Saint Grégoire, après avoir vécu de longues années retiré dans l'antre de Mania, sans jamais se faire voir, est transporté par la mort au sein des anges. Des pasteurs le trouvant sans vie, l'enterrent dans le lieu même où ils viennent de le trouver, sans savoir qui il est. Car il convient, en effet, que les mêmes hommes qui furent jadis les témoins, les confidens de la naissance de notre Sauveur, soient aussi aujourd'hui chargés des funérailles de son disciple. Les restes de saint Grégoire restent cachés grand nombre d'années, sans doute par l'effet de la Providence divine, comme autrefois les restes de Moyse, de peur que ces restes ne soient un objet de culte et d'adoration pour les nations barbares, nouvellement chrétiennes. Mais la foi s'affermit, se consolide dans ces contrées, et, long-temps après, découverts par un anachorète nommé Carnig, les restes de saint Grégoire sont apportés au village Torthan.

Saint Grégoire, ainsi que tout le monde le sait, était de nation parthe, du canton Bahlav, de la race autrefois régnante et particulière des Archagouni (Arsacides), de la branche Sourénienne, issu d'un père nommé Anag. Saint Grégoire apparaît dans les contrées orientales de notre pays, comme un orient de lumières, comme un rayon sensible du soleil spirituel, pour nous faire sortir de la profondeur criminelle de l'idolâtrie, comme la vertu et la bonté même, comme celui qui chasse les démons, comme l'auteur et la cause du bonheur et de l'édification spirituelle, comme le palmier divin planté dans la maison du Seigneur, et fleurissant au sein des portiques de notre Dieu. C'est ainsi que saint Grégoire, en se multipliant, en multipliant les progrès de la foi chez tant de peuples divers, dans la consommation et la plénitude des choses spirituelles, nous réunit tous pour la gloire et les louanges de Dieu.

XCII.

Mort du roi Tiridate, imputée à un crime vraiment déplorable.

Pour parler de ce saint, de ce grand, de ce deuxième personnage héroïque, de ce maître éclairé qui présidait à notre illumination, de ce roi, le plus véritablement roi, le plus digne de l'être de tous ceux qui l'ont été depuis le Christ, il nous faut employer des paroles sublimes et merveilleuses, et parler de Tiridate comme d'un coopérateur nécessaire, dont la vie religieuse est égale à celle de notre guide, du chef et de l'auteur de notre illumination. Il a plu à l'esprit saint d'honorer le sacerdoce de notre illuminateur seulement par l'attribution des fonctions de confesseur, et moi, j'ajouterai, aussi par l'attribution des fonctions d'apôtre. Celui qui vient après lui, lui est égal par la puissance de ses paroles et de ses œuvres. Je dis qu'il y a surcroît de mérite du côté du roi, car pour ce qui est de la vie contemplative et austère, il y a mérite égal des deux côtés, mais pour ce qui est de subjuguer par une puissance persuasive ou incisive, c'est un surcroît de grâce réservée au roi ; car, quand il s'agit de la foi, rien ne peut arrêter son action. Voilà pourquoi je l'appelle la voie qui précède, le second père et auteur de notre illumination. Comme c'est ici le moment d'écrire l'histoire et non de célébrer des louanges, vu surtout que des rapsodies ont été composées selon le goût de chacun des historiens qui les récitait, et que rien n'a été composé par nous en particulier, nous allons passer à l'ordre des faits qui concernent Tiridate.

Tiridate, après avoir embrassé la foi du Christ, Tiridate, brillant de l'éclat de toutes les vertus, s'attache de plus en plus à tout ce qui est pour le Christ : œuvres et paroles, il emploie tout, il reprend, il persuade les grands satrapes, ainsi que toute la multitude du peuple, pour en faire des chrétiens, afin que les œuvres de chacun témoignent de sa foi. Mais je veux ici dénoncer l'endurcissement et l'arrogance de notre nation depuis les commencemens de la foi : refusant d'embrasser le bien, ennemie de la vérité, naturellement hautaine et entêtée, elle résiste aux volontés du roi pour ce qui est de la religion chrétienne ; on voit les hommes suivre les volontés de leurs femmes et concubines. Le roi, ne pouvant souffrir la conduite de son peuple, jette une couronne terrestre pour courir après une couronne céleste, et se hâte d'aller au lieu qu'habite le saint anachorète chrétien, pour vivre dans l'antre de la montagne.

Ici je rougis de dire la vérité, surtout de rappeler l'injustice et l'impiété de notre nation, de rapporter des actes vraiment déplorables. En effet, des gens sont envoyés auprès de Tiridate pour le faire céder aux volontés de la nation, en conservant la couronne. Mais sur le refus du saint roi, on lui donne un breuvage, comme autrefois les Athéniens donnèrent de la ciguë à Socrate, ou bien, dirons-nous encore, comme les Hébreux, dans le délire de leur fureur, donnèrent un breuvage mêlé de fiel à notre Dieu ; et, par cette infâme conduite, notre nation éteint pour elle le rayon aux mille lumières du culte du vrai Dieu.

C'est pourquoi je m'écrie en pleurant sur les miens, comme Paul s'écriait en pleurant sur les siens, ennemis de la voix du Christ : « Mes paroles ne sont pas mes paroles, mais bien les paroles de l'esprit saint. Pleine de perversité, de fiel et d'amertume est la nation qui n'a point dirigé son cœur vers le bien, et n'a point été fidèle à Dieu, son principe et sa vie. Fils d'Aram, jusqu'à quand serez-vous endurcis ? pourquoi aimez-vous ce qui n'est que vanité, ce qui n'est pas Dieu ? Vous n'avez pas reconnu que Dieu a glorifié ses saints par la puissance de faire des miracles ; Dieu ne vous écoutera pas lorsque vous crierez vers lui. Vous avez péché dans votre colère et vous ne vous êtes point repentis dans votre couche; vous faites des sacrifices d'iniquité, et vous avez méprisé ceux qui espèrent dans le Seigneur. C'est pourquoi vous serez pris au piège que vous n'avez pas connu ; la proie que vous chassiez fera de vous sa proie, et vous tomberez dans le piége que vous lui tendiez ;

votre vainqueur se réjouira dans le Seigneur, et se félicitera de son salut, et il dira en lui-même : Seigneur, qui est semblable à toi? »

Puisque tout cela est vraiment ainsi, consolons-nous, nous aussi, à la vue de nos périls. « Car, s'ils en ont agi ainsi avec le bois vert, dit le Christ, qu'arrivera-t-il donc au bois sec? » Si donc vous traitez ainsi les saints de Dieu, les princes qui s'éloignent eux-mêmes du trône pour Dieu, quelles paroles adresserons-nous à Dieu au sujet des périls que vous nous suscitez, à nous, qui n'avons en partage que les périls et la pauvreté. Cependant, je dirai, quel est celui d'entre vous qui a fourni à nos besoins, qui a écouté les prières des docteurs, leurs invitations, leurs exhortations? quel est celui qui, nous voyant accablés de fardeaux en route, nous a donné à notre arrivée un lieu de repos? quel est celui qui nous a préparé une maison, une hôtellerie? Je laisserai le reste. Car, on entend partout des langues qui publient des discours pleins de méchanceté et d'ignorance, avec une vanité ridicule et une jactance désordonnée; ces langues, vous ne les avez pas réfrénées, vous avez donné pour matière à leur sottes paroles, votre conduite ennemie de toute instruction, et vous avez fait de leur démence un foyer plus enflammé que la fournaise de Babylone.

C'est pourquoi, chacun en particulier est prêtre et ministre des faux dieux, comme dit l'Écriture ; comme aussi aujourd'hui tous ceux qui parlent des choses divines ne possèdent pas la vertu de l'intelligence, ils parlent non selon le sens de l'esprit saint, mais selon l'esprit étranger ; c'est pourquoi leurs discours sont un sujet de tourment et d'horreur pour les sages ; ils parlent, il est vrai, de Dieu et des choses divines, mais les pensées de ces hommes sont tournées vers les choses étrangères à Dieu. Ils n'apportent ni soin, ni réflexion à ce qu'ils disent ; ils ne parlent pas doucement et lentement, comme il est enseigné, que personne au dehors n'écoute leur langage; pour conquérir la gloire des humains, ils font avec grand éclat retentir leurs discours aux oreilles des hommes ; le flux de leurs paroles semble sortir d'une source intarissable, comme l'a dit un ancien, et fatigue tous les ivrognes dans les places publiques ; quel est l'homme de bon sens qui ne plaindra le sort de ces hommes! ne pas être indigné contre eux, c'est les encourager à être tels qu'ils sont. Je m'abstiens de dire qu'ils satisferont la vengeance du Christ depuis le sang d'Abel, du juste Abel, jusqu'au sang de Zakarie, versé entre le temple et l'autel.

Mais ici je termine, comme un homme fatigué de parler aux oreilles des morts. L'histoire rapportée au sujet de saint Tiridate est vraie. En lui faisant prendre un breuvage de mort, ses sujets se sont privés de la lumière des grâces qui s'échappaient de ses rayons. Le règne de Tiridate est de cinquante-six ans.

Ici se termine le livre second de l'histoire progressive de la Grande Arménie.

DIVISION (LIVRE) TROISIÈME.

FIN DE L'HISTOIRE

DE

NOTRE PATRIE.

I.

Il n'y a point d'archéologie connue de notre pays, et parcourir toute l'archéologie des Grecs nous est impossible, à cause de la brièveté du temps. Les ouvrages de Diodore ne sont pas à notre disposition, pour que nous puissions, mettant en lui notre espérance et notre confiance, passer sur tous les faits sans en oublier aucun, et empêcher ainsi que rien ne nous échappe, rien de ce qui est des circonstances importantes, utiles et dignes d'être consignées dans nos écrits. Mais, autant que nos efforts et nos souvenirs nous le permettent, nous rapportons exactement tous les faits, depuis Alexandre-le-Grand jusqu'à la mort de saint Tiridate, par conséquent les faits arrivés dans des temps bien anciens, bien reculés. Garde-toi donc de rire de notre travail et de nous blâmer. Quant à ce qui s'est passé de notre temps ou même un peu antérieurement, je te le rapporterai sans faire d'erreur; dans ce troisième livre, je t'exposerai tout ce qui est arrivé après saint Tiridate, jusqu'au moment où la race des Archagouni (Arsacides) est déchue du trône, et la postérité de saint Cricor (Grégoire) expulsée du sacerdoce. Nous écrirons avec simplicité de langage cette histoire, afin que personne ne paraisse se laisser entraîner par les charmes d'un style pompeux et éloquent, afin que tous, au contraire, appréciant la vérité de nos paroles, lisent souvent, et toujours avec un insatiable plaisir, l'histoire de notre patrie.

II.

Événemens arrivés, après la mort de Tiridate, au grand Vertanes et à trois satrapes.

Dans le temps de la mort de Tiridate, le grand Vertanes vient à la chapelle élevée par son père, au canton de Daron, en l'honneur du martyre de saint Jean. Des embûches sont dressées à Vertanes par les habitans de la montagne, qui, à l'instigation de leurs satrapes, veulent le faire périr. Mais les perfides sont enchaînés par une main invisible, comme autrefois, du temps d'Élisée, ou même sous le Christ notre Dieu, les Juifs furent terrifiés, et Vertanes s'en va sain et sauf au canton d'Iéguérhiatz, au bourg Til, où était le tombeau de son frère Resdagues. Là, il pleure sur le pays des Arméniens livré à l'anarchie. En effet, on voit les satrapies, armées les unes contre les autres, s'entre-déchirer, s'exterminer. Ainsi, par exemple, les trois maisons appelées Peznounienne, Manavazienne et Ouorthouni, se trouvent entièrement anéanties dans cette lutte de mutuelle extermination.

III.

Martyre de saint Cricor (ou Cricoris), consommé par les barbares.

Le bienheureux Tiridate poursuit avec constance et fermeté la satisfaction due à la foi et à la morale, surtout à l'égard de ceux qui habitent les contrées éloignées de sa puissance. C'est pourquoi des officiers venus des parties sud-est, les chefs de la ville lointaine appelée Paidagaran (Boisville) disent au roi : « Si tu veux pousser ces contrées dans les voies de la foi, envoie-leur un évêque de la race de saint Grégoire. C'est ce que désirent, ce que demandent ces contrées, et nous savons avec certitude que, pleines de vénération pour l'illustre nom de Grégoire, elles porteront le même respect à une personne de sa race, et seront prêtes à tout faire pour obéir à ses ordres. » Accédant à ces vœux, le bienheureux Tiridate donne pour évêque à ces contrées Cricoris, fils aîné de Vertanes. En regardant la jeunesse de Cricoris, Tiridate balance dans sa résolution;

mais, en contemplant la grandeur de son esprit, en pensant que Salomon, à l'âge de douze ans, régnait sur Israël, Tiridate, plein de confiance, se décide à envoyer le jeune Cricoris avec Sanadroug, issu de sa race, de la race des Archagouni (Arsacides).

A peine arrivé, Cricoris est l'exemple de la contrée, et montre dans sa conduite toute la vertu de ses pères : supérieur à eux par sa virginité, il est égal au roi en rigidité. A la nouvelle de la mort de Tiridate, des embûches sont dressées par Sanadroug et quelques autres hommes faux et perfides du pays d'Arouank (Afghanie, Albanie). Les barbares foulent aux pieds de leurs chevaux le bienheureux Cricoris, dans la plaine Vadniann, près de la mer appelée la Mer Caspienne. Les diacres de Cricoris prennent son corps, le portent dans la petite Siouni, et l'enterrent au bourg Amaras. Sanadroug, ceignant aussitôt la couronne, occupe la ville Paidagaran. Soutenu par les troupes des nations étrangères, il ne songe plus qu'à imposer sa domination à toute l'Arménie.

IV.

Pagour, consul (d'Arhtzni) se sépare de la confédération des Arméniens. — Les satrapes forment le projet de faire régner Hhosrov (Chosroës).

Comme nous le trouvons consigné dans les histoires divines, le peuple hébreu, après les juges, dans ce temps d'anarchie et de confusion, était sans roi ; chacun se gouvernait selon son bon plaisir ; on voit arriver la même chose en notre pays. A la mort du bienheureux Tiridate, le grand prince Pagour, qui s'appelait consul d'Arhtzni, voyant Sanadroug régner à Paidagaran, conçoit le projet d'en faire autant. Comme il ne peut être roi, parce qu'il n'est pas Archagouni (Arsacide), il veut du moins avoir une autorité indépendante. Il se sépare de la confédération des Arméniens, et fait alliance avec Ouormizth (Hormisdas), roi de Perse. Aussitôt la crainte s'empare des satrapes d'Arménie ; ils s'assemblent auprès du grand Vertanes, choisissent deux princes des plus considérables, Mar, prince de Dzop, et Cac, prince d'Achdiank, pour aller à la ville capitale, trouver le César (l'empereur) Constance, fils de Constantin, avec de riches présens et une lettre ainsi conçue :

V.

Copie de la lettre des Arméniens.

« Vertanes, chef des évêques, les évêques qui sont avec lui, et tous les satrapes de la Grande-Arménie, à notre seigneur Constance, césar (empereur), autocrate, salut.

« Souviens-toi du traité d'alliance fait par ton père Constantin avec notre roi Tiridate, et n'abandonne pas ce pays qui t'appartient au pouvoir des Perses infidèles ; aide-nous par la puissance de tes armes à mettre sur le trône le fils de Tiridate, Hhosrov. Dieu vous a établi maître souverain, non-seulement de l'Europe, mais encore de toutes les terres méditerranées, et la terreur qu'inspire votre puissance s'est répandue jusqu'aux extrémités du monde. Nous venons, nous, vous supplier avec de nouvelles instances de garder, de maintenir, d'étendre même votre domination. Portez-vous bien. »

Accueillant la requête, Constance envoie Antiochus, son préfet du palais, à la tête d'une puissante armée. La pourpre avec la couronne accompagne la lettre dont voici la teneur :

Lettre de Constance.

« Auguste, empereur et souverain César Constance, au grand Vertanes et à tous ses compatriotes, salut.

« Je vous ai envoyé des troupes en aide, ainsi que l'ordre d'établir pour votre roi Hhosrov (Chosroës), fils de votre roi Tiridate, voulant que vous organisiez chez vous une sage administration, et que vous nous serviez avec fidélité et sincérité. Portez-vous bien. »

VI.

Arrivée d'Antiochus. — Ses actes.

A peine arrivé, Antiochus s'empresse de mettre Hhosrov sur le trône ; puis il rétablit dans le commandement des armées les quatre généraux établis par Tiridate en son vivant, après la mort de son père adoptif (nourricier), Ardavazth Manthagouni, qui était seul chef et général de toute l'Arménie. Le premier des généraux remis en activité est le chevalier Pacarad, fait commandant en chef de l'armée occidentale ; le second est Mihran, gouverneur de l'Ibérie (Géorgie), et consul des Concaratzi, fait général des troupes septentrionales ; le troisième est Vahan, chef de la famille des Amadouni, fait général de l'armée orientale ; le quatrième est Manadjihr, chef de la famille des Rechdouni, fait général de l'armée méridionale. Antiochus envoie Manadjihr avec les troupes méridionales, ainsi que les troupes de la Cilicie, dans les contrées de l'Assyrie et de la Mésopotamie. Vahan, chef de la famille des Amadouni, avec l'armée orientale et des troupes galates, est envoyé dans les contrées de l'Aderbaidjan, pour les défendre contre les attaques du roi de Perse.

Antiochus, laissant le roi Hhosrov (Chosroës), car ce prince était petit de taille, faible de corps, et n'avait rien de la stature d'un guerrier, prenant avec lui Mihran, Pacarad et leurs troupes, marche, avec toute l'armée grecque réunie, contre Sanadroug. Celui-ci, après avoir rempli de troupes persanes la ville Païdagaran, s'empresse de se retirer vers le roi Chabouh, avec les satrapes d'Arhouank (Afghanie). Antiochus, voyant leur refus de soumission pacifique et volontaire, donne ordre de réduire, d'anéantir la puissance des rebelles, perçoit les tributs, et retourne près de l'empereur.

VII.

Conduite coupable de Manadjihr envers le grand Iagop (Jacques). — Mort de Manadjihr.

Manadjihr, étant allé avec l'armée méridionale d'Arménie et les troupes de la Cilicie aux contrées de l'Assyrie, livre combat à Pagour, consul d'Artzni, le défait, lui et ses troupes, met en fuite les Perses, venus à son secours, envoie chargé de chaînes, à Hhosrov, le fils de Pagour, Hécha, qu'il a fait captif ; condamne sans miséricorde au fil de l'épée les cantons soumis à sa puissance, nonseulement les combattans, mais encore les simples paysans. Manadjihr fait grand nombre de prisonniers dans les contrées de Medzpinn (Nisibe), et parmi ses prisonniers se trouvent huit diacres du grand évêque Iagop (Jacques). Aussitôt Iagop court après Manadjihr, sollicite de lui la délivrance de cette foule de prisonniers, innocens de tout crime. Cependant Manadjihr refuse, alléguant les ordres du roi.

Iagop va se pourvoir auprès du roi ; mais Manadjihr, de plus en plus perfide, excité d'ailleurs par les habitans du canton, fait jeter dans la mer les huit diacres de l'évêque, qui étaient dans les fers. A cette nouvelle, le grand Iagop s'en retourne plein d'indignation et de colère, comme autrefois Moyse à la vue de Pharaon, et, étant allé aussitôt sur la montagne d'où l'on découvrait tout le canton, maudit Manadjihr et son canton, et les jugemens de Dieu ne tardent pas à fondre sur les coupables. Comme Hérode, Manadjihr succombe accablé de douleurs et de maux. La fertilité du canton se change en productions aqueuses et salines, car le ciel qui plane au-dessus d'elles est un ciel d'airain, comme il est écrit, et la mer en fureur occupe toute la campagne. A cette vue, le grand Vertanes et le roi Hhosrov, tout irrités, ordonnent de délivrer les prisonniers, et d'implorer le saint évêque avec toutes les marques du repentir, afin de détourner la colère de Dieu ; après quoi, Iagop sort de ce monde, et le fils successeur de Manadjihr, par l'effet d'une belle pénitence, d'abondantes larmes, d'une sincère douleur, grâce à l'intercession du saint évêque, obtient pour lui et son canton la guérison parfaite de leurs maux.

VIII.

Règne de Hhosrov (Chosroës) le petit. — Changement de résidence royale. — Plantation d'une forêt.

La deuxième année du règne d'Ormizth (Hormisdas), roi des Perses, et la huitième année de l'empire de Constance, avec le secours de ce prince, Hhosrov monte sur le trône. Hhosrov ne fait aucune action d'éclat comme son père ; on ne le voit pas même, pour reconquérir les contrées soustraites à son autorité, tenter quelque attaque, après l'expédition entreprise par les troupes grecques. Hhosrov, laissant au contraire le roi des Perses maître absolu, fait la paix avec lui. Se croyant sûr de régner sur les états qui lui restent, Hhosrov ne s'occupe nullement de grandes et nobles pensées. Ce prince est, à la vérité, petit de taille, mais non pas aussi petit qu'Alexandre de Macédoine, qui n'avait que trois coudées, et n'en avait pas moins un esprit actif, une âme de feu. Hhosrov, qui ne fait aucun cas de la valeur ni d'aucun sentiment généreux, ne s'occupe que de la chasse aux oiseaux et d'autres chasses.

C'est pourquoi on le voit planter, près du fleuve Azad (Eleuthéros), une forêt qui porte son nom jusqu'aujourd'hui.

Hhosrov transporte sa cour sur un point élevé de la forêt; il se bâtit un palais entouré d'ombrages. Ce lieu, dans la langue persane, s'appelle Touvinn, mot qu'on traduit par colline. Car, vers cette époque, Arès (Mars) faisait route avec le soleil, et la chaleur, qui viciait l'air, le chargeait d'une odeur fétide et malsaine à respirer; les habitans d'Ardachad, ne pouvant supporter ces inconvéniens, consentent volontiers à ce changement de résidence.

IX

Incursion des nations du nord en notre pays, du temps de Hhosrov (Chosroës). — Exploits de Vahan Amadouni.

Du temps de Hhosrov on voit les habitans du nord du Caucase, réunis, enhardis par la connaissance qu'ils ont de l'apathie, de l'inertie de Hhosrov, pressés surtout par les sollicitations de Sanadroug, mu par l'ordre secret de Chabouh, roi des Perses, accourir en foule pour faire irruption dans notre pays, au nombre d'environ vingt mille hommes. Bientôt, à leur invasion, s'oppose l'armée orientale et occidentale des Arméniens, sous les ordres du chevalier Pacarad et de Vahan, chef de la famille des Amadouni; car nos troupes méridionales étaient restées près du roi Hhosrov, au pays de Dzop. Mihran avait été tué, les ennemis avaient taillé en pièces et mis en déroute notre division du nord, et, arrivés aux portes de Varharchabad, investissaient la place; tout-à-coup, l'armée orientale et occidentale fondent sur l'ennemi, le délogent, le poussent et l'acculent contre la position difficile d'Ochagan, ne laissent pas aux archers le pouvoir de tirer leurs flèches, selon l'habitude de leur tactique; mais une cavalerie intrépide les presse, les pousse vivement dans des passages difficiles, pleins de pierres et de rocailles.

L'ennemi se prépare malgré lui au combat; on voit le chef des lanciers, géant d'une taille démesurée, armé de toutes pièces, entièrement couvert d'un feutre épais, combattre au milieu de sa troupe. Les braves Arméniens, attentifs à tous ses mouvemens, fondent sur lui sans pouvoir lui faire aucun mal; car la lance et le javelot, en frappant sur sa cuirasse de feutre, ne peuvent que la faire tourner. Alors, le valeureux Vahan Amadouni, les yeux fixés sur l'église du catholicosat, s'écrie : « Aide-moi, grand Dieu ! toi qui as assuré la direction de la pierre lancée par David contre le front de l'orgueilleux Goliath, dirige aussi mes traits contre l'œil de mon terrible ennemi. » Vahan ne fait point une vaine demande, car bientôt il parvient à renverser de cheval son formidable adversaire ; un tel événement engage l'ennemi à fuir, et assure la victoire à l'armée des Arméniens. Revenu au pays de Dzop, Pacarad rend au roi un témoignage fidèle et exempt d'envie, de la valeur de Vahan, de ses exploits, de ses vertus. En conséquence, le roi donne à Vahan le lieu du combat, Ochagan, où Vahan avait déployé tant d'intrépidité et tant d'héroïsme. Le roi, à la place de Mihran, met Cardchoil, chef de la race des Hhorrh-horrouni, à la tête des troupes.

X.

Mort de Hhosrov (Chosroës). — Guerre des Arméniens avec les Perses.

Après ces évènemens, Hhosrov, persuadé que Chabouh (Sapor), roi des Perses, donnait la main à ses ennemis, rompt la paix avec ce prince ; il lui refuse le tribut particulier et le donne à César. Avec le secours des troupes grecques, il résiste au roi des Perses ; mais bientôt la mort le surprend après un règne de neuf ans. Il est enterré à Ani, près de ses pères. Le grand Vertanes rassemble aussitôt tous les satrapes d'Arménie avec les troupes et capitaines, confie à Archavir Gamsarien, comme à l'homme qui tient le premier rang, le rang le plus élevé après le roi, le gouvernement de l'Arménie ; Vertanes, prenant avec lui Diran, fils de Hhosrov, va prier l'empereur de mettre Diran sur le trône à la place de son père.

Mais le roi des Perses, Chabouh, à peine instruit de la mort de Hhosrov et de la démarche de son fils Diran près de l'empereur, rassemble quantité de troupes par les soins de Nerseh, son frère, qu'il veut établir sur le trône d'Arménie, envoie ces troupes dans notre pays, qu'il croit sans chef et en état d'anarchie ; mais voici le brave Archavir Gamsarien, qui, s'opposant à cette invasion avec toutes les forces des Arméniens, livre combat dans la plaine nommée Merourh. Quoiqu'un grand nombre des plus grands satrapes périsse dans le combat, cependant l'armée des Arméniens, enfin victorieuse, met en fuite les troupes des Perses, et garde le pays jusqu'à l'arrivée de Diran.

XI.

Règne de Diran. — Mort du grand Vertanès. — Saint Ioussig lui succède sur le siége épiscopal.

La dix-septième année de son règne, Auguste Constance, fils de Constantin, met sur le trône Diran, fils de Hhosroy, et l'envoie en Arménie avec le grand Vertanès. A son arrivée, Diran possède notre pays en paix, fait alliance avec les Perses, et met fin aux combats en payant tribut aux Grecs, de plus un tribut particulier aux Perses. Diran se maintient dans un état de tranquillité et de quiétude, comme avait fait son père, sans se distinguer par aucun acte de courage et de bravoure; bien plus, loin d'imiter les vertus paternelles, il abandonne entièrement les voies de la piété, en secret, il est vrai, car il ne peut se livrer ouvertement au vice en présence du grand Vertanès.

Après avoir rempli pendant quinze ans tous les devoirs de l'épiscopat, le grand Vertanès passe de cette vie dans l'autre, la troisième année du règne de Diran, et, d'après l'ordre même de Vertanès, ses restes sont portés et déposés au village Torthan, comme s'il eût prévu par l'effet d'un coup d'œil prophétique que bien long-temps après les restes de son père reposeraient en ce même lieu. Ioussig, son fils, lui succède sur le siége épiscopal, la quatrième année du règne de Diran, et se montre fidèle imitateur des vertus de ses pères.

XII.

Guerre de Chabouh (Sapor) avec Constance.

Chabouh, descendant d'Ormizth (Hormisdas), resserre encore ses liens d'union et d'amitié avec Diran, notre roi; on le voit lui prêter le secours de ses armes, le délivrer de l'irruption des nations du nord, qui, liguées ensemble, se sont avancées au-delà du détroit de Djora et établies sur les terres d'Arhouank (Afghanie) pendant quatre ans; Chabouh, après avoir subjugué beaucoup d'autres rois, appelle à son aide quantité de nations barbares, fond sur les pays méditerrannés et la Palestine. Constance fait Julien

César, et prend les armes contre les Perses ; le combat est livré, et l'on peut dire que les deux partis éprouvent une égale défaite, car tous deux comptent un grand nombre de morts ; l'un ne met pas l'autre en fuite ; enfin, un arrangement a lieu, la paix est faite et dure peu d'années. Revenu de Perse, Constance, après une longue maladie, meurt à Mompsiouesd (Mopsueste), ville de Cilicie, ayant régné vingt-trois ans. C'est sous Constance qu'apparaît la croix lumineuse à la vue du bienheureux Giourerh (Cyrille).

XIII.

Diran va se présenter à Julien et lui donne des ôtages.

En ce temps règne en Grèce l'impie Julien. Il renie Dieu, adore les idoles, suscite de nouvelles persécutions et de nouveaux troubles contre l'Église. Il s'efforce de mille manières d'éteindre, d'anéantir la foi du christianisme ; d'abord ce n'est pas par la violence qu'il essaie de réussir, il emploie toutes les ruses et les inventions de la fourberie pour faire adorer les idoles. Julien, que de justes droits avaient armé contre les Perses, après avoir traversé la Cilicie, arrive en Mésopotamie, et les troupes persanes qui gardent le pays, coupent les cordes du pont de bateaux, établi sur l'Euphrate, et défendent le passage. Mais Diran, notre roi, s'avance et fond sur les troupes des Perses qu'il met en fuite. Diran, après ce signalé service, fait passer le fleuve à l'impie Julien avec toute la multitude de la cavalerie. Diran est comblé d'honneur par Julien.

Diran demande à ne pas aller avec l'empereur en Perse, sous prétexte que ses forces ne lui permettent pas de monter à cheval ; Julien consent, mais il demande des troupes et des ôtages. Diran, qui chérit son second fils Arsace, lui donne son troisième fils Tiridate, avec sa femme et ses enfans, ainsi que Dirit, fils de feu Ardaces, son fils aîné, ôtages que Julien envoie aussitôt à Piouzanth (Byzance.) ; puis l'empereur romain renvoie Diran en son pays, lui donne son image en peinture ainsi que celle de plusieurs divinités, avec ordre de les exposer dans l'église, du côté de l'orient. Tous les peuples, dit Julien, qui sont une fois soumis à l'empire romain, en agissent ainsi ; Diran reçoit ces images et les emporte, sans penser que la plus grossière imposture peut seule faire adorer l'image de ces dieux.

XIV.

Martyre de saint Ioussig et de Daniel.

A peine arrivé au canton de Dzop, Diran veut ériger dans son église royale l'image qu'il vient d'apporter. Saint Ioussig l'arrache des mains du roi, la jette à terre, la foule aux pieds, la brise, en criant à l'imposture. Cependant Diran n'écoute rien, car il craint la colère de Julien, il pense à la mort qui l'attend comme le profanateur de l'image de l'empereur. Dès lors, il sent augmenter en lui le feu de la haine qu'il nourrissait contre saint Ioussig à cause des reproches continuels que lui adressait le saint évêque sur sa conduite coupable; Diran le fait battre long-temps à coups de fouet, jusqu'à ce qu'il rende l'esprit.

Cependant, après le martyre de saint Ioussig, Diran, chargé de malédictions par le vieux et respectable prêtre Daniel, ancien disciple et acolyte de saint Grégoire, le fait étrangler. Les disciples du saint emportent son corps et l'enterrent dans sa solitude, appelée jardin des frênes; puis le transportent près de son père, au village Torthan. Saint Ioussig avait passé six ans dans l'épiscopat.

XV.

Zora avec les troupes arméniennes quitte le parti de Julien. — Zora est exterminé avec sa race.

La nouvelle du martyre de saint Ioussig, qui excite le murmure de tous les satrapes, arrive aux oreilles du chef de la famille des Rechdouni, de Zora, alors général de l'armée arménienne du sud, à la place de Manadjihr, et parti par l'ordre de Diran avec ses troupes à la suite de Julien. En apprenant une telle nouvelle, Zora dit à ses troupes : « Cessons d'obéir aux ordres d'un prince qui jette le scandale et l'épouvante au milieu des adorateurs du Christ, égorge ses saints; ne marchons pas avec ce roi impie. » Zora, après avoir fait partager ses sentimens aux troupes, s'en retourne et se retranche à Dmoris jusqu'à ce qu'il voie ce que feront les autres satrapes. Mais les estafettes de Julien devancent son arrivée, et portent à Diran une lettre dont voici le contenu.

Lettre de Julien à Diran.

« L'empereur Julien, descendant d'Inachus, fils d'Aramazth (Jupiter), prince prédestiné pour l'immortalité, à Diran, notre procurateur, salut :

« Les troupes que tu avais envoyées avec nous, ont suivi leur général qui a abandonné notre parti. Nous pouvions envoyer nos innombrables légions après les tiens et les arrêter, mais nous avons souffert leur désertion pour deux motifs : le premier, c'est afin que les Perses ne disent pas de nous, c'est par la violence qu'il a réuni des troupes, elles ne marchent pas volontairement ; le second motif, c'est que nous voulons éprouver la sincérité de ta fidélité, car s'il est vrai que Zora n'ait pas agi ainsi d'après ta volonté, tu l'extermineras lui et sa race, pour ne pas lui laisser un seul descendant. Si, au contraire, tout s'est fait par tes ordres, je jure par le dieu Ras (Mars) qui nous a donné l'empire, je jure par Aténas (Minerve) qui donne la victoire, je jure qu'à notre retour nous irons, avec nos troupes invincibles, t'exterminer toi et ton pays. »

Diran, tout effrayé des termes de cette lettre, envoie le garde en chef de ses femmes, nommé Haïr (père), sous la foi du serment, pour citer Zora à comparaître. Les soldats sous les ordres de ce chef, voyant que tous les satrapes se tiennent tranquilles et en silence, selon l'impatience, l'inconstance habituelle de notre nation, se dispersent chacun dans sa maison. Alors Zora, seul, abandonné, va malgré lui trouver le roi. Diran s'empare de Zora, s'empare du fort Arhtâmar, occupé par ses soldats ; extermine et anéantit toute la race de Zora. Un enfant seul, le fils de Méhenthag, frère de Zora, emporté par ses nourrices, est sauvé. Le roi met à la place de Zora, Sarhamout, seigneur d'Andzid.

XVI.

Mort des enfans de Ioussig. — Parrnerseh lui succède sur le siége épiscopal.

Les satrapes d'Arménie prient Diran d'élever un homme de vertu et de mérite à l'épiscopat, en remplacement de Ioussig ; car ses fils par leur conduite peu honorable étaient indignes d'occuper le siége apostolique. D'ailleurs, la mort vient les frapper sur ces entrefaites ; cet événement horrible est bien fait pour jeter l'épouvante dans l'âme des lecteurs ; à la même place, la foudre frappe les deux frères, dont l'un s'appelle Bab et l'autre Atanakines. Ainsi meurent les enfans de Ioussig, sans laisser un fils en âge d'occuper l'épiscopat ; le seul descendant qui reste est un fils d'Atanakine, jeune encore, nommé Nerses. Nerses était alors à Césarée pour son instruction, et vers cette époque il était allé à Byzance épouser la fille d'un grand prince appelé Asbion. Ainsi donc, à défaut d'un homme issu de la race de Grégoire, on choisit Parrnerseh d'Achdichad, au canton de Daron ; on le fait grand prêtre (patriarche), la dixième année du règne de Diran. Parrnerseh occupe le siége quatre ans.

XVII.

Chabouh (Sapor) trompe Diran qui, sur son invitation, va le trouver. — Chabouh lui fait crever les yeux.

Après tous ces événemens, l'impie Julien, en punition de ses crimes, meurt en Perse, d'une blessure reçue au ventre. Les troupes reviennent avec leur nouvel empereur Jovien, qui meurt en chemin et n'arrive pas même à Byzance. Le roi des Perses, Chabouh, à l'exemple des Romains, attire Diran par surprise, en lui écrivant une lettre ainsi conçue :

Lettre de Chabouh (Sapor) à Diran.

«Le héros invincible, l'égal du soleil par son élévation, Chabouh, roi des Perses, à notre bien-aimé frère, dont le souvenir nous est si cher, à Diran, roi des Arméniens, salut.

«Nous sommes assurés positivement que tu nous as gardé amour et fidélité, puisque tu n'es pas allé avec l'empereur en Perse. Il t'avait forcé de lui donner des troupes auxiliaires : tu as envoyé des estafettes après ces troupes, et tu les as rappelées. Ce que tu as fait d'abord, c'était, nous le savons, pour l'empêcher de passer par ton pays : tu as fait ce qu'il aurait fait lui-même. Il est arrivé que l'avant-garde a perdu tout courage, et s'est débandée, rejetant sur toi la cause de sa défaite. Furieux de cet événement, nous avons fait boire au chef de ces lâches soldats du sang de taureau. Mais nous n'entreprendrons rien contre ton royaume : nous le jurons par le grand dieu Mihr (Mithra). Hâte-toi seulement de venir nous voir, afin que nous puissions aviser au salut commun. »

A cette nouvelle, Diran, la tête tout égarée, va se présenter à Chabouh, comme un patient qui se porte lui-même au lieu de l'expiation. Dès que Chabouh le voit, il lui adresse les plus vifs reproches, en présence de ses troupes, et lui fait crever les yeux, comme autrefois il fut fait à Sédékias. Ainsi est vengé le saint homme par qui était éclairé notre pays, selon la parole de l'Évangile : « Il est la lumière du monde. » En le faisant périr, Diran avait privé de la lumière toute l'Arménie : hé bien ! Diran est aujourd'hui privé lui-même de la lumière, après un règne de onze ans.

XVIII.

Chabouh (Sapor) monte sur le trône. — Arsace. — Courses et irruptions en Grèce.

Chabouh met sur le trône, en place de Diran, son fils Arsace, car il craint de la part des troupes d'Arménie quelque tentative, quelque coup de main, pour déjouer et tromper l'exécution de ses projets. Ainsi, Diran croit, par cet acte de générosité, affermir ses états. Il soumet aussi la classe des satrapes en exigeant de tous des ôtages. En place de Vahan Amadouni, il nomme général de l'armée arménienne orientale son favori Varhinag Siouni, et, lui confiant toute l'Arménie, il s'en va poursuivre les troupes des Grecs. Arrivé en Pioutania (Bythinie), il s'y tient en repos plusieurs mois, élève, au bord de la mer, une colonne surmontée d'un lion ayant un livre sous ses pieds. Voici la signification de cet emblème. Comme le lion est le plus fort des animaux, de même aussi le roi de Perse est le plus fort des rois. Dans le livre se trouve renfermée la sagesse, comme elle se trouve en effet réunie dans l'empire des Romains.

XIX.

Arsace méprise le monarque des Grecs.

Vers cette époque, des troubles s'élèvent contre le roi des Perses, de la part des nations du nord. Valentinien, qui règne en Grèce, envoie des troupes dans les pays méditerranés, et chasse l'armée des Perses ; puis, il envoie une lettre à notre Arsace.

Lettre de Valentinien à Arsace.

« L'empereur Valentinien Auguste, avec notre associé au trône, Valens César, à Arsace, roi d'Arménie, salut.

Il faut te rappeler tous les malheurs que vous, Arméniens, avez éprouvés de la part des Perses infidèles, et tous les bienfaits que vous avez reçus de nous, depuis les temps anciens jusqu'à toi. Il faut donc t'éloigner de ces ennemis, et te rapprocher de nous ; il faut, mêlant tes troupes avec nos troupes, combattre contre l'ennemi commun ; il faut, avec des lettres pleines de gratitude, envoyer les tributs de ton pays à nos généraux. Tes frères et les exilés qui sont avec eux seront relâchés. Adieu. Obéissance entière à l'empire romain. »

Arsace, non-seulement ne répond pas à cette lettre, mais encore il méprise les remontrances des Romains. Il ne se jette pas non plus entièrement dans le parti de Chabouh ; mais, suivant ses goûts, il se fait gloire de ses continuelles débauches ; il se plaît à entendre la voix des chanteurs mercenaires. Plus célèbre, plus vaillant, à ses propres yeux, qu'Achille, Arsace ressemble en réalité à Thersite le boiteux, à Thersite l'insensé. Condamné à l'exil par ses maîtres, reçoit enfin la juste récompense de son orgueilleuse folie.

XX.

Saint Nersès. — Ses sages institutions.

La troisième année du règne d'Arsace, est élevé au trône patriarchal le grand Nersès, fils d'Atanakines, fils d'Ioussig, fils de Vertanes, fils de saint Grégoire. A son retour de Byzance à Césarée, à son arrivée en Arménie, il renouvelle toutes les sages institutions et règlemens de ses pères ; il en établit encore d'autres ; la sage discipline qu'il a vue régner en Grèce, surtout dans la capitale de l'empire, est, par ses soins, retracée, reproduite en Arménie. Il convoque les évêques, et, avec l'assentiment de tous les laïcs, il prescrit la charité par les constitutions canoniques ; il extirpe la racine de la dureté, qui croissait comme naturellement par la force de l'habitude en la terre de notre pays ; car les lépreux étaient chassés sans pitié comme des êtres réputés immondes par les lois ; les malheureux attaqués du mal éléphantique étaient obligés de prendre la fuite, de peur qu'ils ne communiquassent leur mal aux autres. Leurs retraites étaient les déserts et les solitudes ; leur couvert et leur abri étaient des pierres et des buissons ; jamais ils ne recevaient de personne la moindre consolation dans leurs souffrances. Il n'y avait alors ni secours pour les estropiés, ni hospitalité pour les voyageurs inconnus, ni réunion d'étrangers.

Nersès fait construire pour chaque canton des hôpitaux, dans des lieux retirés, pour servir, comme les hospices des Grecs, au soulagement des infirmes. Il assigne à ces établissemens des bourgs, des métairies, d'un rapport très productif, en fruits de la terre, en laitage, en laine des troupeaux. Les pauvres doivent être entretenus dans ces établissemens, situés dans des lieux reculés, et ne peuvent sortir de ces maisons. Nersès en confie la surveillance à Hhathth, natif des prairies de Garinn, son diacre, et lui enjoint de construire des couvens dans tous les villages, pour servir d'hôtelleries, y nourrir les orphelins, les vieillards et ceux qui n'ont pas de pain. Nersès bâtit aussi, dans des lieux déserts et inhabités, des confréries, des monastères et des cellules pour les solitaires. Il nomme, pour pères et supérieurs de ces asiles, Charid, Epiphane, Éphrem, Kinth, de la race des Selgouni, ainsi que plusieurs autres personnages.

Nersès défend deux choses aux races satrapales 1° l'alliance par mariage entre parens, qui avait pour but de conserver, d'accumuler les biens dans les familles ; 2° les cérémonies coupables pratiquées sur les morts selon la coutume des païens. Dès lors, les habitans de notre pays cessent de se conduire comme les païens insensés : on dirait des citadins bien réglés.

XX

Meurtre de Tiridate, frère d'Arsace. — Saint Nersès s'en va à Byzance. — Il en ramène des ôtages.

Valentinien sévit avec une extrême rigueur contre toute espèce d'injustice ; aussi, le voit-on punir la rapine de plusieurs princes de la peine capitale, faire brûler vif, par exemple, un certain Rothanos, chef des eunuques. Ce Rothanos, au mépris de l'ordre de l'empereur, trois fois réitéré, n'avait pas restitué les biens qu'il avait pris à une veuve. Un jour, les envoyés de Valentinien, revenus de l'Arménie, excitent l'idignation de l'empereur, en lui rapportant les discours tenus par l'insolent Arsace. Valentinien, en ce moment disposé à la colère, fait périr Tiridate, frère d'Arsace et père du jeune Knel.

Théodose, à la tête d'une grosse armée, vient fondre sur l'Arménie; déjà il est aux frontières du pays. Arsace, effrayé, envoie au-devant de lui le grand Nersès. Il le charge de disposer l'empereur à un accommodement pacifique, de lui porter tous les tributs dont le paiement avait été éludé, et de lui offrir en outre de riches présens. Nersès va trouver Valentinien, le dispose à la paix, et se voit lui-même comblé d'honneurs. Il obtient les otages qu'il demande, et part, ramenant pour femme à Arsace une jeune princesse nommée Olympiade, parente de l'empereur. Valentinien, voulant donner des preuves de sa générosité au jeune Knel, en raison de la mort injuste de son père Tiridate, lui donne la dignité du consulat avec de riches trésors. Jaloux de Knel, Dirit ne pense qu'à lui faire du mal, et n'attend que l'occasion favorable.

XXII.

Cause de la collision d'Arsace avec Knel. — Mort de Diran

Knel vient un jour au bourg Gouach, situé au pied du mont Arakadz, pour voir son aïeul Diran, qui, les yeux crevés, vivait encore. Diran gémissait amèrement sur la perte de Tiridate, son fils, père de Knel, car il se regardait comme la cause du meurtre de Tiridate. C'est pourquoi il donne à Knel tous ses biens, la propriété des villages et des métairies, et lui enjoint de fixer sa demeure dans ce bourg Gouach. Knel prend pour femme Parrantzem, de la race des Siouni. Knel célèbre son mariage avec une magnificence toute royale, et comble de présens tous les satrapes. Ceux-ci, charmés de sa conduite à leur égard, et pleins d'affection, lui donnent leurs enfans. Knel aussitôt prodigue à ces enfans les parures les plus magnifiques, les armes les plus riches, et il voit encore s'accroître pour lui l'amour général.

Dirit croit voir, dans cette manière d'agir, un prétexte de calomnie; il s'en va donc trouver le roi avec son ami Varihan, officier de la cour. « Tu ne sais pas, ô roi, disent-ils, que Knel a formé le projet de t'assassiner, pour régner en ta place. Voici la preuve certaine de ses vues ambitieuses. Knel s'est établi en Ararat, dans les domaines mêmes des rois; il a su se gagner l'affection des satrapes. Les césars, pour lui fournir les moyens de conspirer, lui ont conféré la dignité du consulat et d'immenses trésors avec lesquels il a corrompu les satrapes. Varthan jure par le soleil (la vie) du roi. Oui, j'ai entendu de mes propres oreilles, j'ai entendu dire à Knel : « Je ne laisserai pas sans vengeance, je ne pardonnerai pas à mon oncle la mort de mon père arrivée à cause de lui. »

Arsace, ajoutant foi à la délation, envoie Varthan lui-même vers Knel, lui dire : « Pourquoi t'es-tu établi en Ararat ? pourquoi as-tu ainsi rompu l'ordre établi par nos pères ? La coutume veut que le roi seul habite en Ararat, avec un seul fils, qui reste près de lui, comme agrégé et successeur au trône, tandis que les autres Archagouni (Arsacides) ont leur résidence dans les cantons d'Achdiank, d'Arhiovid et d'Arperran, avec des pensions et des revenus sur le trésor royal. Tu as à choisir aujourd'hui, ou de recevoir la mort, ou de quitter l'Ararat, et de renvoyer d'auprès de toi les fils des satrapes. » Knel prend le parti d'obéir au roi : il s'en va aux cantons d'Arhiovid et d'Arrpéran. Mais Diran, son aïeul, adresse des remontrances très sévères à son fils Arsace. C'est pourquoi il ne tarde pas à être secrètement étranglé par ses valets de chambre. D'après les ordres du roi, Diran est enterré au bourg même de Gouach, car il n'est pas jugé digne d'être porté dans la sépulture de ses pères. Ainsi, le traitement subi par Diran n'est qu'une juste représaille du traitement qu'il a fait subir à Daniel ; c'est une satisfaction payée à Dieu ; et, selon les paroles de l'Écriture, il est mesuré avec la mesure avec laquelle il a mesuré.

XXIII.

Arsace porte de nouveau envie à Knel, et le fait périr.

Le roi s'en va sur le versant du Massis, chasser dans son cher canton, à Gocaiovid. La chasse est si vive, qu'il n'arriva jamais à aucun des rois ses prédécesseurs d'abattre autant de gibier en une heure. Le roi, dans les transports causés par le vin, se félicite, se glorifie de sa bonne fortune. Dirit et Varthan saisissent aussitôt cette occasion de renouveler leurs perfides menées, en disant : « Knel, dans le même temps donné, abat un bien plus grand nombre de bêtes sur sa montagne appelée Chahabivan, qui lui vient de son aïeul maternel Knouni. »

En raison de ces rapports insidieux, Arsace envoie à Knel l'injonction suivante :

Lettre d'Arsace à Knel.

« Arsace, roi de la grande Arménie, à Knel, mon fils, salut.

« Tu examineras les endroits les plus giboyeux sur ta montagne des fleurs, le long de l'eau, et tu feras les préparatifs nécessaires, afin qu'à notre arrivée nous trouvions une partie de chasse vraiment digne d'un roi. »

Arsace se hâte d'arriver presque aussitôt que son ordonnance, dans la pensée que Knel n'aura pu encore trouver les moyens d'exécuter ses ordres ; qu'on pourra donc, en l'accusant d'avoir voulu porter envie aux plaisirs du roi, le charger de fers. Mais Arsace, voyant qu'il n'avait jamais vu autant de préparatifs de chasse et une si grande multitude de bêtes, trompé dans ses calculs de haine et de perfidie, ordonne à Varthan de tuer Knel au milieu de la chasse, et de faire comme si, par l'effet de quelque accident, de quelque coup maladroit, le trait tiré sur les bêtes eût atteint Knel. Varthan s'empresse d'exécuter l'ordre qu'il vient de recevoir, non pas tant pour obéir aux volontés du roi que pour satisfaire celles de son cher Dirit. Arsace, accompagné de ses satrapes, fait descendre dans la plaine d'Arhiovid le corps de Knel, qui est enterré dans la ville royale de Zarichad ; et, s'excusant de toute participation à la mort de Knel, le roi s'abandonne à de grandes lamentations.

XXIV.

Arsace en vient à cet excès d'audace de prendre la femme de Knel, laquelle enfante Bab.

Quoique Arsace espère pouvoir exécuter ses crimes dans le secret, il arrive que ce qui ne peut être caché à l'œil pénétrant de Dieu est aussi manifesté au monde par la vue de l'abattement des coupables ; ainsi se révèle la mort de Divan et de Knel. Tout le monde connaît l'affreuse vérité. Le grand Nersès l'apprend aussi, maudit Arsace et l'auteur du meurtre. Nersès, s'en étant allé, passe plusieurs jours en pleurs, comme autrefois Samuel au sujet de la mort de Saül. Arsace, loin de se repentir de son crime, sans pudeur et sans honte, grossit ses trésors des trésors et de l'héritage de sa victime. Il fait plus encore : il prend sa femme Parrantzem, qui donne le jour à un enfant, lequel est appelé Bab.

Cette infâme Parrantzem commet un forfait inouï, un forfait inimaginable, un forfait qu'on ne peut entendre raconter sans frémir d'horreur. Elle se sert d'un scélérat, faussement appelé prêtre, pour donner le remède, le pain de vie, dans la composition duquel se trouve mêlé un principe mortifère, à Orhombiath, (Olympiade), première femme d'Arsace, et fait ainsi périr cette princesse, par jalousie pour son rang. Arsace immole aussi Varhinag, et met à sa place son père Andiok (Antiochus).

XXV.

Meurtre de Dirit.

Chabouh (Sapor), se voyant en paix avec les nations du nord, et sans guerre présente à soutenir, laisse éclater son indignation contre Arsace, qui, pendant tant d'années, lui avait refusé le tribut, pour le payer à César. En conséquence, Arsace envoie près de Chabouh, Dirit et son cher Varthan, avec de riches présens, demander paix et amitié. Mais, comme Chabouh veut se venger des dernières guerres, il s'avance contre les Grecs. C'est pourquoi il invite Arsace, notre roi, à le suivre avec toutes les forces d'Arménie. Arsace refuse de marcher en personne, et, alléguant quelque prétexte, il n'envoie qu'une faible troupe à la suite de Chabouh.

Cependant Arsace, furieux contre Dirit, le dégrade de ses honneurs, comme si tout n'était arrivé qu'à son instigation, à cause de la haine qu'il portait aux Grecs. La colère du roi est encore excitée par Vassag, son écuyer. Vassag en voulait à son propre frère, au sujet d'une jeune concubine. Arsace, ainsi excité, accable d'injures et d'outrages Dirit et Varthan, qui, ne pouvant supporter un tel traitement et tant de reproches, vont se retirer auprès de Chabouh. A cette nouvelle, Arsace, devenu encore plus furieux, ordonne à Vassag de courir après les transfuges avec une forte troupe, pour les tuer partout où il les trouvera; Vassag n'hésite pas à accomplir son horrible commission, quoique Varthan soit son frère. Ainsi, le sang innocent de Knel a trouvé vengeance ; vengeance a été tirée de l'impie Dirit, d'après la malédiction de Nersès, vengeance a été tirée de Varthan, égorgé par son propre frère Vassag.

XXVI.

Défaite de Chabouh (Sapor) à Dicranaguerd (Tigraneville).

Chabouh se hâte de marcher sur notre ville Tigraneville. Mais les citoyens tiennent ferme contre lui, avec une armée aussitôt rassemblée, car Andiok, chef de la race des Siouni, beau-père d'Arsace, et gouverneur de la ville, ordonne de se mettre en garde contre Chabouh. Non-seulement il lui ferme le passage, mais même il ne lui envoie aucun député, et n'en reçoit aucun de lui. Un combat acharné est livré; un grand nombre de Perses y périt. L'armée de Chabouh, en pleine déroute, retourne à Medzpinn (Nisibe). Après quelque repos, revenus un peu de leurs fatigues, les vaincus cherchent à prendre Dicranaguerd (Tigraneville). Mais les troupes d'avant-garde et les éclaireurs ne permettent pas à Chabouh d'exécuter ses projets, sous prétexte qu'il y a dommage et trouble pour les Grecs. Alors, Chabouh, tout en s'avançant, écrit une lettre ainsi conçue aux habitants de Tigraneville.

Lettre de Chabouh (Sapor) à Tigraneville.

« Le fils des héros, le brave Chabouh, roi des rois, à vous, habitans de Tigraneville, qui n'êtes plus au nombre ni des Arik, ni des anarik (non Arik).

« Je voulais, en commençant par vous, faire mon entrée, au milieu de la paix et d'une noble liberté, dans toutes les villes circonvoisines. Si donc, vous, habitans de Tigraneville, vous qui êtes les premiers, je ne dis pas par la suprématie, mais bien par votre position à l'entrée de la route, si vous me résistez, les autres villes apprendront de vous à en faire autant. Mais, à notre retour, je vous exterminerai dans ma colère, afin que vous serviez d'exemple aux téméraires et aux audacieux. »

XXVII.

Construction d'Archagavan (Arsaceville). — Destruction de cette place. — Prise d'Ani.

Arsace va jusqu'à faire une œuvre de la dernière démence : sur le revers du mont Massis, il élève une place pour servir de refuge aux criminels, ordonnant que quiconque viendra s'y établir ne soit passible d'aucune peine, d'aucun jugement ; et aussitôt toute la vallée se trouve peuplée d'une multitude innombrable : on voit accourir les dépositaires infidèles, les débiteurs, les esclaves, les malfaiteurs, les voleurs, les assassins, les hommes qui chassent leurs femmes, et autres bandits, forcés de fuir. Il n'y a pour eux aucune recherche à craindre. Déjà souvent les satrapes murmurent, mais Arsace ne les écoute pas. Enfin, les satrapes adressent leur plainte à Chabouh, qui, à son retour de Grèce, envoie un de ses généraux, à la tête d'un détachement d'Arméniens, pour s'emparer d'Arsace, si l'occasion le permet. Mais ce prince s'enfuit dans les contrées du Caucase, avec le concours des Ibériens (Géorgiens).

Le général des Perses, arrivé en Arménie, avec le secours des satrapes, prend le fort d'Ani, s'empare de tous les trésors royaux qui s'y trouvent, et même des ossemens des rois. Je ne sais si c'est par outrage pour Arsace ou par l'effet de quelque sortilége païen. Il arrive que les satrapes, avec permission obtenue par leurs prières, enterrent ces ossemens, pêle-mêle renversés, dans le bourg Arhtz, situé au pied de la montagne qui s'appelle Arakadz, car ils ne savent pas distinguer les ossemens des païens, des ossemens des chrétiens, parce que les ossemens des uns et des autres avaient été confondus ensemble par la main des déprédateurs. C'est pourquoi ils ne jugent pas convenable d'enterrer ces ossemens dans la terre des saints, à Varharchabad (Valarsaceville).

Les satrapes d'Arménie, réunis, fondent sur la résidence royale d'Archagavan, passent tout au fil de l'épée, hommes, femmes, excepté les enfans à la mamelle. Chacun sévit avec la dernière rigueur contre ses esclaves et contre ce peuple de criminels. Quoique le grand Nerses soit aussitôt averti de ce qui se passe, cependant il n'arrive pas avant la consommation du carnage ; il trouve les enfans des victimes mis de côté pour être emmenés en captivité, comme seraient emmenés les enfans d'ennemis éloignés. Nerses, délivrant aussitôt ces innocentes créatures, les fait porter dans des paniers en un lieu de sûreté, et leur assure les soins et la nourriture nécessaires. Dans la suite, ces enfans, devenus grands et réunis en corps de bourgade, sont appelés Ouort (paniers), à cause de cette circonstance.

XXVIII.

Prise de Dicranaguerd (Tigraneville). — Destruction totale de cette place.

Chabouh (Sapor) arrive devant Tigraneville, et les habitans de se disposer encore à le repousser. Montés sur le haut des murailles, ils crient : « Retire-toi, Chabouh, retire-toi, de peur que la seconde fois nous ne te fassions éprouver, dans le combat, plus de mal que la première fois. » « Valeureux Arméniens, répond Chabouh, vous, qui vous tenez étroitement enfermés dans vos murailles de Tigraneville, et poussez au-dehors des cris menaçans, apprenez que c'est le fait des hommes braves de combattre en rase campagne, en champ libre : ce n'est que le fait des femmes de se tenir enfermées, dans la crainte de quelque collision imminente. » Puis, après ces paroles, Chabouh retourne vers ses prisonniers, les soldats grecs, et leur dit : « Si je prends cette ville par le secours de vos armes, je vous ferai tous libres, vous et tous ceux qui vous appartiennent » ; et aussitôt Chabouh ordonne à l'armée persane d'aller investir la ville, et de percer de flèches tous ceux qui paraîtront sur les murailles.

Les Grecs se mettent aussitôt avec ardeur à appliquer, contre les murailles, des machines appelées ânes, machines roulantes, poussées par trois hommes, et garnies en-dessous de haches, de socs à deux tranchans, de pics à bec, pour miner les fondemens ébranlés à l'aide de ces machines. Les murailles élevées par Tigrane, descendant d'Hayg, tombent renversées ; le feu est mis aux portes et de tout côté ; des pierres, des flèches, des traits, sont lancés de toutes parts ; et les nôtres, couverts de blessures, sont dans la stupéfaction du désespoir ; toute la soldatesque se précipite dans la ville, et la main des Perses ne se lasse pas d'abreuver leurs fers homicides dans le sang des malheureux, tant enfin que le sang des victimes inonde les fondemens. La main des Grecs incendie en un moment tous les bâtimens construits en bois. Chabouh, traînant en captivité les malheureux échappés au massacre, prend le chemin de la Perse. Il envoie des courriers aux troupes stationnées en Arménie, et ordonne que la famille des Siouni soit déchue de toute principauté.

XXIX.

Collision d'Arsace avec ses satrapes. — Départ de Bab, envoyé en ôtage à Byzance.

De nouveaux troubles s'élèvent contre Chabouh, de la part de ces nations, et la paix règne par toute la Grèce. On peut dire qu'il y a échange de position, changement de rôles : paix ici, là collision; paix là, ici collision. On croirait que ce qui est d'un côté le terme et la fin d'une position, devient d'un autre côté le commencement d'une autre position. Valentinien tombe malade dans le fort appelé Perkidion (Bergit), et meurt. Son frère lui succède sur le trône. Valens, heureux vainqueur des Kouts (Goths), revient triomphant, et se hâte d'envoyer des troupes en Mésopotamie et en Arménie, au secours de Chabouh (Sapor).

Arsace, arrivé avec des troupes ibériennes (géorgiennes), réunit le petit nombre de ses partisans, et livre combat à ses satrapes, pour se venger de la destruction de sa ville Archagavan. Mais les satrapes confédérés, sous la conduite de Nerses, fils de Gamsar, soutiennent le choc d'Arsace. Le combat est acharné, et le nombre des morts est grand des deux côtés. Les deux partis se précipitent l'un sur l'autre, et ni l'un ni l'autre ne veut accepter pour lui la défaite. Les choses en sont là, lorsque arrivent les troupes impériales. Arsace, voyant alors qu'il a pour ennemis Chabouh, Valens et ses propres satrapes, abandonné de tous, envoie supplier le grand Nerses. Arsace promet de quitter tous les chemins du vice, de se soumettre aux volontés du saint évêque, de faire pénitence dans le sac et la cendre, pourvu seulement que Nerses consente à venir faire la paix, et à l'arracher lui, Arsace, des mains puissantes des Grecs. De fréquentes prières sont également adressées, à ce sujet, par les satrapes à Nerses. Les évêques, assemblés, le conjurent aussi de ne pas rester insensible à la perte de son église.

Le grand Nerses, cédant enfin à leurs instances, se rend au milieu d'eux, fait la paix, obtenant du roi et des satrapes entière soumission, excepté du Nahabed (chef de race) des Ardzrouni, appelé Méroujan, et du mari de sa sœur, Vahan Mamigoni, qui, sourds aux remontrances de Nerses, vont, dans leur rébellion, trouver Chabouh. Tous les autres satrapes, à la condition que le roi se comportera désormais avec justice et droiture, s'obligent par serment à le servir avec fidélité et sincérité. Tel est l'engagement passé entre les parties. Le grand Nerses se rend auprès de l'armée des Grecs, la supplie de ne faire aucun tort, aucun mal à notre pays ; de se contenter de recevoir les tributs, de prendre le fils d'Arsace, Bab, avec les fils de tous les satrapes, en ôtage, et de retourner en leur pays. Propice à ces vœux, le bon, le grand Théodose, général des Grecs, retourne près de César, avec les ôtages, accompagné du grand Nerses, porteur d'une lettre d'Arsace, ainsi conçue :

Lettre d'Arsace à Valens.

« Arsace, roi de la grande Arménie, et tous les satrapes de la nation araméenne (arménienne), à notre seigneur l'empereur Valens-Auguste, et à son fils Gratien, salut.

« Que ta majesté ne se persuade pas que c'est la haine qui nous a fait révolter, ou la confiance en nos forces qui nous a portés à lancer quelques troupes en maraude sur le pays des Grecs. Informés des troubles qui avaient éclaté au milieu de vous, et redoutant les armes de Chabouh, craignant qu'un bras puissant ne nous tire pas de ses mains, nous avons consenti à lui prêter l'appui d'une faible troupe. Mais je n'ai pas voulu, moi Arsace, marcher avec lui, car je vous gardais fidélité sincère. C'est pourquoi le tyran a désolé et réduit en captivité notre pays ; il a été jusqu'à arracher des tombeaux les ossemens de nos pères. Prenez donc confiance dans les paroles de nos députés ; rendez-nous votre ancienne amitié ; qu'elle soit ferme et durable, et nous vous paierons le tribut sincère d'un servile dévoûment. »

Valens, sans lire cette lettre, même sans consentir à voir le grand Nerses, ordonne de le déporter, et de passer tous les étrangers venus avec lui au fil de l'épée.

XXX.

Le grand Nerses est déporté, jeté et relégué dans une île inhabitée. — Comment les naufragés se trouvent nourris par les soins de la Providence divine.

En ce temps-là, se trouve sur le siége épiscopal de Byzance, l'ennemi de l'esprit saint, Maguéthon (Macédonius). Quand vient l'ordre impérial de déporter le grand Nerses, comme un homme qui a trompé et insulté l'empereur, quelques sectaires d'Arius s'approchent du saint évêque, et lui disent : « Si tu souscris à notre profession de foi, notre père Maguéthon te délivrera. » Nerses refuse, et est aussitôt déporté. Durant la navigation, le vent de l'hiver souffle avec rigueur, et le bâtiment, jeté contre une île déserte, est brisé. Les marins, qui ne peuvent naviguer avec leur frêle embarcation, se voient dans la plus grande détresse et inquiétude, réduits à manger les racines de la forêt. Mais, par l'effet de la Providence divine, ces marins se trouvent, durant huit ans, nourris de poissons que la mer jette vivans sur le rivage. Cependant Bab consent à tout avec le reste des ôtages, et Maguéthon les met en liberté.

XXXI.

Arsace extermine ses satrapes. — Conduite de l'évêque Hhath.

Le grand Nerses n'est plus là, et Arsace s'empresse de violer ses sermens, tous les engagemens qu'il a contractés avec ses satrapes, de poursuivre ses projets de haine et de vengeance, au sujet de la destruction de sa place Archagavan. On le voit exterminer grand nombre de satrapes; il s'attache surtout à anéantir les races des Gamsariens, dont la forteresse appelée Ardaker, et la ville Erouanthachad attire et fixe tous les regards de son insatiable avarice. C'est pourquoi, appelant à lui, dans sa résidence déserte d'Armavir, en qualité d'alliés et sous le spécieux prétexte de les combler d'honneurs, appelant à lui les malheureux Gamsariens, il les fait tous, hommes, femmes, enfants, il les fait tous massacrer ; pas un n'échappe au carnage, excepté Sbantharad, fils d'Ardachir. Marié en secondes noces à une Archagouni (Arsacide), il habitait dans les possessions de sa femme, aux contrées de Daron et d'Achdiank, parce qu'il était brouillé avec son oncle paternel Nerseh. C'est pourquoi il n'est pas compris dans le massacre général ; mais, à la première nouvelle de cet horrible événement, il s'enfuit en Grèce avec ses fils Chavarch, Cazavon et toute leur maison.

Le grand Nerses, lors de son départ pour la Grèce, avait consacré son diacre Hhath, évêque de Pacravanth et d'Archarouni, et lui avait confié toute l'administration du pays, jusqu'à l'époque de son retour. Hhath ressemble en tous points à Nerses, et l'on peut dire qu'il le surpasse encore par son zèle à pourvoir aux besoins des pauvres. Ses greniers sont des sources merveilleuses qui jaillissent sans cesse comme du temps d'Elias et d'Élisée. Lorsqu'il reprend et réprimande le roi, il est terrible, dur et sévère, toujours impassible et libre de toute crainte. Les griffes de Satan ne pouvaient s'accrocher à lui, si ce n'est pour une seule chose : car Hhath aimait la parure et les chevaux ; comme pour prendre une espèce de revanche, ceux qui se voyaient sévèrement repris par Hhath le blâmaient, le ridiculisaient, sur ce point. C'est pourquoi le saint évêque quitte pour jamais ses habits magnifiques ; et, couvert d'un cilice, va, monté sur un âne, jusqu'au jour de sa mort.

XXXII.

Arsace fait saisir le bienheureux Hhath et veut le faire lapider pour punir le saint évêque de lui avoir reproché sa conduite coupable.

Arsace, lors du massacre général de la race des Gamsariens, fait écarteler leurs corps, et les fait jeter sans sépulture, pour servir de pâture aux chiens. Arsace, comme un triomphateur couronné après une grande victoire, passe ses jours dans tous les plaisirs et les jouissances de la vie, et veut réunir, entasser, accumuler à Armavir toutes les richesses de ses victimes. Deux fosses larges et profondes sont creusées près de Nadhhdjavan, pour y transporter, sur des chariots, les trésors trouvés dans la place des Gamsariens. Les voituriers, en voyant des os de cadavres humains, livrés aux chiens et dispersés çà et là au bord de la fosse, s'informent de la vérité, et apprennent que ces ossemens sont ceux de leurs maîtres ; aussitôt, ils les recueillent dans leurs chariots, les couvrent de joncs, et vont les enterrer dans ces fosses. Arsace, averti de ce qui se passe, fait pendre les malheureux voituriers à un poteau au-dessus de la fosse.

Hhath, qui ne s'était pas trouvé au massacre, arrive en ce moment, et se met à adresser les plus vifs reproches au roi ; Arsace le fait saisir et lapider. Mais les beaux-frères de sa fille, princes de grandes satrapies, de l'illustre et puissante race des Abahouni, tirent aussitôt leurs glaives, et laissent à moitié morts les gens venus pour enlever Hhath ; ils l'arrachent de leurs mains, et retournent en leurs cantons. Arsace, qui n'ose s'opposer à leur entreprise, se cache, dans la crainte de voir s'élever une sédition générale de la part de tous les satrapes.

XXXIII.

Règne de Théodose-le-Grand. — Concile tenu à l'occasion des hérétiques ennemis de l'esprit saint.

Valens, exemple terrible ici-bas du feu éternel, en punition de son infâme conduite, périt au milieu des flammes, à Andrinople. Théodose prend la couronne. On le voit détruire de fond en comble les temples des idoles, autrefois fermés par Constantin, tels que les temples du soleil, d'Ardémith (Diane) et d'Aphrodite (Vénus), situés à Byzance. Théodose supprime aussi le temple de Damas, et en fait une église. Il en est de même du temple de la ville d'Ilouz (Héliopolis), du grand temple du Liban, de ce temple si fameux formé de trois pierres.

Théodose rappelle tous les saints pères, exilés en raison de l'orthodoxie de leur doctrine. Parmi ces docteurs est le grand Nerses, que Théodose comble d'honneurs et retient près de lui, à Byzance, jusqu'à la constatation de la véritable doctrine, au sujet des blasphèmes de l'impie Macédonius. Cet hérésiarque ne reconnaissait pas pour seigneur le Saint-Esprit ; il ne voulait pas qu'il fût adoré et glorifié avec le père et le fils ; il voulait que le Saint-Esprit fût étranger à la nature de Dieu, créature, serviteur, ministre, enfin le produit d'une influence divine, mais non une essence personnelle. Assemblés dans la ville impériale, à Byzance, les saints pères, Damas de Rome, Nectaire de Constantinople, Timothée d'Alexandrie, Mélitus d'Antioche, Cyrille de Jérusalem, Grégoire de Nicène, Gélase de Césarée, Grégoire de Naxiance, Amphilaxe d'Iconie, et autres évêques, au nombre de cent cinquante pères, anathématisent, excommunient Macédonius et tous les ennemis du Saint-Esprit.

XXXIV.

Arsace se rend malgré lui et sans retour, près de Chabouh (Sapor).

Chabouh, libre enfin des embarras de la guerre, envoie, contre Arsace, un de ses alliés, Alanaozan Bahlavig, avec un fort détachement de troupes. Arsace prend la fuite, car il se voit abandonné de la plupart des satrapes ; ceux-ci, donnant les mains à Alanaozan, se rendent volontairement près de Chabouh, fatigués d'obéir à leur roi Arsace. Comblés d'honneurs par Chabouh, ils retournent en notre pays. Arsace, tombé alors dans la plus vive anxiété, envoie un message au chef de l'armée des Perses. « Tu es mon propre sang, mon frère, dit-il, pourquoi donc me poursuivre avec tant de fureur ? Je sais bien que tu viens ici malgré toi, que tu ne peux enfreindre les ordres de Chabouh, en refusant de marcher contre moi, ton allié ; mais laisse-moi donc m'échapper quelque part, un moment, jusqu'à ce que, reprenant haleine, je puisse passer en Grèce. Alors, tu prendras mon pays, mes états ; tu seras maître d'une grande partie de mes biens ; tu les recevras de moi, comme d'un bon parent. »

Voici la réponse que renvoie Alanaozan à Arsace : « Tu n'as pas épargné nos alliés les Gamsariens, qui, plus que moi, t'étaient proches : proches, comme ayant la même religion, proches comme habitant le même pays. Comment peux-tu espérer que je t'épargnerai, moi qui n'ai avec toi, ni rapport de religion, ni rapport d'habitation ? et d'après quelle assurance pourrais-je compter sur tes biens, dont la possession est pour moi plus qu'incertaine, et irais-je perdre les faveurs acquises que je tiens de mon roi ? »

Arsace, réduit désormais à la dernière extrémité, se rend, malgré lui, près de Chabouh, qui le retient enfermé. Arsace, forcé par la violence, écrit à Parentzem, sa femme, de venir à la Porte. Chabouh ordonne à tous les grands du pays de venir avec Parentzem.

XXXV.

Malheurs suscités contre l'Arménie par Chabouh (Sapor). — Mort d'Arsace.

Les satrapes d'Arménie, ceux qui, au lieu de défendre Arsace, ont donné la main à Chabouh, voyant que le tyran s'empare de leurs femmes, comme il s'empare des femmes des satrapes restés fidèles à Arsace, voyant aussi que la troupe d'Alanaozan, venu pour cette expédition, est peu nombreuse ; ces satrapes, dis-je, se réunissent pour repousser l'étranger, et, prenant leurs femmes et leurs enfans, s'enfuient en Grèce. La reine Parentzem, au lieu de se rendre à l'appel de son mari, se jette avec ses trésors dans la forteresse d'Ardaker ; et, en donnant avis de sa position à Bab, son fils, Parentzem espère se sauver des mains de Chabouh. Mais le tyran, furieux, fait conduire Arsace, les fers aux pieds, en un lieu barbare, appelé la forteresse Anhouch (de l'oubli); puis, rassemblant beaucoup de troupes par les soins de Méroujan Ardzrouni et de Vahan Mamigoni, ces apostats de la foi du Christ, les lance sur l'Arménie. Ces troupes, à peine arrivées, investissent le fort d'Ardaker. Elles ne peuvent rien, il est vrai, contre des fortifications inaccessibles; mais la colère de Dieu est sur Arsace. Les hommes de la garnison, qui ne veulent pas tenir, en attendant des nouvelles de Bab, se rendent volontairement, et non par nécessité; faits prisonniers avec tous les trésors et la princesse Parentzem, ils sont conduits en Assyrie, et là, écartelés, massacrés.

Sur ces entrefaites, arrive un ordre de Chabouh de raser les fortifications de toutes les villes, d'emmener les Juifs en captivité, les Juifs qui, restés fidèles aux lois du judaïsme, vivaient à Van, canton de Dosb; ces mêmes Juifs, autrefois faits captifs par Barzaphran Rechdouni, du temps de Tigrane, Chabouh les fait transporter à Asbahan. Sont aussi réduits en captivité les Juifs fixés à Ardachad (Ardaceville) et à Varcharchabad (Valarsaceville), tombés au pouvoir du même Tigrane, et convertis, sous saint Grégoire et Tiridate, à la foi du Christ. Au milieu d'eux se trouve Zouitha, prêtre d'Ardachad; Méroujan et Vahan s'empressent de calomnier auprès de Chabouh, Zouitha, prêtre d'Ardachad. A les entendre, Zouitha n'est venu avec les captifs que pour les exhorter à garder fermement les lois du christianisme. En conséquence, Chabouh ordonne de soumettre Zouitha à toute la rigueur des supplices, pour le forcer à abandonner la foi du christianisme; mais Zouitha refuse de renoncer à la foi, et souffre le martyre. Arsace, en apprenant tous ces malheurs, toutes ces calamités, suit l'exemple de Saül. Arsace avait régné trente ans.

XXXVI.

Malheurs et calamités arrivés en notre pays par le fait de Méroujan. — Règne de Bab.

Après la mort d'Arsace, Chabouh rassemble quantité de troupes par les soins de Méroujan, les envoie en Arménie, dont il remet le sort à Méroujan. Arsace lui donne en mariage sa sœur Ouormezthouhhd, avec l'investiture de nombreux domaines en Perse, et lui promet de plus le trône d'Arménie, à la seule condition qu'il soumettra les satrapes, et amènera notre pays au culte des héros (des faux dieux). Méroujan accepte la proposition, arrive en Arménie, prend la plupart des femmes des satrapes, les fait garder dans différentes forteresses, tandis que leurs maris attendent leur retour. Méroujan s'efforce de détruire toute l'économie du christianisme. Il charge de chaînes les évêques et les prêtres, sous prétexte de refus de tributs, et les fait conduire en Perse. Il brûle tous les écrits qu'il peut trouver, défend d'apprendre les lettres grecques, veut que le persan seul ait cours. « Que personne, dit-il, n'ose parler ni traduire le grec. » Il en agit ainsi sous le prétexte d'empêcher les Arméniens de faire connaissance avec les Grecs, et d'être avec eux en rapport d'amitié, mais, en réalité, pour prévenir et empêcher l'enseignement du christianisme, car alors les caractères arméniens n'existaient pas encore, et les offices de l'Église étaient en caractères grecs.

Le grand Nerses, informé de tous les maux qui accablent l'Arménie, informé de la mort d'Arsace, imploré l'empereur Théodose, et lui demande appui et protection. Théodose met sur le trône d'Arménie Bab, fils d'Arsace, lui donne, pour le soutenir, une puissante armée rassemblée par les soins et sous les ordres du brave général Térentianus. Le grand Nerses, prenant alors avec lui tous les satrapes, et ceux qui sont partisans de Bab et ceux qui ne sont pas ses partisans; prenant aussi avec lui le seul représentant des Gamsar, le seul sauvé du massacre général, Sbantharad, avec leur concours, conduit Bab en Arménie. On trouve l'impie Méroujan maître absolu du pays. On l'en chasse; on s'empare de sa conquête. Méroujan ordonne aux commandans des forteresses de pendre aux murailles de ces forteresses les femmes des satrapes jusqu'à ce que la mort s'ensuive, de laisser même leurs cadavres suspendus au gibet, pour les y laisser tomber en dissolution, et servir de pâture aux oiseaux du ciel.

XXXVII.

Fameux combat livré à Tzirav. — Défaite et extermination de l'impie Méroujan.

Méroujan dépêche vers Chabouh (Sapor), alors dans le Hhoraçan, pour lui faire connaître tout le secours que Théodose prête à Bab, et Chabouh ordonne aussitôt à toutes les forces de la Perse d'aller avec Méroujan faire la guerre en Arménie. Bab et Térence, de leur côté, préviennent l'empereur Théodose de ce que fait Chabouh, qui a donné ordre à toutes ses troupes, excepté aux mendians, de marcher sur nous. Aussitôt, l'empereur Théodose commande à Addée, grand consul, d'aller au secours de Bab, de prendre avec lui toutes les forces de la Grèce, sans en excepter un soldat, de prendre même les gardes à pied des villes, qui portent des dragons de soie.

Les forces belligérantes sont rassemblées dans la plaine appelée Tzirav ; les parties sont en présence. La jeunesse des braves satrapes d'Arménie, poussée par sa propre ardeur, se précipite dans la mêlée, sous la conduite de son général Sempad, chevalier, fils de Pacarad, de la race des Pacradouni. La jeunesse des Perses s'avance aussi, et se précipite au milieu des lignes ennemies ; partout il y a des soldats épars. La jeunesse des Perses fait-elle un mouvement ; aussitôt notre jeunesse en fait un pour la poursuivre. Comme l'ouragan emporte les feuilles des arbres dans la forêt, ainsi nos jeunes soldats, sur leurs rapides coursiers, enfoncent partout dans leur course leurs redoutables lances, jonchent la terre de froids cadavres, sans que l'ennemi puisse même percer leur front. Mais les Perses veulent-ils nous inquiéter, ils se jettent au milieu d'un corps grec défendu par d'impénétrables boucliers, comme dans une ville fortifiée, pour n'avoir aucun dommage à craindre. C'est ainsi que le prince Corconos, avec son infanterie, protège par un mur de boucliers le front de Bab.

On voit les troupes grecques fournies d'armes d'or et d'argent; Les chevaux n'ont pas des ornemens moins riches. On dirait un mur impénétrable. La plupart des guerriers portent une armure complète, faite de nerfs et de cuir, qui présente toute la dureté de la pierre ; sur leur tête flotte une épaisse crinière semblable à la chevelure ombrageante des arbres ; quant aux enlacemens des dragons, avec leur gueule effroyable et béante, leur corps gonflé par le souffle du vent, je ne puis comparer cet étonnant spectacle à nul autre spectacle ; je dirai seulement : comme l'on voit une montagne de diamant (une roche) inclinée vers la mer, ainsi l'on voit toute l'armée des Grecs prête à fondre sur l'armée des Perses ; à voir ceux-ci, on dirait un fleuve impétueux dont le lit, suivant une route oblique, va sans cesse s'élargissant ; l'eau, par sa couleur, semble vraiment une masse d'hommes couverts de cuirasses.

A ce spectacle, le grand Nerses monte au sommet de la montagne

Nbad. Là, il élève les mains vers le ciel, et les tient élevées et suppliantes, comme fit autrefois le premier des prophètes, Moyse, jusqu'à la déroute complète du nouvel Amalec.

Le soleil se lève en face de nos troupes, et aussitôt mille rayons qui s'échappent de cette haie de boucliers d'airain, étincellent autour des montagnes comme des rayons sortis d'une grande nuée; et, du milieu de ces guerriers, s'élancent les plus braves de nos satrapes, armés de boucliers, dont l'éclat semble celui de rayons lumineux. A cette vue seule, l'armée des Perses est saisie d'effroi, et nous-mêmes aussi quelque peu, car il est impossible de regarder en face le lever du soleil. Mais, tandis que les deux partis sont aux prises, voici une nuée protectrice, un vent violent, qui se lève de notre côté, soufflant contre le visage des Perses. Dans la mêlée du combat, le Gamsarien Shantharad rencontre un fort détachement où est le brave Cherkir, roi des Rhegs (Legs), qui, ferme dans sa position, a pris la tête de la colonne du milieu pour son front de bataille. Shantharad fond sur lui, enfonce le corps de troupes, étend par terre le brave Cherkir, qui semble frappé de la foudre, met en fuite toute la troupe, qui fait volte-face. C'est ainsi que, fortifiée par le secours du ciel, l'armée des Grecs et des Arméniens couvre toute la plaine de cadavres, et poursuit la foule des ennemis, qui ont trouvé le salut dans la fuite. De ce nombre est Ourrnaïr, roi d'Arhouank (Afghanie); frappé par Moucherh, fils de Vassag Mamigoni, Ourrnaïr est entraîné hors du combat.

Cependant l'impie Méroujan, dont le cheval est blessé, ne peut précipiter sa fuite avec ses compagnons. Sempad, général des Arméniens, arrive en toute diligence, atteint Méroujan, et taille en pièces tous ses gens; il fait prisonnier ce chef pervers, au bord d'une plaine de roseaux de Gokaiovid (vallée de beurre). Mais, réfléchissant que peut-être le grand Nerses voudrait mettre Méroujan en liberté, Sempad ne le conduit point au camp. Il trouve près de ce lieu ce qu'il faut pour le supplice de l'impie, il trouve dans une tente des gens qui ont allumé du feu; il trouve une broche de fer pour rôtir la viande; il fait chauffer cette broche, la courbe en deux tours, en forme de couronne, et, la voyant toute rouge, il dit : « Je te couronne Méroujan, car tu n'aspirais qu'à régner sur l'Arménie; c'est à moi, chevalier, qu'il appartient de te couronner en vertu de mon droit héréditaire, du droit accoutumé dans ma famille. » Et, pendant que la broche de fer est encore brûlante comme le feu, Sempad la met sur la tête de Méroujan. Ainsi périt exterminé le méchant. Dès lors, la paix règne en ce pays, qui est soumis à la domination de Bab.

XXXVIII.

Bab fait prendre un breuvage de mort à saint Nerses, de qui il termine ainsi la carrière.

Après la cessation des hostilités et la pacification du pays, le grand Nerses fait jurer au roi et aux satrapes l'engagement de marcher dans toutes les voies de la justice, afin de témoigner, par leurs œuvres, de leur attachement à la foi du christianisme. Il exige du roi la promesse de ne pas ressembler à son père par l'injustice et la spoliation, mais bien de se conduire avec droiture; d'avoir pour ses satrapes les soins d'un père; il fait jurer aux satrapes l'engagement de ne plus se révolter contre Bab, mais de le servir avec fidélité et sincérité. On voit alors le roi Bab rendre au descendant des Gamsar, à Sbantharad, tout ce que lui a enlevé son père Arsace. Il lui donne le canton de Chirag et d'Archarouni, non comme des biens ravis par l'injuste avarice d'Arsace, son père, mais comme des présens pour les services du brave Sbantharad, qui a tué le roi des Rhegs (Legs). Bab rend aussi aux autres satrapes ce dont ils ont été dépouillés. Bab ne se montre nullement avide de richesses; Bab est libéral, généreux.

Mais Bab, livré à une passion honteuse, est sans cesse vivement repris par le grand Nerses. Bab regarde donc le saint évêque d'un œil méchant, et médite contre lui quelque perfide projet. Comme il ne peut, à cause de l'empereur Théodose, faire du mal à Nerses au grand jour, il lui fait prendre en secret un breuvage de mort, et termine ainsi la vie de ce saint docteur, qui tint trente-quatre ans le siége épiscopal. Ainsi passe de ce monde en l'autre, ainsi meurt le bienheureux Nerses dans le canton de Eiguériatz, au village appelé Hhahh. Le roi Bab fait enlever son corps, pour être enterré au bourg Til, et tient secret tout ce qui s'est passé.

XXXIX.

Installation d'Isaac. — Exécution à mort de Bab par l'ordre de Théodose.

Le roi Bab, voyant toute l'Arménie en deuil de la mort du bienheureux Nerses, pressé par la nécessité, cherche et trouve un membre de la race et de la famille d'Arhpianos, appelé Chahag, homme assez honorable. Bab l'établit aux lieu et place de Nerses sans l'intervention de l'archevêque de Césarée. Chahag occupe le siége quatre ans.

Bab apprend que le grand Théodose est parti de Byzance pour Rome, qu'à son entrée à Thessalonique avec son armée, au sujet du logement des troupes, il s'est élevé un différend entre lui et les habitans de la ville ; qu'une collision s'en est suivie ; que, victorieux, l'empereur a exterminé quinze mille des citoyens. Bab, à cette nouvelle, croyant que la collision doit se prolonger, secouant avec mépris le joug de l'obéissance, se révolte, et, poussé par lui-même à sa perte, il chasse Terentianus avec ses troupes, et commence à se préparer aux combats. Cependant le brave Terentianus, sur un ordre reçu du grand Théodose, fait une marche rétrograde, et, par l'effet de sa bonne fortune, tombe à l'improviste sur le camp ennemi, taille en pièces une partie des troupes de Bab, et met l'autre en fuite. Un guerrier, avec le courage d'un héros, oppose la plus vigoureuse résistance : ce guerrier est Knel Nahabed (chef de race) des Antzévatzi, général de Bab à l'armée orientale. Terentianus, vainqueur de Knel, d'un vigoureux coup de cimeterre, fend en deux la tête du brave satrape, puis s'empare du roi Bab. Le malheureux prince a recours aux prières, aux supplications, pour ne pas mourir et pour être présenté à l'empereur. Le brave Terentianus, ému de pitié, lui accorde ce qu'il demande. Chargé de chaînes de fer, Bab, conduit devant le grand Théodose, est bientôt abattu d'un coup de cimeterre, en punition de sa perfide conduite. Bab avait régné sept ans.

XL.

Règne de Varazthad. — Sa captivité.

Le généreux empereur Auguste Théodose-le-Grand, la vingtième année de son règne, place sur le trône d'Arménie, en remplacement de Bab, Varazthad, issu de la même maison, de la maison des Archagouni (Arsacides). Ce Varazthad est un jeune homme plein de cœur, de force, de vigueur, de courage en toute rencontre, habile à tirer l'arc. Lors de la fuite de Chabouh (Sapor), étant allé à la porte (à la cour) de l'empereur, Varazthad se fait remarquer par des actions d'éclat, d'abord en triomphant à Bisas (Pise) de vigoureux athlètes; puis à Arek (soleil), ville des Ellatatzi (Grecs), on le voit, au milieu du jour, terrasser des lions, et sa gloire est célébrée, proclamée aux jeux olympiques par les athlètes eux-mêmes. D'après toute l'intrépidité qu'il déploie contre la race des Langouardatzi (Langobardes), je puis dire hautement qu'il est l'égal de saint Tiridate : car, en cette occasion, cinq guerriers des plus braves parmi les ennemis fondent sur lui, et lui, s'élançant sur tous les cinq, les abat avec sa seule épée. Il court vers la place, atteint de ses flèches dix-sept hommes sur les remparts, et ces dix-sept hommes, tous blessés, tombent les uns après les autres du haut des murailles, comme des figues trop précoces tombent abattues par un violent ouragan.

Varazthad, parvenu au trône de notre pays, la cinquante-cinquième année du règne de Chabouh, pour premier combat, a d'abord à soutenir la rencontre de quelques brigands assyriens dans les défilés de Tharanarhi. Varazthad les met en fuite, et les poursuit. Cependant les bandits se hâtent de passer le pont de l'Euphrate, et de détruire ce pont, après l'avoir passé. Mais Varazthad, arrivé sur la rive, d'un saut franchit l'Euphrate, surpassant ainsi Kion la Laconnienne, qui ne franchit que vingt-deux coudées; on croit voir un nouvel Achille franchissant le fleuve Scamandre. Effrayés de tant d'audace, les brigands jettent leurs armes, et se rendent à Varazthad.

C'est pourquoi Varazthad, dès sa plus tendre jeunesse, imbu de ces principes de courage, les conservant aussi sur le trône, refuse d'obéir aux ordres de l'autorité supérieure de l'armée des Grecs ; Varazthad député des envoyés vers Chabouh pour lui demander une de ses filles en mariage, et s'engager à faire rentrer l'armée sous son autorité; les généraux des Grecs, avertis de ces menées, en donnent avis à César. Alors, l'empereur Théodose donne l'ordre de se saisir de Varazthad, s'il ne se rend pas de sa propre volonté à l'appel de l'empereur. En conséquence, Varazthad, cédant à la nécessité, se rend de lui-même auprès de Théodose, espérant encore le séduire par de trompeuses paroles. Mais l'empereur ne daigne pas même le voir, le fait charger de chaînes de fer, et conduire à Thourhis (Thules), île de l'Océan ; le règne de Varazthad est de quatre ans.

La deuxième année du règne de Varazthad, arrive à la dignité de chef des évêques d'Arménie Zaven, issu aussi de la descendance d'Arhpianos ; son patriarchat est de quatre ans.

XLI.

Règne d'Archag (Arsace) et de Varharchag (Valarsace).

Théodose-le-Grand met ensuite sur le trône d'Arménie, à la place de Varazthad, les deux fils de Bab., Arsace et Valarsace, dans la pensée qu'ils ne se réuniront pas l'un et l'autre dans une commune révolte. Théodose garda près de lui la mère des jeunes princes, et les envoie en Arménie avec des gouverneurs de son choix, hommes sûrs et fidèles, et avec des troupes. A leur arrivée, Arsace et Valarsace s'emparent du pays, et parviennent à y établir leur autorité à force de combats acharnés avec les Perses ; puis ils se marient : Arsace avec la fille de Papig, Nahabed (chef de race) des Siouni, et Valarsace avec la fille d'Isaac, chevalier. Valarsace meurt la même année.

La deuxième année du règne d'Arsace, est élevé à la dignité de chef des évêques d'Arménie, dignité qu'il garde cinq ans, Asbouragues, parent de Chahag et de Zaven.

Cependant, le grand Théodose, qui vole à de nouveaux combats, tombe malade à Mithoulanos (Mitylène), et meurt, laissant le trône à ses fils, à Arcadius le trône de Byzance, à Honorius le trône de Rome. Ces deux princes sont loin de se montrer dignes de louanges, dignes héritiers des vertus paternelles.

XLII.

Division de l'Arménie en deux parties, entre les mains des deux rois Archagouni (Arsacides), sous la dépendance des deux nations, les Perses et les Grecs.

Chabouh (Sapor), voyant Arcadius sans équité, sans justice, ose lui parler de paix ; car Chabouh avait été vaincu et traité avec rigueur par le père d'Arcadius, le grand Théodose. Arcadius consent à entrer en accommodement, surtout d'après l'avis de ses généraux, car, quoique Dieu l'ait gratifié de la victoire durant la vie du bienheureux Théodose, cependant, les généraux, fatigués, sont las, ennuyés de courir après de perpétuels combats. En conséquence, ils demeurent d'accord de diviser la Mésopotamie et l'Arménie en deux états distincts. Arsace laissant alors le royaume naturel de ses pères, l'Ararat et toute la partie devenue domaine des Perses, s'en va régner sur les contrées occidentales de notre pays qui se trouvent dans la partie de territoire assignée aux Grecs; Arsace fait ce choix non-seulement à cause de sa mère qui est dans la ville impériale, mais aussi parce qu'il aime mieux avoir sous son autorité le territoire de moindre étendue, et obéir à un prince chrétien que de commander à des états plus vastes et de se mettre sous le joug des païens. A sa suite on voit émigrer avec les femmes et les enfans les satrapies qui se trouvaient dans la partie des états concédés à Chabouh ; chacun laisse tout ce qu'il a , villages, établissemens, etc.

Furieux de cette désertion, Chabouh écrit ainsi à Arsace : « Pourquoi as tu excité, préparé une guerre entre moi et César, en enlevant les satrapies de mon territoire ? » C'est, d'après la réponse que Chabouh reçoit d'Arsace, c'est que ces satrapies ne pouvaient souffrir d'être soumises à la domination des Perses, voilà pourquoi elles m'ont suivi ; mais si tu me confies l'autorité et le gouvernement de la partie qui t'appartient, comme César m'a confié le gouvernement de la sienne, je suis prêt à te rendre foi et hommage, comme je rends foi et hommage à César. Si cette proposition ne te convient pas, que les satrapes retournent près de toi de leur propre volonté, je ne m'y oppose pas. Instruit de ces dispositions d'Arsace, Chabouh établit roi d'Arménie dans les états qui lui appartiennent, un certain Hhosrov (Chosroës), issu aussi de la race des Archagouni (Arsacides) ; puis il écrit aux satrapes de son territoire qui ont suivi Arsace, un firman ainsi conçu :

Lettre de Chabouh (Sapor) à ses satrapes.

« Le plus brave des héros, Chabouh, roi des rois, aux satrapes d'Arménie, dont les domaines se trouvent dans la portion de mes états, salut à vous, salut :

« Quoique sans témoigner aucun égard de bienséance, vous abandonniez chacun vos domaines, procédé de votre part sans conséquence pour moi ; cependant, en bon souverain, nous avons pitié de vous et de vos possessions ; réfléchissant que si les troupeaux ne peuvent rester sans pasteurs, les pasteurs ne doivent pas demeurer sans exercer une salutaire surveillance, c'est pourquoi nous vous avons donné un roi qui est Hhosrov, un roi de votre religion, de la race nationale de vos anciens rois. Revenez donc dans vos domaines, revenez à vos affaires, reprenez la puissance et l'autorité que vous avez exercées jusqu'à présent. Jurons par le feu, par l'eau, par la gloire de mes immortels ancêtres que nous avons agi sans ruse, sans fourberie, et gardons-nous une foi invariable. Quant à ceux qui n'écouteront pas nos ordres, nous avons ordonné que leurs maisons, avec les villages et établissemens, soient réunies au domaine royal. Portez-vous bien. »

XLIII

Retour de chacun des satrapes d'Arménie dans leurs domaines respectifs, au service de chacun des deux rois.

Au reçu de cette lettre, les satrapes, je dis ceux qui avaient leurs possessions dans les cantons appartenant aux Perses, apprenant que Chabouh (Sapor) a établi pour leur roi un Archagouni (Arsacide), et voyant le traité conclu sous la foi du serment, laissent Arsace pour retourner dans leurs domaines; excepté trois jeunes princes, élevés avec le roi et ses plus proches parens; ces trois jeunes princes sont : Thara, fils de Papig, seigneur de Siouni, et beau-père d'Arsace; Cazavon, fils de Sbantharad, seigneur de Chirag et d'Archarouni; et Béroze, de la race des Carthemanatzi; à ces fidèles partisans d'Arsace, se joignent encore Adad, de la race des Knouni; Guénan, de la race des Amadouni; Soura, de la race des Mog; Resdom Aravénien, et quelques autres individus inconnus; en conséquence, Hhosrov réunit leurs domaines aux domaines de la couronne par l'ordre de Chabouh, sans laisser au père les possessions du fils, ni au frère les possessions du frère.

Il est même quelques-uns des satrapes, de ceux qui ont leurs domaines dans la partie du territoire appartenant aux Grecs, dans les états d'Arsace, comme Isaac; chevalier, beau-père de Valarsace, frère d'Arsace, qui cherchent à aller près de Hhosrov. Arsace voit avec peine cette désertion; d'ailleurs, il est sans cesse excité par sa femme à s'emparer de la couronne, laissée par le gendre d'Isaac, puis alors s'élèvent contre Isaac mille délations mensongères de la part de ses alliés du canton Sber. En conséquence, le roi Arsace se met à lui prodiguer les plus mauvais traitemens, ce qui fait qu'Isaac ne cherche plus qu'à fuir loin d'Arsace et à se réfugier auprès de Hhosrov. Isaac a pour fauteurs et complices de ses projets Souren Hhorrhhorrouni, Vahan Arraverhian et Achhhathar, de la race des Thimaksian. Mais les transfuges sont prévenus et arrêtés dans leur marche par les troupes d'Arsace. Cependant, ils parviennent à se cacher dans quelque lieu de retraite pour y attendre le jour favorable.

XLIV.

Hhosrov (Chosroës) comble d'honneurs Isaac, chevalier.—Exploit du satrape dans l'expédition contre les brigands de la race des Vananthatzi (habitans de Vananth.)

Hhosrov, ravi, enchanté de voir arriver Isaac, chevalier, le fait général de ses troupes, lui rend les propriétés de ses pères, et lui donne en outre d'autres bourgades avec des terres provenant de l'héritage des individus restés sur le territoire des Perses, auprès d'Arsace.

Vers le même temps, quelques membres de la race des Vananthatzi se révoltent contre Hhosrov. Ils ne se réfugient près de personne, seulement ils se retirent au milieu des pins de leurs montagnes, et dans les défilés et rocs de Daïk, et par des courses de maraudeurs sur les terres de l'un et l'autre roi d'Arménie, troublent le pays, et le tiennent sans repos. Mais bientôt on voit marcher contre les révoltés le général de Hhosrov, Isaac, chevalier, qui en taille une grande partie en pièces, et en met aussi en fuite un grand nombre; les vaincus se jettent dans les contrées de la quatrième Arménie, car ils ne passent pas dans le pays des Hharhd (Chaldée), pour se réfugier près des Grecs; ils ne passent pas non plus près du roi Arsace. Ils fondent sur quelques brigands qui se trouvent dans les contrées de la quatrième Arménie et les forcent à chercher un refuge sur les frontières de l'Assyrie, car les Vananthatzi exercent le métier de brigands avec beaucoup d'ardeur, et ils tiennent pour juste tout ce qui leur plaît. Isaac marche droit vers les bandits, les repousse au loin jusque sur les confins de Mananarhi.

XLV.

Souren, Vahan et Achhhathar s'en vont avec les trésors d'Arsace trouver Hhosrov (Chosroës).

Souren Hhorrhhorrouni, Vahan Arravérien, et Achhhathar Thimaksian, saisissent l'occasion favorable pour enlever les trésors d'Arsace de la forteresse d'Ani, et les porter au pays de Dzop. Ils parviennent bien à s'emparer de ces trésors, et déjà ils veulent passer près de Hhosrov, mais ils ne parviennent pas au but de leur voyage, car Samel Mamigoni, confident intime d'Arsace, se hâte avec une troupe nombreuse de courir sus, les jette fugitifs dans une caverne très-forte, au canton de Mananarhi, caverne où il ne se trouve point d'entrée, mais seulement une étroite issue de côté pratiquée dans l'escarpement. Devant la porte de cette caverne, est un pic perpendiculaire et au-dessus une grotte de glace avancée, qui regarde les profondeurs des vallées : tout ce qui vient à s'échapper tombe avec une effroyable gravitation, emporté par une incessante circonvolution, sans rencontrer la moindre arête. C'est pourquoi Samel, l'esprit inquiet et préoccupé, ne songe qu'à l'impraticable difficulté des lieux : il en informe Arsace, qui ordonne de préparer une caisse bien ferrée, de renfermer dedans d'intrépides sodats, et de les faire ainsi, au moyen de chaînes, descendre du haut jusqu'en bas, jusqu'à la porte de la caverne. Cependant ce moyen n'a aucun effet nuisible pour la place, protégée au loin par d'épais buissons.

Tandis que les gens d'Arsace sont encore occupés à cette opération, voilà que, par hasard, arrive le chevalier Pacarad avec toute la troupe de Hhosrov, à la tête de laquelle il s'est mis à la poursuite des brigands. Pacarad, les laissant alors en repos, fond sur ceux qui s'efforcent de pénétrer dans la caverne, les met en fuite; délivre et enlève Souren, Vahan, Achhhathar avec leurs trésors, et se hâte de les expédier à Hhosrov. Ce prince prélève sur ces trésors la part de Chabouh (Sapor), par l'ordre de qui il donne à Souren, à Vahan, à Achhhatar, des villages, des places de premier ordre, provenant des biens de ceux qui sont restés près d'Arsace, sur la partie de territoire échue aux Perses. C'est là le principe de la guerre d'Arsace et de Hhosrov.

XLVI.

Arsace, vaincu en bataille rangée par Hhosrov (Chosroës), meurt de maladie.

Quoique ni Chabouh (Sapor), ni Arcadius ne favorisent ni Hhosrov ni Arsace, ne leur prêtent aucun secours pour se faire la guerre, cependant ni Chabouh ni Arcadius n'empêchent les hostilités. Tout message a cessé ; Arsace, à la tête de ses troupes rassemblées, marche contre Hhosrov. Hhosrov se dirige de son camp vers la mer Kerham (Gélam), appelée Mour (marais), s'avance à la rencontre d'Arsace pour l'empêcher d'entrer sur ses terres. Mais il ne peut faire assez de diligence, et trouve Arsace déjà arrivé dans ses états, au canton de Vananth. Les deux partis se rencontrent dans la plaine appelée iÉrével (paroitre), et se livrent un combat acharné. L'armée d'Arsace est taillée en pièces, son général Thara Siouni meurt dans le combat, Arsace prend la fuite avec un petit nombre de ses gens. Il est aussitôt poursuivi par le brave Isaac, chevalier, général de Hhosrov, qui le presse vivement. Mais, dans cette journée, Cazavon, fils de Shantharad, signalant sa valeur par les actions les plus hardies, les plus terribles, revient plusieurs fois à l'attaque, parvient à disperser l'ennemi qui poursuit Arsace et donne à ce prince le temps de s'échapper.

Hhosrov retourne chez lui, et Arsace s'en va à iÉguéretz. Atteint d'une maladie de langueur, il se consume dans les douleurs d'une fièvre dévorante. Hhosrov règne cinq ans sur toute l'Arménie, et deux ans et demi sur la moitié du pays. Depuis ce moment, les Grecs ne mettent plus de roi dans la partie de territoire soumise à leur domination ; mais, à la tête des satrapes de cette contrée, est placé le brave Cazavon, et, pour commander à la partie du pays, qui leur appartient, les Grecs établissent des comtes gouverneurs.

XLVII.

Du bienheureux Mesrob.

Mesrob, voyant le royaume d'Arménie arrivé à sa fin, trouvant, dans les troubles qui agitent son malheureux pays, un vaste sujet de douleur qui demande de grands efforts de résignation, Mesrob, d'Hatziag, au canton de Daron, élevé, instruit près du grand Nerses et après la mort de l'illustre et saint évêque, fait garde-notes à la Porte royale, Mesrob conçoit une forte inclination pour la vie solitaire. Comme on voit un vaisseau battu par la tempête se hâter d'arriver au port, comme on voit celui qui souffre chercher la solitude, ainsi l'on voit Mesrob fuir les soins et les affaires du monde, rejeter les honneurs de la terre, pour courir après les honneurs du ciel. Mesrob va se fixer au canton de Corthan, et mène une vie solitaire. La secte des païens, réfugiée dans ce canton, s'était tenue cachée pendant le règne de Tiridate, jusqu'à cette époque ; puis, profitant de l'anéantissement de l'empire des Archagouni (Arsacides), cette secte s'était relevée, manifestée. Mesrob parvient à la détruire, à l'extirper, avec le secours du prince du canton, prince appelé Chapit. Les miracles divins éclatent comme sous saint Grégoire. Mis en fuite, les démons, à la seule vue de la personne de Mesrob, se jettent dans les contrées des Mars (Mèdes). Mesrob opère des merveilles non moins grandes, avec l'assistance du prince appelé Varhinag.

Le bienheureux Mesrob, dans l'exercice de son doctorat, éprouve mille peines, mille fatigues, car il est tout à la fois lecteur et traducteur. Si une autre personne lit, en son absence, cette personne ne peut se faire comprendre des peuples, faute de traducteur. C'est pourquoi Mesrob conçoit la ferme résolution de trouver, d'inventer les caractères de la langue arménienne ; il se livre à des efforts soutenus ; il se tourmente par diverses expériences.

XLVIII.

Retour auprès de Hhosrov (Chosroès) des satrapes qui étaient auprès d'Arsace.

Les satrapes d'Arménie, voyant que les Grecs n'ont point établi un roi pour commander au pays, et trouvant mauvaise l'institution, la création d'un gouverneur, forment le projet d'obéir volontairement au roi Hhosrov. C'est pourquoi ils lui écrivent une lettre ainsi conçue :

Lettre des satrapes à Hhosrov (Chosroës).

« Le général Cazavon et tous les satrapes d'Arménie de la partie échue aux Grecs, à notre seigneur Hhosrov, roi de la contrée de l'Ararat, salut.

« Tu sais, seigneur, quel a été notre attachement, notre dévouement à notre roi Arsace, attachement, dévouement que nous lui avons gardé intact jusqu'au jour de sa mort. Aujourd'hui nous sommes résolus à te servir avec la même fidélité, si tu veux t'engager envers nous, par un traité, à trois choses : 1° Oublier nos torts, oublier la guerre que nous avons eue avec toi, guerre entreprise par la force des choses, et non de notre propre mouvement; 2° nous rendre tous nos biens situés dans la partie de territoire échue aux Perses, biens que vous avez affectés au domaine royal; 3° trouver les moyens de nous affranchir de la domination de César, pour empêcher que les Grecs ne viennent nous troubler dans nos habitations. Nous, qui avons la puissance en cette contrée, nous demandons que toutes ces clauses et conditions soient consignées par écrit, et que tu y apposes, pour les confirmer, le sceau de la croix. A la vue de ce traité, nous nous empresserons d'accourir à ton service. Porte-toi bien, notre seigneur. »

Lettre de Hhosrov (Chosroës) à ses satrapes.

« Le brave Hhosrov, roi d'Arménie, au général Cazavon et à tous nos satrapes, salut.

« Réjouissez-vous, félicitez-vous, car nous sommes en bonne santé, et nous nous réjouissons d'apprendre des nouvelles de la vôtre. Nous vous envoyons, selon votre désir, le traité dont voici les clauses et stipulations : 1° Oublier vos torts envers nous, torts que nous ne regardions pas comme l'effet d'une conduite réellement coupable, mais bien comme la conséquence résultant de la gratitude, de l'attachement que vous gardiez au roi Archagouni (Arsacide), attachement qui sera, nous l'espérons, le même envers nous; 2° vous rendre vos biens, les biens qui font partie du domaine royal, à l'exception de ceux que nous avons donnés à différentes personnes : les présents des rois ne passent pas de l'un à l'autre, sans inconvénient, vu surtout que les donations ont été faites pardevant le divan (conseil) de notre père le seigneur Chabouh (Sapor), roi des rois ; mais, au lieu de ces biens, nous comblerons vos pertes aux dépens du domaine royal ; 3° nous vous affranchirons de la domination des commissaires des Grecs, soit par la voie d'une guerre avec César, soit par la voie de la paix.

« Pour toi, Cazavon, toi mon propre sang, mon proche parent, ce n'est pas en raison d'une ancienne affinité, mais bien à cause des titres actuels que tu tiens de ta mère Archanouch Archagouni (Arsacide); que, te tirant pour ainsi dire de ta race paternelle (la race des Gamsariens), pour te donner à la race de ta mère, qui est ma race, je te saluerai, je t'honorerai du nom d'Archagouni (Arsacide). »

A la vue de toutes ces protestations, Cazavon ramène de suite tous les satrapes auprès de Hhosrov, et, comblé de toutes sortes de prospérités et de gloire, voit toutes ses demandes satisfaites, toutes les promesses réalisées. Cependant Samel Mamigoni se saisit de la lettre de Hhosrov et de la copie des lettres des satrapes; puis, se séparant d'eux, s'en va près de l'empereur Arcadius : car Samel a fait périr Varthan, son propre père, à cause de son apostasie, ainsi que sa mère Dadjadourhi; ayant donc tout à craindre et de la part des Perses et de la part de ses oncles maternels, les Ardzrouni, Samel ne peut se séparer des Grecs. Arcadius lui fait bon accueil, et lui enjoint de déposer dans ses archives copie des lettres en caractères grecs, afin de conserver le souvenir des races rebelles, pièces qui existent jusqu'aujourd'hui.

XLIX.

Hhosrov (Chosroës) règne seul en Arménie. — Le grand Isaac occupe le siége de l'épiscopat.

Hhosrov, se voyant à la tête de tous les satrapes d'Arménie, selon ses désirs, envoie demander à Arcadius de lui confier le gouvernement de la portion du territoire d'Arménie appartenant aux Grecs.

Arcadius, se défiant de la coalition des satrapes, et craignant qu'ils ne parviennent à soustraire cette partie de territoire à sa domination pour la donner aux Perses, consent à la demande de Hhosrov.

Après ces événemens arrive la mort du chef des évêques (du patriarche) Asbouragues, à la place duquel Hhosrov nomme Isaac, fils du grand Nerses, fils d'Atanakines, fils de Soussig, fils de Vertanes, fils de saint Cricor (Grégoire). Isaac, par la réunion de toutes les vertus, semblable à ses pères, l'emporte sur eux par son amour pour la prière; il est entouré de soixante disciples vêtus de nattes, comme les nattifères des grandes villes. Ces disciples mènent une vie religieuse, portent la haire et le cilice, se ceignent de fer, vont nu-pieds, et, toujours attachés à Isaac, le suivent partout. En compagnie de ses disciples, Isaac accomplit la règle avec une continuelle observance, comme pourraient le faire ceux qui sont dans le désert; il s'occupe des choses du monde comme pourraient le faire ceux-mêmes qui sont dans le monde. Mesrob, venu vers Isaac au sujet de la recherche des caractères arméniens, le trouve désirant encore plus vivement que lui-même la découverte de ces caractères. Cependant, après beaucoup d'efforts sans aucun succès, il n'y a plus de recours que dans la prière : on sollicite de Dieu l'objet de ses désirs. On se sépare alors les uns des autres, Mesrob va dans sa retraite. Acceptant toute espèce d'austérités, chacun des pieux cénobites redouble encore de zèle et d'ardeur.

L.

Hhosrov (Chosroës) est chargé de chaînes. — La couronne passe à Beramchabouh, (Vramsapor) son frère.

Chabouh est fâché avec Hhosrov (Chosroës), parce que Hhosrov a fait amitié avec Arcadius, et s'est permis, sans l'ordre de Chabouh, d'élever saint Isaac à l'épiscopat. En conséquence, Chabouh adresse à Hhosrov ces griefs, accompagnés de menaces. Hhosrov n'en tient aucun compte, fait une réponse pleine de fierté, d'arrogance, et renvoie les messagers avec mépris. Aussitôt le roi d'Arménie s'adresse à Arcadius pour obtenir que l'empereur romain, rompant la paix avec Chabouh, lui fournisse, à lui Hhosrov, un puissant secours de troupes, et remette tout le pays sous son autorité. Mais Chabouh, à la sollicitation, à l'instigation de nos Nahabed (chefs de race), envoie aussitôt son fils Ardachir, à la tête d'une puissante armée, en Arménie. Cependant Arcadius refuse de faire cause commune avec Hhosrov, lequel, ne trouvant aucune des nations étrangères disposée à venir à son secours, et se voyant dans l'impossibilité de résister à Chabouh, ou même de lui échapper, se décide à se rendre près de lui.

Ardachir détrône Hhosrov et met à sa place Vramchabouh son frère; ni le grand Isaac, ni aucun des satrapes institués par Hhosrov n'est épargné, chacun est dégradé. Chabouh ordonne d'observer envers les Grecs les traités établis. Puis, laissant dans le pays un corps d'armée considérable, il se hâte, lui, d'arriver à Dispon (Ctésiphon), pressé par l'expectative que lui offre la vieillesse de son père, il a avec lui Hhosrov pour le mettre dans le fort appelé Anouch (de l'oubli.) Hhosrov règne cinq ans. Ardachir emmène aussi Cazavon, dont il redoute la bravoure, ordonne que sa maison sera dévolue à la couronne, ainsi que la maison de son frère Chavarch, et celle de Barkev Amadouni. Car tous les deux (Chavarch et Barkev) avec leurs gens d'armes, au nombre de sept cents, viennent de chercher, d'épier le moment favorable en route, pendant le voyage de la caravane, pour délivrer leur roi Hhosrov, mais sans pouvoir réussir, car les pieds de Hhosrov sont retenus par des chaînes de fer. Dans un combat acharné qui s'engage, périssent Chavarch et Manouël, fils de Barkev, ainsi que grand nombre de guerriers avec eux, mais, Barkev fait captif, est conduit devant Ardachir, qui ordonne que sa peau soit enflée comme une vessie, puis exposée continuellement aux regards de Hhosrov.

LI.

Le grand Isaac va à Dispon (Ctésiphon) et en revient comblé d'honneurs et de présens.

De saints, d'illustres patriarches, ont gouverné le pays et répandu partout la lumière ; mais la série, la filiation de ces patriarches finit au grand Isaac qui reste sans fils. Il n'a qu'une fille appelée Isaaganouch, mariée à Hamazasb Mamigonien. A la mort du brave général des Arméniens, d'Isaac chevalier, saint Isaac prie Hhosrov et après la captivité de ce prince, Vramchabouh, son frère, de mettre Hamazasb à la place d'Isaac chevalier. Mais Vramchabouh se refuse à faire cette nomination sans l'ordre du roi des rois, se rappelant toutes les peines que pour un acte semblable a éprouvées son frère Hhosrov. En conséquence saint Isaac, chargé d'une lettre de Vramchabouh, d'après les instances de sa fille, se rend près d'Ardachir, roi des Perses, qui, succédant à son père, lequel a régné soixante-dix ans, occupe le trône quatre ans.

Isaac est comblé d'honneurs par Ardachir, d'abord à cause de l'illustration de sa race, la race des Bahlavig, puis pour une autre considération, c'est que devant les infidèles Dieu veut montrer ses serviteurs dignes de respect et d'honneurs ; saint Isaac voit toutes ses demandes satisfaites ; et la demande qu'il fait pour son gendre Hamazasb et la supplique qu'il adresse à Ardachir pour les hommes coupables envers ce prince, pour les individus, alors restants, des races Gamsarienne et Amadouni, retirés, cachés dans des lieux inconnus. Saint Isaac conjure Ardachir d'avoir pitié de ces malheureux, et parlant comme d'après l'ordre divin, il lui recommande de ne pas effacer dans le sang des enfans les fautes des pères. D'ailleurs les pères qui sont morts, sont morts par suite de leur conduite coupable envers toi. Ardachir accordant la vie aux individus restants des races Gamsarienne et Amadouni leur fait rendre leur maisons confisquées au profit du domaine royal. Mais seulement il ne veut pas les rétablir dans le rang de leurs pères, et les plaçant audessous d'un grand nombre de satrapes, il les met dans la classe des derniers. Quant à la race d'Hamazasb, qui est la maison mamigonienne, il l'élève au-dessus des autres, et lui assigne le cinquième rang parmi les satrapes d'Arménie. Ardachir fait consigner tous ces actes dans ses archives.

Voici deux règlements observés habituellement. A l'avénement d'un nouveau roi, on s'empresse de changer l'empreinte de la monnaie trouvée dans le trésor royal et de la frapper à l'effigie du nouveau roi. Les lettres émanées du divan se font en son nom, et subissent une légère modification, sans que le nom de l'ancien roi soit effacé. S'il arrive que le roi demeure de longues années sur le trône, et fasse un nouveau recensement, on laisse de côté les changements et modifications introduites et combinées avec le nom de l'ancien roi pour n'inscrire que le nom du nouveau souverain. Mais Ardachir n'a pas le temps, vue la courte durée de sa vie, de faire un nouveau recensement. Ardachir change tout ce qui existe avant lui, fait écrire toutes les lettres et transactions en son nom, accorde le rang et les honneurs de satrape à Hamazasb, avec la souveraineté de villages et de domaines, à Hamazasb qui désire le commandement de l'armée arménienne. Il écrit une lettre à Vramchabouh notre roi, lettre ainsi conçue :

Lettre d'Ardachir à Vramchabouh. (Beramsapor.)

« Le plus brave des enfans d'Aramazth (Jupiter), Ardachir, roi des rois, à mon frère Vramchabouh, roi des Arméniens, salut, salut.

« J'ai reçu la lettre écrite au sujet de l'évêque Isaac, je me suis rappelé les services de ses ancêtres, Nahabed (chefs de race) de Souren Bahlav qui ont reconnu la domination de mon ancêtre, appelé comme moi, Ardachir. Ces Nahabed, aussi attachés à ce prince que ses propres parens ne se contentèrent pas de combattre avec eux, pour sa cause en Perse, ils vinrent jusqu'en votre pays où ils tuèrent Hhosrov (Chosroës) ton ancêtre, et payèrent de leur propre mort (sang), le meurtre de ce prince. Le fils du meurtrier, Cricor (Grégoire), voyant Tiridate perdre, par l'effet d'une maladie, le trône et la vie, lui rendit ces biens par l'effet d'une générosité miraculeuse. Il fut encore plus bienfaisant à votre égard. En conséquence, adoptant Hamazasb, tu l'établiras général de tes troupes; d'après mon ordre tu donneras à sa race le cinquième rang parmi tes satrapes; les villages, les domaines, provenant des pères de Hamazasb et depuis concédés à tes ancêtres, redeviendront le patrimoine de sa race. Il en sera de même pour les maisons de ces familles coupables, maisons que nous avons confisquées au profit du domaine royal, tu les remettras sans crainte, en toute propriété, aux individus échappés à la destruction de leurs races. Mais tu ne les élèveras pas au rang qu'occupaient leurs pères. Telles sont les dispositions que nous avons fait consigner par écrit dans notre divan. Porte toi bien. »

A peine le grand Isaac est-il arrivé, et toutes les donations faites par Ardachir sont-elles exécutées, ce même Ardachir roi des Perses meurt, il est remplacé sur le trône par Vram, appelé Guerman, qui règne dix ans; ce prince conserve les mêmes liens d'amitié avec notre roi Vramchabouh et avec le grand Isaac. La paix règne entre Vram et Arcadius. Vramchabouh règne sur notre pays, sous l'autorité et comme tributaire des deux souverains; tributaire de Vram pour la partie de territoire qu'il tient des Perses, tributaire d'Arcadius pour la partie de territoire dépendant des Grecs.

LII.

Caractères Danéliens (inventés par Daniel).

En ce temps là Arcadius tombe malade, d'horribles soulèvements, des troubles incendiaires éclatent à Byzance au sujet du grand Johannes (Jean). L'empire des Grecs est agité, déchiré. Les troupes se battent les unes contre les autres et en même temps contre les Perses. C'est pourquoi Vram ordonne à Vramchabouh, notre roi, d'aller en Mésopotamie, de rétablir l'ordre en pacifiant les partis, et d'assigner aux procureurs de chacun de ces partis la part qui lui est due. Vramchabouh se rend en Mésopotamie, arrange les affaires, non sans éprouver beaucoup de peine au sujet d'un tabellion. Car après le départ de Mesrob de la porte royale (de la cour) il ne s'y trouve point de scribe exercé, tous se servent des caractères persans. En conséquence, s'approchant du roi, un prêtre nommé Hapel promet d'appliquer à la langue arménienne les caractères inventés par l'évêque Daniel, son proche voisin. Cependant le roi, sans s'inquiéter de cette proposition, revenu en Arménie, trouve réunis près du grand Isaac et de Mesrob, tous les évêques pour aviser au moyen de trouver des caractères arméniens ; informé par eux-mêmes de leurs recherches, le roi leur raconte ce que lui a dit le cénobite. Aussitôt tout l'assemblée presse vivement le monarque de s'occuper d'une affaire si importante.

En conséquence Vramchabouh envoie de notre pays en députation vers Hapel un homme honorable, un de ses confidens intimes, de la race Hathouni (d'Hath), appellé Vahridj, qui désire vivement le succès de l'entreprise. Vahridj prenant Hapel, s'en va avec ce religieux, instruit et formé par Daniel, dispose, selon l'ordre de l'alphabet grec, les caractères des lettres inventés depuis longtemps, et retourne les présenter au grand Isaac et à Mesrob. Ces docteurs s'empressent d'apprendre ces caractères ; pendant l'espace de quelques années, sous la direction d'Isaac et de Mesrob, de jeunes enfans, comme de petits oiseaux qui battent des ailes sous les yeux de leur mère, font essai de cette méthode, enfin les docteurs reconnaissent qu'on ne peut pas suffisamment, avec ces caractères, rendre d'une manière exacte les modifications et intonations dont la prosodie ne saurait être conservée par ce système d'alphabet emprunté.

LIII.

Des caractères mesrobiens donnés à (Mesrob) par la grâce d'en haut.

Après ces faits, Mesrob se rend en Mésopotamie avec ses disciples, près de Daniel, et n'obtenant pas de résultat plus heureux que la première fois, Mesrob passe à Edesse pour y voir un certain Brhados (Platon), rhéteur païen, prince du divan qui le reçoit avec joie, se pénètre bien de tout ce qu'il apprend du système de la langue arménienne, et, après beaucoup d'efforts, sans aucun succès, le rhéteur confesse son impuissance. Brhados parle à Mesrob d'un homme bien instruit ; cet homme, précédemment son maître, parti depuis, emportant avec lui les livres des rhéteurs de la bibliothèque d'Edesse pour aller embrasser la foi du christianisme, s'appelle Epiphane. « Va le voir, dit Brhados à Mesrob, et tu trouveras en lui un homme capable de satisfaire tes désirs. »

Alors Mesrob, avec le secours de l'évêque Papilos, passant par la Phénicie, arrive à Samos. Epiphane est mort; mais il a laissé un disciple nommé Hropanos, merveilleusement versé dans la littérature grecque, et ce disciple est cénobite à Samos. Mesrob va donc le trouver, mais cette démarche n'étant pas plus profitable que les autres, Mesrob a recours à la prière; il voit, non pas dans un songe de sommeil et de nuit, non pas dans une apparition de veille et de jour, mais bien dans l'officine de son cœur, se montre aux yeux de son esprit le poignet d'une main droite écrivant sur la pierre : Aïp (a), Ietch (ié), E (é), iet (e), Ini (i), Ouo (o bref), Ioun (u, v); comme l'on voit marqués sur la neige les derniers traits d'une ligne, ainsi la pierre reçoit l'empreinte des caractères; ce n'est pas là tout ce qui apparaît; les moindres détails de forme se reproduisent et se rassemblent dans l'esprit de Mesrob, comme dans un vase. Mesrob aussitôt quittant la prière, et se relevant, se met à former nos caractères avec Hropanos qui arrange et adapte la forme des caractères de Mesrob aux besoins d'une main expéditive, modifiant, combinant les élémens arméniens d'après le mode suivi pour l'alphabet, et la combinaison des syllabes des Grecs. Aussitôt ce travail fait, Mesrob se met à la traduction (des livres saints), en commençant fort judicieusement par les proverbes dont il donne vingt-deux chapitres entiers, il traduit aussi en arménien le Nouveau Testament, aidé dans son entreprise par ses disciples Jean d'iEguériatz et Joseph Barhnatzi, et en même temps Mesrob prend soin d'apprendre l'art de l'écriture à ses plus jeunes disciples.

LIV.

Lettres des Arméniens, des Ibériens (Géorgiens), des Arhouank (Afghans, Albanois).

Arcadius meurt, à sa place règne son fils, appelé Théodose-le-Petit (le jeune). Ce prince fait aussi amitié avec notre pays et avec notre roi Vramchabouh; mais au lieu de lui confier la partie de territoire dépendante de l'empire, il la retient et la fait administrer par ses commissaires. Théodose-le-Jeune fait la paix avec Hazguerd (Isdigerdès), roi des Perses. C'est en ce temps que Mesrob vient apporter les caractères de notre langue, et sur l'ordre de Vramchabouh et du grand Isaac, rassemblant des enfans choisis, doués d'intelligence et de raison, d'une voix douce, d'une respiration assez longue, établit des écoles dans tous les cantons, et instruit toutes les contrées de la portion de territoire appartenant aux Perses, excepté la partie dépendant des Grecs ; là les habitans soumis forcément à la juridiction du siège de Césarée sont obligés de se servir des lettres grecques et non des lettres assyriennes.

Mesrob, à son arrivée dans le pays des Ibériens (Géorgiens), leur compose des caractères par le moyen de la grâce qui lui a été donnée d'en haut, de concert avec Dcharha, interprète de la langue grecque et arménienne ; Mesrob est favorisé dans son entreprise par le roi d'Ibérie, Pagour, et par l'évêque Moyse. Mesrob choisit des enfans, les partage en deux classes, et leur laisse pour maîtres deux de ses disciples, Dom Hortzénatzi (de Hhortzen), et Mouché Daronetzi (de Daron).

Mesrob se rend en Arhouank (Afghanie), près de Aresvarhen, roi du pays, et près du chef des évêques, Jérémie, qui, agréant volontiers sa doctrine et son enseignement, lui donnent des enfans choisis, et de plus un nommé Benjamin, traducteur plein de grâce, que s'est hâté d'envoyer le jeune Vassag, prince de Siouni, par l'entremise d'Ananias, son évêque ; avec tous ces secours, Mesrob compose les caractères de la langue des Carcaratzi (Gargarides), langue rauque, barbare, grossière, sans liaison. Après avoir laissé pour directeur un de ses élèves, Jonathas, et de plus quelques prêtres établis à la porte (à la cour) du roi, Mesrob retourne en Arménie. Il y trouve le grand Isaac occupé à traduire de l'assyrien ; je ne dirai pas du grec, il n'y en a pas, car d'abord Méroujan a fait brûler partout dans notre pays les livres grecs qui s'y trouvaient ; puis, lors du partage de l'Arménie, les gouverneurs persans ne permirent pas à personne sur la portion des terres soumises aux Perses d'apprendre le grec ; on ne pouvait apprendre que l'assyrien.

LV.

Nouveau règne de Hhosrov (Chosroës), et après ce prince, règne de Chabouh (Sapor) de Perse.

Vramchabouh, après avoir régné vingt-et-un ans, meurt, laissant un fils âgé de dix ans, nommé Ardaces. Vers la même époque le grand Isaac se rend à la porte (à la cour) du roi de Perse, Hazguerd (Isdigerdes), pour réclamer Hhosrov (Chosroës) chargé de chaînes, mais, après la mort d'Ardachir, gardé libre et sans fers dans le fort appelé Anouch (de l'Oubli), du temps de Vram. Hazguerd consent à satisfaire la demande du grand Isaac, en rendant à Hhosrov le trône et la liberté d'aller en Arménie; Hhosrov réclame Hrahad, fils de Cazavon, qui, après la mort de son père, a été tiré du fort de l'Oubli pour être relégué au-delà de Sacasdan; mais Hhosrov ne vit pas assez long-temps pour voir son cher Hrahad, car il ne règne pour la seconde fois que l'espace d'un an.

Après ces événemens, Hazguerd, à l'exclusion des rois légitimes, met son fils Chabouh sur le trône d'Arménie, s'imaginant dans ses perfides projets qu'ainsi les satrapes seraient sans cesse en rapport avec lui par voie de conversations, de mutuels présens, de festins, de parties de chasse, que des alliances, des mariages établiraient entre lui et les satrapes un rapprochement, une affinité réciproque; liaison qui lui donnerait la facilité de les amener au culte des idoles et de les détacher ainsi entièrement des Grecs; il ne sait pas, l'insensé, que le Seigneur disperse les pensées des païens, quoique pour le moment il réussisse, car la mort d'Hamazasb et le grand deuil où se trouve Isaac, font que personne ne pense à rassembler les troupes arméniennes; c'est pourquoi Chabouh entre facilement en notre pays, amenant avec lui Hrahad et tous les bannis. Cependant il ne peut gagner l'esprit des satrapes, tous le haissent, tous refusent de le traiter en roi dans les parties de chasse, ou autres parties de plaisirs.

Un jour, occupés à poursuivre avec vigueur un troupeau d'onagres (ânes sauvages), on se jette dans des endroits difficiles et pierreux. Chabouh est prêt à quitter la partie, lorsque Adom Mogatzi avec insulte lui dit : « Va, va, toi, fils du dieu des Perses, va, si tu es homme de courage. » « Et toi, dit Chabouh, tu iras aussi, tu avanceras sans crainte, car il est donné aux démons de lutter, de s'escrimer contre les pierres; » puis, un autre jour, il arrive qu'on chasse avec le feu un sanglier dans un champ couvert de roseaux; Chabouh n'ose pas se précipiter intrépidement dans ce fourré, tandis que le feu l'environne de toute part. Chabouh, partageant l'attention de ses regards, les jetant à droite et à gauche, se porte çà et là sur son cheval. « Toi, fils du dieu des Perses, lui dit alors Adom, voici ton père et ton dieu, pourquoi crains-tu ? » « Trêve de plaisanteries, dit Chabouh, passe le premier à travers le feu, afin que je puisse passer après toi, car mon cheval se cabre plutôt que d'avancer le premier. » « Quoi ! dit alors Adom en se moquant de Chabouh, est-ce qu'il y aurait encore ici des pierres, pour m'engager à marcher le premier ? Tu nous appelles, nous, Mogatzi (habitans de Mog), tu nous appelles enfans des démons, et moi, j'appellerai tes Sassaniens (descendans de Sassan) hommes efféminés. » Et aussitôt Adom, excitant son cheval, s'élance, comme à travers un vallon fleuri, à travers le feu, pour délivrer Chabouh. Adom, après ces faits, sachant bien que Chabouh n'est pas disposé à les oublier, se hâte de passer dans le pays de Mog.

Un autre jour, au jeu du bâton, il arrive deux fois à Chavasb Ardzrouni d'enlever la boule à Chabouh. Le roi, en lui remettant la boule, lui dit : « Apprends à te connaître. » « Oui, je me connais, reprend Chavasb ; je sais que je suis issu de rois, de la race de Sannassar ; et j'ai le droit et le pouvoir au-dessus de tes frères d'embrasser la cuisse du roi, en vertu même de mon nom. » Chavasb, en disant cela, se pose fièrement, se pavane dans l'hippodrome.

Enfin, une autre fois, au milieu de réjouissances et de festins, Hhosrov Carthmanatzi, pris de vin, en présence de Chabouh, se livre à toutes les démonstrations d'un amour lubrique et passionné, épris d'une femme qui pince de la harpe avec ses doigts savans et légers. Indigné de cette conduite, Chabouh donne ordre d'arrêter et garder Hhosrov dans une salle. Mais celui-ci, le glaive à la main, comme Tiridate Pacradouni, se fait jour, et se rend à sa maison. Nul d'entre les officiers royaux n'ose mettre la main sur lui, car, depuis long-temps, on connaît par expérience la valeur de Hhosrov. Si nous rapportons ces faits, c'est bien toi qui nous y forces par tes instances.

LVI.

Evénemens survenus après le départ de Chabouh (Sapor) de l'Arménie. — Anarchie qui arrive après sa mort.

Après quatre ans passés sans dignité sur le trône, Chabouh reçoit la nouvelle de la maladie de son père, s'empresse de partir, ordonnant à son lieutenant de s'emparer des grands d'Arménie, et de les conduire en Perse. A peine Chabouh est-il arrivé à Dispon (Ctésiphon) Azguerd (Isdigerdes), son père meurt, après avoir régné onze ans. Ce jour-là même, Chabouh, surpris dès son arrivée par des embûches qui l'environnent de toutes parts, est assassiné. Promptement rassemblés par les soins du brave et heureux Nerses Djidjragatzi, choisi pour leur général, les satrapes d'Arménie avec leurs troupes livrent combat à l'armée des Perses, taillent en pièces les troupes ennemies. Abersam Sbanthouni tue leur général. Chacun, dans la dispersion, ne dépendant plus que de lui-même, et chargé seul de sa propre conservation, parcourt toutes les montagnes, tous les endroits fortifiés. Les Vananthatzi (habitans de Vananth) se distinguent par une intrépidité héroïque. Il arrive donc que, déchiré par les collisions, les troubles sanglans, notre pays reste trois ans en proie à l'anarchie, livré à toutes les horreurs de la désolation, de la spoliation. En conséquence les tributs manquent au trésor royal, les chemins et communications sont coupés, tout système de bonne administration, troublé dans son application, se détériore et périclite.

Vers le même temps, Vram II monte sur le trône de Perse, et ne cherche qu'à tirer vengeance de notre pays. Vram fait la paix avec les Grecs, et n'ose toucher à la partie de territoire qui leur appartient.

LVII.

Mesrob est envoyé à Byzance. — Copie de cinq lettres.

Le grand Isaac, voyant tous les malheurs qui fondent sur la partie de territoire appartenant aux Perses, s'en va dans les contrées occidentales de notre pays, échues en partage aux Grecs, mais il n'y est pas reçu selon ses mérites. En conséquence, il envoie Mesrob et Varthan, son petit-fils, à Byzance, vers l'empereur Théodose, avec une lettre ainsi conçue :

Lettre d'Isaac à Théodose.

« Au pacifique empereur, mon seigneur et maître, Auguste-Théodose, Isaac, évêque des Arméniens, en notre Seigneur, salut.
« Je sais que le bruit de notre misère est arrivé aux oreilles compatissantes de ta souveraine majesté. Sur ce, espérant en l'a miséricorde de ta bienfaisance, je viens me réfugier à tes pieds ; je n'ai

pu trouver accueil dans mon diocèse, d'après l'ordre prohibitif de leurs gouverneurs. Ils nous haïssent tellement qu'ils n'ont pas voulu recevoir les caractères que leur a portés l'homme que j'ai envoyé près de ta bienfaisante majesté. Plusieurs fois même, cet homme a eu beaucoup à souffrir dans le pays des Assyriens. Puisse-t-il paraître agréable à ta majesté de ne pas nous laisser sans autorité, sans pouvoir, sur notre diocèse, et d'ordonner qu'on nous reçoive, nous et nos instructions pastorales. Porte-toi bien. »

Isaac écrit aussi, à l'évêque de la ville impériale, la lettre suivante :

Lettre d'Isaac à Atticus.

« Isaac, évêque des Arméniens, à notre docteur Atticus, évêque de la porte, l'entrée du monde (impériale), avec bénédiction, salut.

« Espérant en ta sainteté, j'ai envoyé le docteur de notre pays, Mesrob, et mon petit-fils Varthan, afin qu'après avoir entendu de leurs bouches le récit de nos malheurs, de notre affliction, intercédant pour nous auprès de ton grand monarque, tu nous secoures et tu nous aides comme un frère bien-aimé. Porte-toi bien. »

Isaac écrit aussi à Anatole, général des troupes, une lettre ainsi conçue :

Lettre d'Isaac à Anatole.

« Isaac, évêque des Arméniens, au brave général Anatole, salut.

« Je rends grâce à Dieu de ce qu'il t'a donné à nous pour être notre refuge et notre appui. C'est pourquoi je te fais savoir que, dans l'affliction de notre détresse, j'ai envoyé notre instructeur Mesrob et mon petit-fils Varthan à la porte impériale, et je te prie, brave général, de favoriser le voyage des miens. Porte-toi bien. »

D'après le vu de cette lettre, Anatole, qui, d'ailleurs, se rappelle la réputation de vertu de Mesrob, réputation qui précédemment a retenti jusqu'à lui, fait aux envoyés une réception peu ordinaire ; il va même jusqu'à informer, par dépêche et estafette, César de l'arrivée des étrangers. Anatole reçoit de l'empereur l'ordre de lui envoyer, promptement et avec tous les égards possibles, Mesrob et sa suite. C'est pourquoi, retenant dans la ville de Métylène la foule des disciples que Mesrob a amenés avec lui, y compris leur chef,

Rhevonth (Léon), il les laisse auprès de l'évêque Agag (Acace), et, prenant Mesrob et Varthan, il les confie à l'évêque de Therdchan, à Knit, et les reconduit avec honneur et distinction. Mesrob et Varthan entrent à Byzance. Présentés de suite au grand monarque, ils obtiennent ce qu'ils espéraient et même ce qu'ils n'espéraient pas; puis, s'en retournent avec une lettre de l'empereur conçue en ces termes :

Lettre de Théodose à Isaac.

« Le souverain Théodose, auguste et empereur des Romains, au grand Isaac, évêque, salut.

« Ayant donné l'ordre d'examiner les lettres à nous adressées, nous avons été instruits de ce que tu as écrit, et nous avons beaucoup de reproches à te faire, car tu es de tout cœur voué à un prince païen, et pour nous sans considération, tu n'as pas même daigné par lettres te faire connaître à nous. Nous avons encore plus de reproches à te faire sur un autre point. Quoi! méprisant les savans qui se trouvent dans notre ville, tu es allé demander à quelques Assyriens des découvertes, des inventions scientifiques! En conséquence, nous avons été content de voir tes serviteurs rejeter avec nous ton nouvel enseignement; mais, quand ensuite Mesrob nous eut dit que l'exécution de ton procédé venait des grâces d'en haut, nous avons écrit que les peuples aient à apprendre aussitôt tout ce que tu enseignais, et à te recevoir avec respect et considération, comme leur véritable docteur, de la manière usitée pour l'archevêque de Césarée. Nous avons voulu que toutes les dépenses et provisions fussent à la charge du trésor. Nous avons donné l'ordre de construire une ville dans ton pays, l'Arménie, pour vous servir de refuge, à vous et à nos troupes; et, en ta faveur, nous avons fait général, Varthan, ton fils adoptif, et inscrit, au rang des premiers docteurs, Mesrob. Porte-toi bien. »

Le grand évêque Atticus écrit aussi à Isaac la lettre suivante :

« Atticus, évêque indépendant de Constantinople, à mon bienaimé frère et collègue, Isaac, évêque d'Arménie, en notre Seigneur, salut.

« Nous avons beaucoup d'actions de grâces à rendre à Dieu, au sujet de l'éminente réputation et célébrité dont tu jouis au milieu d'une nation barbare comme la tienne. Mais nous ne laisserons pas sans blâme ta négligence à nous faire connaître plus tôt le mérite et les grâces de tes bienheureux pères Cricor (Grégoire) et Nerses. Nous nous étonnons encore plus de ce que tu as négligé la fontaine de l'Église, notre père saint Jean, le père, je ne dirai pas seulement de notre métropole, de la métropole de l'univers : car tous les chrétiens, le monde entier, éclairés par lui, apprennent la vérité, d'où vient qu'on l'a appelé Chrysostome (bouche d'or). Sans vous arrêter à cette source abondante, vous avez voulu, à des eaux vagabondes, étancher le désir de votre soif; mais enfin le Tout-Puissant, à la vue de tous ces vains efforts, a fait couler sur vous les grâces de son esprit, événement dont nous nous réjouissons aujourd'hui. Ainsi donc, d'après l'ordre de l'empereur Auguste, liberté pleine et entière t'est accordée d'enseigner, de catéchiser ton pays dépendant de notre autorité, de gagner par la persuasion, ou d'expulser de ton diocèse la secte des impudiques. Quant à la personne envoyée par toi, quant à Mesrob, nous l'avons ordonné, et fait ecclésiastique. »

LVIII.

Instruction répandue dans la partie occidentale de notre pays. — Pacification générale. — Règne d'Ardachir.

A leur arrivée, Mesrob et Varthan, général, trouvent le général Anatole parvenu près de notre pays. Anatole, au reçu de l'ordre impérial, s'empresse avec encore plus de vivacité et de zèle dans l'exécution, de conduire les affaires à prompte et heureuse fin ; les princes, les chefs et les notables du pays arrivent, accourent en un moment avec toute la classe sacerdotale, de leur propre volonté, convoqués, envoyés pour ainsi dire par la voix de Dieu ; alors, se mettant sans délai à enseigner cette multitude, Mesrob et Varthan exercent partout leur doctorat et éclairent les contrées occidentales, comme aussi les contrées orientales.

On voit venir, de la part d'un grand nombre de satrapes, des envoyés pour presser le grand Isaac de se rendre au milieu d'eux, afin de les réunir tous en corps de confédération; car le roi de Perse, Vram, qui sait bien que sans les satrapes d'Arménie il ne peut posséder le pays, a parlé de paix et d'accommodement par l'entremise de Sempad, chevalier. C'est pourquoi Isaac laisse Mesrob occupé à instruire le côté de l'occident, et près de lui ses petits fils Hemaiag et Hamazasbian, frères de Varthan le général; il ordonne de bien examiner la secte criminelle des impudiques, et si, ni par la voie de la douceur, ni par la voie de l'inflexible rigueur, ils ne viennent à récipiscence, il ordonne de les poursuivre par la voie des supplices, afin que des offenses vengent des offenses et que par une mort justement appliquée au corps, soit punie la mort injuste des ames. Isaac passe dans le canton de l'Ararat, convoque les races satrapales et envoie Sempad, chevalier, et Varthan, général, son petit-fils, à la porte du roi de Perse.

LIX.

Construction de la ville de Garin (Carni, iErzeroum) qui ensuite est appelée Théodosopole.

Anatole, général des Grecs, d'après l'ordre impérial, se rend en notre pays, parcourt toutes nos contrées, et s'arrêtant enfin dans le canton Garin (Carni), comme au centre du pays, se plaît à y élever une ville sur un terrain abondant en toute espèce de productions, bien fourni d'eau et très-fertile. Comme centre du pays, ce point n'est pas très-éloigné des lieux où jaillissent les sources d'une partie de l'Euphrate, qui dans leur cours paisible et progressif se grossissent et étendent au loin la masse de leurs eaux, comme celles d'un vaste marais. On y trouve une quantité infinie de poissons et de différents oiseaux dont les œufs suffisent à la nourriture des habitans, et sur les bords de ce marais, sont des espaces remplis de cannes et de roseaux. Les plaines renferment des herbes épaisses, abondantes, et une immense quantité de fruits à semence. Les montagnes sont remplies d'animaux à la corne du pied fendue et ruminans; il y a plus, les troupeaux se multiplient, les bêtes y sont d'une grande taille, d'une force de corps remarquable, et s'engraissent merveilleusement.

Au bas de cette montagne, dont la position est si belle, se trouvent quantité de petites sources limpides; c'est là qu'Anatole trace le plan de la ville nouvelle; puis, la fermant de toutes parts, et la ceignant d'un vaste fossé, il jette les fondemens des remparts à une grande profondeur, et sur ces remparts il élève des tours formidables, dont il nomme la première Théodosa, en l'honneur de Théodose; plus loin il construit encore des tours taillées dans le roc, en forme de poupe de navire, ainsi que des passages creusés qui regardent la montagne; il en est de même dans la partie exposée au nord ; mais dans celle exposée à l'orient et à l'occident, il élève des tours de forme ronde. Au milieu de la ville, sur un terrain élevé, il bâtit de nombreux magasins, et nomme cet endroit Augustion, en l'honneur d'Auguste. Il amène des eaux sur différents points par des voies cachées, remplit d'armes, de légions pour la garder, la ville qu'il appelle Théodosople, afin que, protégé par le souvenir de cette ville, le nom de Théodose soit immortel. Anatole construit, sur un terrain de sources chaudes, des édifices en pierres de taille.

LX.

Mesrob se remet à évangéliser le pays. — Voyage des traducteurs (de la Bible) à Byzance.

Mesrob, retiré dans le désert et dans les lieux couverts appelés Charhcomk, achève l'instruction des masses qu'il a d'abord entreprise ; car ce qu'il enseigne, il ne l'enseigne pas comme art, il semble que ce soit le souffle de l'esprit, qu'il donne en apôtre à ses disciples ; puis, laissant en ce lieu pour directeurs quelques uns de ses disciples, Rhevonth (Léon) et Enovk (Enoch) à Sber et à Therdchan leur évêque Knit et Thanan à iEguériatz, Mesrob s'en allant en Ararat, passe dans le lieu de sa première habitation, le canton Corhth.

Car, restées dans ces contrées, les racines amères de la secte païenne, pendant les temps d'anarchie, se sont étendues au loin. Ces racines, le saint les extirpe entièrement avec le secours de Kid, digne fils de Chapit, prince du canton, puis il s'informe avec soin si les devanciers de ces faux docteurs sont dans les contrées Parhassaguiennes, et, se transportant aussitôt sur les lieux, il amène plusieurs des hérétiques à la saine doctrine, et en chasse quelques uns, sur leur refus opiniâtre de se convertir, dans le pays soumis à l'autorité des Huns. Mesrob, remettant le soin d'évangéliser ces contrées à leur évêque appelé Mouchen, retourne au valon de Carthman ; car il a appris que là se trouvent encore quelques partisans de la secte impie : Mesrob les découvre, les amène à la connaissance de la vérité, ainsi que leur prince, le prince de Carthman, qui s'appelle Hhour. Mesrob, en raison de ses œuvres, connues de tous, est aussi invité par le consul des Concaratzi, Achoucha, à venir dans ses domaines, au canton de Dachir. Arrivé en ce pays, Mesrob se met à enseigner les habitans, et trouve en eux des esprits plus disposés, des disciples plus affermis dans sa doctrine que tous ceux qu'il a eus jusqu'alors. En ce temps-là, un prince du nom d'Artzil occupe le trône de l'Ibérie (Géorgie).

Mesrob et le grand Isaac réunis ont les mêmes disciples, et conviennent d'envoyer Hovsep (Joseph) et un autre disciple, son compagnon, natif du village de Gorhp, et appelé iEznig, en Mésopotamie, dans la ville d'Edesse, pour aller y chercher et en rapporter promptement, traduits en notre langue, les livres des premiers saints-pères, qu'ils pourraient trouver. Cette expédition terminée, Mesrob et Isaac doivent envoyer les mêmes disciples à Byzance accomplir la même tâche; ceux-ci, d'après des lettres fallacieuses de quelques fourbes qui supposent que le grand Isaac et Mesrob sont prêts à envoyer d'autres disciples à Byzance, sans en avoir reçu l'ordre de leurs docteurs, se hâtent de partir et d'aller à Byzance, jaloux d'aller chercher l'instruction et la science. Devenus habiles dans les lettres grecques, ils se mettent à traduire et à écrire, mais bientôt, poussés par l'envie, leurs compagnons et condisciples appelés Rhevonth (Léon) et Gorioun vont les rejoindre de leur propre volonté à Byzance. Dans cette ville arrivent aussi Hovhan (Jean) et Artzan qui, envoyés précédemment par le grand Isaac et Mesrob, mais voyageant avec lenteur, se sont encore arrêtés, pour se reposer, à Césarée. Tous ces envoyés reçoivent l'accueil le plus généreux de Maximien, évêque de Byzance.

LXI.

Concile d'Ephèse tenu à l'occasion de l'impie Nestorius.

Vers le même temps, on voit sur le siége de l'épiscopat de Byzance, l'impie Nestorius qui succède indignement à Maximien. Nestorius, suivant les enseignemens des Juifs, blasphème la très-sainte Vierge, qu'il dit être la mère d'un homme et non d'un dieu; car l'enfant, né de la Vierge, ayant pris commencement, est, selon Nestorius, le fils procréé de Marie par la grâce; il y a aussi un autre fils engendré du père et préexistant. De manière qu'il y a deux fils, ce qui change la trinité en quatrinité; c'est pourquoi, rassemblés en Asie, à Éphese, ville maritime, les saints pères, Céleste de Rome, Cyrille d'Alexandrie, Juvénal de Jérusalem, Jean d'Antioche, Memnon d'Ephese, Paul d'Hémisène, Théodote d'Ancyre, et beaucoup d'autres, au nombre de deux cents pères, anathématisant Nestorius, reconnaissent pour seul fils de Dieu, Notre Seigneur Jésus-Christ, et pour mère de Dieu, la très-sainte Vierge Marie.

Comme Isaac et Mesrob n'assistent pas au concile, les évêques Cyrille d'Alexandrie, Proclus de Constantinople, Acacius de Meldina (Mélitène) leur écrivent pour les prémunir contre toute surprise, car ces évêques ont appris que quelques disciples hérétiques, emportant les écrits de Théodore de Mopsuete, le maître de Nestorius et le disciple de Diodore, sont allés en Arménie. Puis nos traducteurs, dont nous avons cité précédemment les noms, viennent trouver le grand Isaac et Mesrob à Achdichad de Daron, et leur remettent les lettres et les canons du concile d'Ephèse, consignés en six chapitres, le tout bien authentique. A l'arrivée de ces pièces, le grand Isaac et Mesrob se mettent à retraduire ce qui a déjà été traduit, et à en former une composition toute nouvelle, mais comme ils (les traducteurs) sont inhabiles dans la connaissance de notre langue, il arrive que en beaucoup de parties leur travail se trouve défectueux. En conséquence, le grand Isaac et Mesrob nous envoient à Alexandrie pour étudier la langue dans toute sa beauté, et nous initier à la science de la docte académie.

LXII.

Des docteurs. — De leur voyage d'instruction. — Comparaison tirée du système céleste.

Les philosophes, toujours occupés de leurs incessantes recherches, toujours les yeux levés vers le ciel, mesurant les objets placés au-dessus d'eux, disent que les astres procèdent de la lune, que la lune tire son éclat du soleil, que le soleil, que tout le disque du soleil vient du ciel lumineux. Ils disent, par exemple, qu'il y a diffusion de l'éther en deux zones, que chacune des zones, par le moyen du soleil, distribue la lumière par ordre selon les besoins et selon les temps; c'est ainsi que nous, qui sommes éclairés par l'effusion continuelle des célestes rayons des pères spirituels, c'est ainsi que, parcourant les contrées du sud, nous sommes arrivés en la ville d'Edesse; comme un navire qui glisse légèrement sur les profondeurs de la mer, nous n'avons fait qu'effleurer les profondeurs de la bibliothèque d'Édesse, pour passer de suite aux saints lieux offrir le tribut de nos adorations et rester quelques instans en présence des enseignemens de la Palestine.

Puis, après ces courses rapides, nous sommes entrés en Egypte, dans ce pays si fameux, exempt des excès du froid et de la chaleur, des grandes eaux et de la sécheresse ; ce pays situé dans la plus belle partie de la terre ; ce pays qui abonde en toutes sortes de fruits et auquel le Nil sert de murailles, murailles non construites de la main des hommes. Le Nil non seulement fait la force de ce pays ; c'est encore le Nil qui produit toutes les denrées nécessaires ; c'est le Nil qui par son inondation est le maître et le dispensateur de la sécheresse et de l'humidité pour la culture de la terre ; tout ce que la terre ne peut produire, le fleuve le fournit en abondance. Le Nil forme des espèces d'iles très fertiles, car il environne les terres de ses eaux, qui coulent en tout lieu, divisées en douze branches ou canaux. Dans ce pays si bien disposé, est construite la grande ville d'Alexandrie, sous un climat excellent, entre la mer et un lac artificiel. Ce qui produit la douce température de l'air, c'est que des bouches du lac qui se déchargent dans la mer, et de celles qui viennent de la mer qui est proche, s'échappe un souffle presque continuel ; léger et subtil est le souffle apporté par la mer ; dense et épais est le souffle venant du lac. Le mélange de ces souffles produit l'affermissement de la vie et de la santé.

Le premier du pays aujourd'hui n'est plus ce Brhédonios (Pluton) qui s'installait en souverain partout où il passait, ce Brhédonios aux cinq têtes, qui enveloppait le monde entier, c'est Marc prêchant l'Évangile. Ce n'est plus les tombeaux des héros issus du dragon qu'on voit érigés de toutes parts, mais bien les chapelles élevées sur la tombe des saints. On ne voit plus aujourd'hui au vingt-cinq de *Doupi* célébrer cette fête insensée, où l'on couronnait des bêtes de charge, où l'on adorait des serpens, et où l'on distribuait des gâteaux, mais le onzième de ce même mois Doupi, se célèbre la fête de la manifestation du seigneur (l'Épiphanie). On loue la victoire des confesseurs et des martyrs, on donne l'hospitalité aux étrangers, on distribue des largesses aux pauvres, on ne fait plus de sacrifices à l'infâme démon Sarap (Sérapide), mais le sang du Christ, voilà le seul sacrifice offert. On ne demande plus d'oracles au chef du Tartare à Brothéiath (Protée) ; on apprend toute sagesse d'un nouveau Platon, je veux dire de ce docteur dont je n'ai pas été trouvé digne d'être le disciple. J'ai donc dû moi-même acquérir la science par une étude suffisante.

En voulant naviguer vers la Grèce, nous avons été jetés en Italie par la violence des vents ; puis, saluant la terre où reposent saint Pierre et saint Paul, sans nous arrêter long-temps dans la ville des Romains, en passant par la Grèce dans l'Attique, nous sommes restés quelque peu de temps à Athènes. Enfin, à l'expiration de l'hiver, nous avons résolu d'aller à Byzance, poussés par le désir de revoir la patrie.

LXIII.

Infâme coalition des Arméniens méditant leur propre perte.

Le roi d'Arménie Ardachir commence à se plonger dans toutes les débauches et les voluptés, au point que tous les satrapes s'éloignent de lui ; ils se rendent auprès du grand Isaac, lui adressent leurs plaintes, l'engageant à venir à leur secours, à dénoncer Ardachir près du roi de Perse, afin que le roi de Perse détrône leur roi et mette un Perse à la tête de leur pays, mais le grand Isaac dit : « Je ne tiens pas vos paroles pour fausses, car j'ai entendu parler de ces malheureuses turpitudes, et bien des fois réprimandé, Ardachir abjura ses torts. Il faut donc encore un peu supporter la conduite coupable de ce prince, jusqu'à ce que nous puissions concerter l'issue de cette affaire avec le César (l'empereur) des Grecs, Théodose, pour ne pas livrer votre roi à la risée et aux moqueries des méchans. »

Cependant les satrapes ne veulent point de retard, ils s'efforcent de convertir le grand Isaac à leur projet, mais le saint répond : « Dieu me garde d'abandonner à la gueule des loups ma brebis égarée, et de ne pas protéger la brebis terrassée, ou la brebis malade ; Dieu me garde de la précipiter dans l'abime ; si c'était devant un roi chrétien, je me hâterais, je ne tarderais pas un moment, dans l'espérance de relever un prince tombé (dans l'abjection) ; mais devant des païens, aller accroître les malheurs et la ruine de ce prince : non, je ne me charge pas (d'une pareille action), car il est dit : ne livre pas aux bêtes féroces celui qui confesse on nom. Il (Ardachir) a été marqué du sceau du baptême, quoiqu'il soit aujourd'hui abandonné à tous les vices ; il est voluptueux, débauché, mais il est chrétien ; son corps se souille par tous les dérèglemens, mais son âme n'est pas sans foi et sans croyance ; il a des mœurs dissolues, mais ce n'est pas un adorateur du feu ; il a une grande faiblesse pour les femmes, mais il n'est pas l'esclave des élémens; et comment pourrait-il m'arriver de changer ma brebis souffrante contre une bête vigoureuse dont la santé même est un fléau pour nous. »

Les satrapes réfléchissant que sans doute ce n'est qu'une ruse pour les arrêter, et pour prévenir le roi, disent tous : « Puisque tu ne t'accordes pas avec nous à lui ôter la couronne, nous ne voulons pas, nous, de toi pour notre patriarche; » et aussitôt se liguant tous ensemble, les satrapes passent près du roi de Perse Vram avec Sourmag Ardzguéatzi (d'Ardzguiatz), prêtre rempli de vanité; ils vont accuser leur roi Ardachir et le grand Isaac d'être du parti des Grecs.

LXIV.

Destruction du royaume d'Arménie par la volonté même des Arméniens. Avilissement du siége patriarchal.

Alors le roi des Perses Vram mande à la Porte (à la cour) le roi d'Arménie Ardachir ainsi que le grand Isaac, et les satrapes pressent le saint évêque de déposer contre Ardachir; Isaac refuse de parler en bien ou en mal; puis, ordre est donné au général des Arik, Sourénien Bahlav, d'obtenir le consentement de saint Isaac à force de douces paroles, d'insinuations amicales; de le traiter en véritable allié. Souren Bahlav employant alors toutes les paroles de la persuasive amitié, dit au saint évêque : « Comme tu es mon propre sang, mon frère, je pense à ton bien-être, je te dis en vérité, si seulement aujourd'hui tu fais cause commune avec les satrapes, tu seras comblé d'honneurs par le roi de Perse, qui mettra ton petit-fils Varthan à la tête de l'Arménie, avec un rang et des honneurs égaux au rang et aux honneurs du roi; » mais saint Isaac refuse de consentir en disant : « Comment, pour une vaine gloire, pour l'amour de la puissance, j'irais dire du mal d'un compagnon! Pourquoi cette résolution, ce parti pris par vous, de renverser Ardachir? Non, je ne vois en lui aucun projet, aucune pensée de révolte; si c'est à cause de sa conduite dissolue qu'on veut le dénoncer, l'accuser, je vous dirai, moi, Ardachir est digne d'honneur et digne de vos respects d'après vos lois impures, quoique selon notre morale, il soit condamné; mais cependant vous n'aurez de moi aucune parole d'assentiment. »

Vram, tout irrité, faisant l'examen de l'affaire au grand forum, sans prêter l'oreille à la justification d'Ardachir, écoute avec bienveillance les rapports de ses délateurs, surtout les paroles injurieuses et dégoûtantes de Sourmag, car le siége du pontificat a été promis à cet homme par les satrapes ennemis acharnés d'Ardachir; c'est pourquoi Sourmag, poussé par l'égoïsme, par l'amour propre, fait de sa langue un glaive exterminateur contre Ardachir; enfin Vram donne l'ordre d'ôter la couronne à Ardachir, de l'arrêter, de confisquer tous les biens de sa race au profit du domaine royal. Vram en agit de même à l'égard du grand Isaac, et veut que la maison du catholicosat (patriarchale) tombe dans le domaine royal; il met en place d'Isaac sur le siége pontifical d'Arménie, ce Sourmag. Il comble de présens les satrapes et les renvoie chez eux avec un marzban (marquis, gouverneur) perse, appelé Vehmihramchahouh.

Mais Sourmag ne reste pas plus d'un an en possession de sa nouvelle dignité, et se voit chassé du siége patriarchal par les satrapes; puis il sollicite le siége épiscopal de son canton, le canton de Peznouni, pour lui et sa race, et obtient cette faveur du roi de Perse; cependant nos satrapes demandent à Vram un autre vicaire apostolique, et Vram leur donne un Assyrien nommé Perkicho (Barchisius). Cet homme arrive entouré de compagnons de débauche, amenant avec lui des femmes pour tenir sa maison. Perkicho, au milieu de superflues, de folles, d'intolérables dépenses auxquelles il fournit en extorquant le bien des morts, reste trois ans en place; mais les satrapes ne pouvant plus supporter la conduite de cet homme, supplient de nouveau Vram de le changer et de leur donner un autre patriarche de leur religion. La moitié des satrapes redemande le grand Isaac.

LXV.

Départ de Perse du grand Isaac avec Samuel assesseur.

Comme nous l'avons dit, les satrapes d'Arménie sont divisés en deux partis, chacun de ces partis envoie demander un vicaire apostolique au roi de Perse. Un parti député Vaché, seigneur des Ardzrouni et Hemaiag, seigneur d'Achotz, pour solliciter la nomination d'un patriarche, de tel patriarche qu'il plaira au roi de choisir. L'autre parti envoie Manedj, seigneur des Abahouni, et Sbantharad, seigneur des Archarouni, demander (pour patriarche) le grand Isaac.

De son côté, le général des Grecs, Anatole, dépêche de Garin (Carni), Havoug à Gougaiaridj, dire au roi que s'il ne lui est pas agréable d'avoir Isaac dans la partie de ses états, il le lui cède et le laisse aller dans la partie du territoire appartenant aux Grecs. Tous les évêques avec le bienheureux Mesrob et l'assemblée entière de l'église chargent d'aller présenter leur supplique au roi un prêtre nommé Diroug, fils de Movsisig de (la ville) Zarichad ou canton de Vananth. En conséquence Vram, se rendant à ces prières, satisfait à la demande des deux partis, en nommant au siége du pontificat un autre Assyrien nommé Samuel, qui, pour le rang comme pour la place, doit être en rivalité personnelle avec le grand Isaac. Voici les fonctions que lui assigne le roi de Perse : assister le marzban (marquis, gouverneur du pays), présider à la répartition des impôts demandés, ainsi qu'aux jugemens et autres règlemens temporels. Quand au grand Isaac, le roi le congédie, lui laisse seulement quelques villages dépendant des biens de sa maison pour s'y fixer, et ne lui donne que le pouvoir d'enseigner la religion et de consacrer les individus, dont l'ordination aura été consentie par Samuel.

Mais avant de laisser aller le grand Isaac, Vram le fait paraître devant lui en présence d'une assemblée nombreuse, et lui dit : « Je veux que tu jures par ta foi (ton dieu) de demeurer fidèle à notre service, de ne point méditer des projets de révolte pour opérer une réunion aux erreurs de la communion des Grecs, provoquer de notre part, causer ainsi la perte de l'Arménie, et changer notre nom bienfaisant en un nom terrible, un nom exterminateur. » Alors saint Isaac debout, l'air simple et gracieux, convenable à ce genre de discours public, le regard modeste, commence d'une voix encore plus modeste à rappeler les services qu'il a rendus, l'ingratitude dont on a usé envers lui, reprochant à ses juges la douceur affectée de leurs paroles, l'amertume de leurs pensées et la perfidie de leurs actions. Isaac s'attache à flétrir l'ineptie de ces discours blasphématoires qui ont parlé de fausse communion, de communion hérétique; il se rit de leur religion, il termine par une démonstration admirable de l'existence de Dieu, autant qu'il convenait à des oreilles païennes ; il ne jette pas toute la sublimité de sa parole à la dérision des infidèles, comme une pierre devant des pourceaux qui la fouleraient aux pieds, mais la foudre que lance son discours réduit en cendre la langue des mages. Le roi, lui-même, stupéfait, est saisi d'effroi ; et toute la multitude de l'assemblée des Perses, au port majestueux et beau, frappée d'étonnement, écoute encore.

Enfin, Vram fait donner à Isaac une grande somme d'argent, pour prix de son éloquence, de son courage, de son assurance à parler si librement devant un roi si redoutable.

Mais Isaac refuse le présent et dit à son allié Souren Bahlav : « Que l'argent du roi reste au roi ; détermine-le à m'accorder seulement ces deux points : 1° que l'état, que le rang des satrapes d'Arménie, comme il a été réglé par Ardachir et s'est maintenu jusqu'à présent, soit ainsi rétabli désormais par l'ordre de Vram, de sorte que les marzban (marquis, gouverneurs perses) ne puissent connaître de cette affaire avec un pouvoir suprême et changer tout selon leur bon plaisir ; 2° que Vram rende les biens pris à mon parent et au tien, au jeune Cazavon, au fils de Hrahad, s'il ne le remet en sa place à cause de la haine qu'il porte au nom d'Archagouni (Arsacide), que du moins il le jette dans la classe, qu'il le compte au nombre des satrapes, n'importe dans quelle place il voudra, comme un membre de sa race, de la race Gamsarienne, ou de la race Amadouni, déchu de la gloire de ses pères, et précipité du rang le plus élevé à un état inférieur, ou bien qu'il lui confie l'intendance de sa cour, ainsi qu'à ses enfans avec une égale confiance, jusqu'à ce que Dieu devenu propice veuille bien remettre cette famille au rang de ses pères, par la main (la médiation) de quelque roi que ce soit. Va, (Souren Bahlav) efforce-toi de charmer Vram, comme un enchanteur aux paroles magiques. »

Accédant à ces demandes, Vram ordonne aussitôt de satisfaire à toutes, et, rétablissant le petit-fils d'Isaac, Varthan général, dans la seigneurie de sa race, la race des Mamigoniens, il le renvoie en Arménie.

Mais, si l'on dit : Il nous faut rapporter tout ce qu'a dit le grand Isaac dans son discours prononcé devant l'assemblée des Perses, qu'on sache donc que personne n'est venu redire à nos oreilles ce discours entier dans toute sa vérité ; que, dès lors, nous ne pouvons consentir à le retracer dans cette histoire, car je suis, moi, un homme chargé d'années et d'infirmités ; toujours occupé de traductions, je n'ai songé qu'à aller vite, sans m'occuper aucunement de châtier mes paroles. Ta volonté sera remplie, et, moi, je me serai acquitté de la tâche qui m'a été imposée par tes instances et tes prières. Je te crois, ô Isaac Pacradouni (Pacratide), un homme, un mortel, que la compassion met à notre niveau, et je ne pense pas que tu sois, comme disent les lettrés, de ces princes qui se disent proches parens, issus de la race, du sang même des dieux.

LXVI.

Conduite de Samuel, l'indigne copartageant de l'autorité du grand Isaac.

Samuel vient prendre possession du siége pontifical; il suit les traces de la conduite de Perkicho, qu'il surpasse encore pour l'avarice; car il s'empare des revenus diocésains des évêques décédés; il extorque aussi les revenus des évêques vivans. Il ne souffre pas que le grand Isaac consacre des successeurs aux morts; cherchant même quelque prétexte contre les vivans, qu'il accuse d'empêcher la levée des impôts royaux, il les chasse et s'attribue leurs maisons et leurs biens. C'est pourquoi, haï de tous les évêques, Samuel est également méprisé de tous. Les évêques ont mille maux à souffrir de sa part, mais jamais ils ne le voient; ils se tiennent éloignés de ce suppôt de Sourmag, dont il agrandit les revenus, car, en vertu d'un ordre royal, ce qu'il extorque, il le lui remet. Poussés par l'envie et la jalousie, les autres évêques osent en faire autant, et demandent, à cet effet, l'autorisation du roi de Perse, avec l'assistance de chacun de leurs princes.

Mais le grand Isaac ne cesse de distribuer le lait spirituel aux enfans de l'Église, de concert avec Mesrob, qu'il laisse et prépose aux soins de l'Église catholique établie à Vararchabad (Valarsapat, Valarsaceville), car, pour lui, il se tient au canton de Pacrévanth, au lieu même où apparut une clarté lumineuse du haut du ciel, au moment où saint Cricor (Grégoire) baptisait le roi Tiridate et tous les Arméniens.

Mais Samuel, ayant vécu cinq ans, meurt dans notre pays. Alors, réunis ensemble, tous les satrapes s'en vont trouver le grand Isaac, et, confessant leurs fautes, le supplient de reprendre le siége patriarchal. Ils promettent d'obtenir du roi de Perse sa confirmation, et, par un acte authentique et scellé de tous, s'engagent à donner la même dignité patriarchale à ses petits-fils de génération en génération. Mais saint Isaac refuse d'accepter le siége. Pressé par leurs instances réitérées, il raconte une apparition qu'il a eue long-temps avant, pendant le sommeil, apparition qui est une manifestation de l'avenir. A ces paroles, les satrapes, voyant que c'est en vertu de l'ordre divin qu'est sorti le pontificat de la race de saint Isaac, se mettent à pleurer, gémissant sur leur sort, selon cette parole de l'Évangile : *Il faut que le scandale arrive ; mais malheur à ceux par qui arrivera le scandale*, et ils donnent toute liberté à Isaac.

LXVII.

Mort du grand Isaac et du bienheureux Mesrob.

Après avoir régné vingt-un ans en Perse, Vram II meurt, laissant sa puissance à son fils Hazguerd (Isdigerdes). Hazguerd, oubliant les douceurs de la paix, dès les premiers momens de son règne, fond sur les troupes grecques qui se trouvent à Medzpin (Nisibe). Il ordonne aux forces de l'Aderbaidjan (Atropatène) de se porter sur notre pays. En effet, bientôt ces troupes arrivent en désordre, et viennent camper près du bourg des Idoles.

Alors survient la maladie mortelle du grand Isaac, dont le corps est porté dans le village appelé Pelour (colline), par ses disciples, qui l'y déposent comme en un lieu privé, à l'abri de l'incursion des Perses, leurs persécuteurs. La mort vient frapper Isaac après cinquante-et-un ans passés dans les fonctions du pontificat, à commencer depuis la deuxième année du règne du dernier Hhosrov (Chosroës), roi d'Arménie, jusqu'au commencement de la deuxième année du règne de Hazguerd (Isdigerdes), devenu roi de Perse. Isaac meurt au sortir du mois navasarth (janvier), le jour même de l'anniversaire de sa naissance. Né mortel, Isaac laisse une mémoire immortelle. Il sait honorer l'image à laquelle il est fait, et respecter celui qui l'a invité ; il ne fait que changer de vie. Telle est toujours la conduite d'Isaac ; qu'on n'y trouve aucune tache, aucune faute, ni du fait de la vieillesse, ni du fait des maladies. Il nous faudrait, en termes magnifiques et sublimes, célébrer dignement les louanges de ce père (de l'église arménienne). Mais, de peur que, dans la longueur de notre discours, il n'y ait ennui pour le lecteur, nous laisserons ces détails pour un autre lieu et un autre temps, hors de ce livre ; et alors nous nous proposons de traiter ce sujet dès le commencement.

Le corps vénérable du grand Isaac est enlevé par le chef de ses diacres, Jérémie, de concert avec ses disciples, et la princesse des Mamigoni, sa belle-fille, appelée Thesdrig, femme de Varthan, général. Ce corps est déposé dans leur village Achdichad, qui est au canton de Daron. Les disciples de saint Isaac, religieux habillés de nattes, dispersés chacun dans leur village, bâtissent des couvens, et s'y rassemblent en frères.

Six mois après, le 13 de Méhégan (février), passe aussi, lui, de cette vie en l'autre, dans la ville de Varharchabad (Valarsapat), le bienheureux Mesrob, qui surpasse en vertu tous ses contemporains les plus vertueux. Jamais l'orgueil ni la flatterie ne peuvent trouver place dans sa vie. Toujours doux et bienveillant, toujours occupé à des pensées de bien, Mesrob se montre à tous, par l'effet d'une heureuse habitude, orné de toutes les qualités célestes; son extérieur est angélique, son esprit fécond, son éloquence sublime, sa persévérance constante dans l'action, sa stature majestueuse, ses formes indicibles, son conseil précieux, sa foi droite, son espérance ferme et patiente, son amour sincère, son enseignement sans ennui.

Mais, comme je ne suffirais pas à redire tous ses mérites, je vais donc à parler de la sépulture de ses restes consacrer mes paroles. Ainsi que je l'ai entendu raconter par plusieurs, par des hommes dignes de foi, lumière partagée en rayons, mais lumière obscure et douteuse, le signe de la croix vient reposer au-dessus de la maison où le bienheureux Mesrob vient de rendre l'esprit. Ce n'est pas une apparition de lumière fugitive et passagère, ou visible seulement pour quelques personnes : elle est visible pour toute la multitude, et beaucoup d'infidèles reçoivent le baptême. Alors, on voit s'élever quelque trouble au sein du peuple rassemblé. On est divisé en trois partis au sujet du lieu où l'on déposera ce corps si pur et si bien exercé à mourir avant la mort même. Les uns disent qu'il faut le porter dans son canton natal, à Daron; les autres dans le canton qui, le premier, a reçu ses enseignemens; d'autres encore veulent qu'il repose dans la ville de Varharchabad (Valarsapat), dans les tombeaux des saints. Mais le parti qui l'emporte est le brave Vahan Amadouni, puissant par l'ascendant de sa foi et la prépondérance de sa personne; car en ce même temps les Perses ont confié à Vahan le chiliarchat (généralat), du pays des Arméniens. Vahan enlève le corps, et le porte, avec tous les honneurs d'un convoi funèbre, en son village Ochagan. La même apparition d'une croix lumineuse plane en s'avançant au-dessus de la civière du saint, en présence de toute la multitude, jusqu'au moment où le corps est déposé dans le lieu du repos par Vahan et Tatig, les ministres du convoi, puis le signe de la croix devient invisible. Quant au siége du pontificat, au bienheureux Mesrob, et par son ordre, succède, en qualité de vicaire apostolique, son disciple Joseph, prêtre de la vallée de Vaï, du village Hhorhotzim.

LXVIII.

Lamentations sur l'événement qui ôte le royaume d'Arménie à la race des Archagouni (Arsacides), et enlève le pontificat à la maison de saint Cricor (Grégoire).

Je te plains, Arménie; je te plains, contrée supérieure à toutes les contrées septentrionales, car ils te sont ravis ton roi et ton pontife, l'âme de tes conseils et l'auteur de tes lumières. La paix est troublée, le désordre a pris racine, l'orthodoxie est ébranlée, et l'hétérodoxie s'affermit, se fortifie par l'ignorance.

Je te plains, église d'Arménie; la belle ordonnance, l'éclat de ton sanctuaire, est obscurci, flétri; tu es privée de ton excellent pasteur et du compagnon de ton pasteur. Je ne vois plus ton troupeau spirituel paître dans la verdoyante prairie, le long des eaux du repos; je ne vois plus ce troupeau rassemblé dans le bercail pour le préserver de la dent des loups; je vois les brebis dispersées dans des lieux sans clôture, dans des lieux de précipices.

O bonheur! si le second changement eût été comme le premier, car alors c'était un temps d'absence : l'époux, le compagnon de l'époux, n'étaient qu'éloignés, et toi, tendre épouse, tu attendais le retour avec résignation, gardant le mariage dans toute sa pureté, comme on l'a sagement dit avant nous; puis, lorsqu'il arriva qu'un libertin audacieux vint fondre sur ta couche sans tache, épouse fidèle, tu ne l'as point souillée. Quoique la violence ait écarté l'époux, que des enfans superbes aient méprisé l'auteur de leur jour, comme font avec raison les enfans d'un autre lit à l'égard d'un père étranger, d'un beau-père nouveau-venu; cependant, malgré ces infortunes, tu ne t'es pas montrée abattue, tu n'as point été délaissée de tous ceux qui t'entouraient, espérant le retour de ton cher époux, du fidèle pasteur avec le compagnon du pasteur. Tu n'as point agi comme avec un beau-frère, mais, ne voyant que des enfans qui vous sont communs, tu leur as prodigué les caresses d'une mère. Dans le second éloignement, il n'y a point espoir de retour, car de la vie du corps sont affranchis le compagnon et l'associé de ses travaux.

Avec le Christ il vaut mieux pour eux habiter, oui, il vaut mieux pour eux, se reposer en paix dans le sein d'Abraham, il vaut mieux pour eux voir les chœurs et les assemblées des anges. Mais, toi, tu es restée sans soins, sans soutien, par l'effet de ton veuvage, et nous, malheureux enfans, nous sommes privés de la surveillance paternelle, car il n'en est pas de ce peuple comme autrefois du peuple hébreu, et notre misère est plus grande que n'était celle des Juifs. Moyse a disparu, et Josué ne vient point en sa place nous conduire dans la terre de promission. Roboam a été séparé de son peuple, et le fils de Nabad lui succède. L'homme de Dieu n'a point été dévoré par un lion ; son temps était accompli. Élie a été enlevé, et Élisée n'est point resté avec le double esprit pour oindre Jéhu ; mais Asaël a été invité, pressé de venir exterminer Israël. Sédécias a été emmené en captivité, et il ne se trouve nulle part un Jorobabel pour restaurer sa puissance. Antiochus, par la violence, nous force d'abandonner les lois de nos pères, et Mathathias ne s'oppose point à cette tyrannie ; la guerre nous a environnés, et Machabée ne nous sauve point. Aujourd'hui tout est combat au dedans, effroi au dehors. L'épouvante nous vient des païens ; les combats, des hérétiques, et il n'est plus au milieu de nous, ce sage conseiller qui donnait d'utiles avis, et disposait aux combats.

O désolation! ô triste et déplorable histoire! Comment aurai-je le courage de supporter tant de maux? Comment donner quelque assurance à mon esprit et à ma langue, et trouver quelques paroles à dire à mes pères pour la naissance et les soins qu'ils m'ont donnés, car ils m'ont mis au monde, ils m'ont élevé à l'ombre de leurs sages enseignemens ; puis ils m'ont envoyé croître sous d'autres maîtres, et lorsqu'encore ils espéraient mon retour, lorsqu'ils se disposaient à se glorifier de ma sagesse, de ma science acquise, de mes plans et dispositions bien coordonnés, voilà que, nous précipitant tous à Byzance, nous espérions célébrer des noces avec un empressement extrême, nous espérions entonner des chants nuptiaux. Eh bien! au lieu de réjouissance, réduit à faire retentir des cris plaintifs sur une tombe, malheureux, je pousse de longs gémissemens. Je n'ai pas même eu la consolation d'arriver à temps pour le voir (saint Isaac), lui fermer les yeux, entendre ses dernières paroles, recevoir sa dernière bénédiction.

Sous le poids d'un si grand malheur, mon âme est oppressée, et je suis dans le plus grand danger, par suite de la perte de notre père. Où est cette douce tranquillité de son regard, quand il le reposait sur les bons? cet effroi, cette indignation de ce même regard, quand il le laissait tomber sur les méchans? Où est ce gracieux sourire de ses lèvres, à l'approche de ses bons disciples? Où est cette vive allégresse, en recevant ses serviteurs? Où est cette espérance qui rendait facile l'exécution des grandes marches, qui faisait reposer des fatigues? L'ecclésiaste n'est plus; le port a disparu; la main secourable a abandonné l'infortune ; la voix qui exhortait s'est tue.

Qui désormais cultivera notre instruction? qui se réjouira des progrès du disciple? qui parlera ce langage de la joie paternelle, prenant sa part de triomphe dans le triomphe de ses enfans? qui réprimera l'insolence de ceux qui se sont élevés contre la saine doctrine, de ces gens qui, détruisant toute chose par leurs paroles incisives, pervertissent grand nombre de docteurs, corrompent beaucoup de livres, comme l'a dit un ancien? Toute raison les irrite également, ils donnent un mauvais exemple, en nous traitant avec moquerie et mépris, comme des gens inconstans, comme des gens dont la science n'a rien d'utile. Qui leur fermera la bouche par l'autorité de la réprimande? qui nous consolera par quelques mots de louange? qui mettra une mesure à une audacieuse loquacité et à un silence forcé?

En pensant à tous ces sujets de douleur, je sens en moi, je sens au dedans de moi venir les soupirs et les larmes et le noir chagrin qui veut pousser des cris douloureux et funèbres. Je ne sais comment diriger mes lamentations, ou plutôt je ne sais qui je dois pleurer. Sera-ce mon jeune et malheureux roi, qu'ils ont, dans leur conseil pervers, détrôné, ainsi que sa race, ce prince qui, avant la mort du corps, subissant la mort que donne l'infamie, se voit précipiter du trône? Ou bien est-ce moi, moi-même, que je pleurerai? car elle a été enlevée de dessus ma tête, cette couronne qui faisait ma gloire, cette couronne si belle, si salutaire. Dois-je pleurer mon père, ce saint pontife aux sublimes pensées, qui allait porter partout les accens d'une parole accomplie avec laquelle il gouvernait, il disposait toute chose, et, saisissant les rênes, il dirigeait les personnes, et savait refréner les langues absurdes et téméraires? ou bien dois-je pleurer sur moi-même, moi à qui manque son esprit, moi resté dans le malheur et l'affliction? Dois-je pleurer celui qui m'a donné le jour, celui qui était une source doctorale arrosant la justice, un torrent repoussant l'impiété? ou bien dois-je pleurer sur moi qui sèche et qui me flétris, dévoré par la soif d'instructions rafraîchissantes? Dois-je pleurer sur mon pays, réduit à cet état de misère? dois-je pleurer sur ses malheurs à venir?

Qui racontera avec nous ces désastres en partageant notre tristesse? qui nous aidera, en souffrant avec nous, à redire nos communes douleurs, ou à les graver sur la pierre des monumens? Réveille-toi, Jérémie, réveille-toi, et redis, dans tes lamentations prophétiques, tout ce que nous avons éprouvé et tout ce que nous devons éprouver encore de misères. Prédis l'apparition de pasteurs ignorans, comme autrefois fit Zacharie en Israël. (Prédis.)

Les docteurs ignorans et infatués d'eux-mêmes, accaparant l'honneur du sacerdoce, sans y être appelés par Dieu, élus par l'intrigue de l'argent, et non par le choix de l'esprit saint, avides d'or, dévorés par la jalousie, méprisant la mansuétude, dans laquelle Dieu se complait, et les loups déchirant les troupeaux (confiés à la garde de ces pasteurs inhabiles.).

Les religieux hypocrites, pleins d'orgueil et de vanité, aimant les honneurs plus que Dieu même.

Les bénéficiers superbes, prononçant des jugemens, s'occupant de discours futiles, paresseux, haïssant les sciences et les travaux du doctorat, aimant le commerce et les amusemens frivoles.

Les disciples sans zèle pour s'instruire, pressés de s'ériger en docteurs, avant d'avoir approfondi la science faisant les théologiens.

Le peuple fier, insolent, vaniteux, désœuvré, caustique, malfaisant, fuyant tout moyen d'acquérir la fortune.

Les soldats injustes, fanfarons, haïssant l'état des armes, paresseux, amis de la volupté, intempérans, pillards, dignes émules des brigands.

Les princes rebelles, exerçant la rapine comme les voleurs, dévorés d'une sordide avarice, spoliateurs, destructeurs du pays, adonnés à toutes les turpitudes, semblables aux esclaves par la bassesse de leur âme.

Les juges inhumains, faux, trompeurs, avides de présens corrupteurs, se montrant sans égard pour la justice, sans fermeté, animés d'un esprit de controverse. On peut dire qu'en général tout amour et toute honte disparait de leur cœur.

Quel sera le châtiment de toutes ces prévarications? si ce n'est que Dieu nous abandonnera et changera la nature des choses. Le printemps ne sera plus que sécheresse, l'été que pluie continue;

l'automne se changera en hiver ; l'hiver, d'une rigueur extrême, sera affreux de tempêtes, et se prolongera démesurément ; les vents seront déchaînés, brûlans, morbifiques ; les nuées lanceront le feu, la grêle ; les pluies seront intempestives, inutiles, nuisibles ; les airs au souffle rigoureux laisseront tomber une pluie congelée ; la crue des eaux sera sans utilité, et leur baisse excesssive. La terre cessera ses productions ; il y aura décroissement dans la multiplication des animaux. Il y aura aussi dans le sol, secousses et tremblemens, et à tous ces fléaux il faut ajouter : le trouble et le désordre seront de tous côtés, selon ce qui est dit : *Il n'est point de paix pour les impies.*

Les rois exerceront une puissance tyrannique et exécrable ; ils imposeront des charges énormes et accablantes ; ils donneront des ordres intolérables ; les supérieurs négligeront le redressement des injustices et seront impitoyables. Les amis ne seront que des traîtres, et les ennemis pleins de perfidie. La foi deviendra vénale, avec la vie futile. Les brigands afflueront constamment de toutes parts. Il y aura ruine totale des maisons, vol des propriétés, chaînes et prisons pour les chefs et les notables ; bannissement, exil pour les hommes libres ; misères sans nombre pour la multitude ; prise des villes, destruction des forts, désolation des bourgades, embrasement des édifices, famine excessive, maladies, morts de toute espèce. Le culte du vrai Dieu, toute piété, sera mis en oubli. Il n'y aura plus d'autre expectative que l'expectative de l'enfer.

De ce malheur que le Christ Dieu nous garde, garde tous ceux qui l'adorent en vérité ! Gloire lui soit rendue par nous tous, ses créatures ! Amen.

Ici est terminé le livre troisième de l'histoire de la Grande Arménie.

www.ingramcontent.com/pod-product-compliance
Lightning Source LLC
Chambersburg PA
CBHW061959180426
43198CB00036B/1551